MEHR MÜSSEN SIE NICHT WISSEN

Iris Hammelmann

compact via ist ein Imprint der Compact Verlag GmbH

© 2012 Compact Verlag GmbH München

Text: Iris Hammelmann
Chefredaktion: Evelyn Boos
Redaktion: Tanja Greiner, Heike Fröhlich
Produktion: Johannes Buchmann
Abbildungen: siehe Bildnachweis S. 208
Titelabbildungen: fotolia.com/JPagetRFphotos
Gestaltung: h3a GmbH, München
Umschlaggestaltung: h3a GmbH, München

ISBN 978-3-8174-9208-4
381749208/1

www.compactverlag.de

Vorwort ....

Sie werden von Kollegen zu einer Kunstausstellung mitgeschleppt, Ihr Chef lässt sich wortreich über die aktuelle Wirtschaftslage aus, Freunde haben sich gerade das neuste Technikspielzeug gekauft und schwärmen von seinen Features – das sind nichts anderes als die Ausstattungsmerkmale – und innovativen Details. Und Sie stehen da und versuchen, sich nicht anmerken zu lassen, dass in Ihrem Kopf gerade komplette Funkstille herrscht.

Keine Ahnung von Picasso, Finanzmärkten oder E-Books? Macht nichts! Dieses Buch versorgt Sie mit grundlegendem Wissen der großen Themenbereiche Geschichte und Politik, Religion und Philosophie, Erde und Weltall, Naturwissenschaften und Technik, Wirtschaft und Finanzen, Kunst und Kultur sowie Gesellschaft und Zeitgeschehen. Sie bekommen Einblick in die Themen, die bestens für Small Talk geeignet sind, über die immer wieder gesprochen wird. Ob Regierungssysteme oder fremde Planeten, Sie wissen, worum es geht. Und noch besser: Sie können mitreden. Denn die folgenden Kapitel liefern Ihnen Phrasen, die Sie geschickt einflechten sowie Fremd- oder Schlagwörter zum Thema, mit denen Sie richtig Eindruck schinden können. Abgerundet wird das Ganze durch skurrile Fakten, mit denen Sie zu einem glänzenden Unterhalter werden. Her mit dem Wissen, weg mit der Unsicherheit!

Warum es gar nicht so wichtig ist, alles zu wissen – und wie Sie trotzdem eine gute Figur machen

Gut geblufft ist halb gewonnen! Wer an Pokern denkt, denkt sofort an perfektes Bluffen. Was steckt hinter dem Begriff? Er kommt aus dem Englischen und heißt „täuschen". Indem man etwas vortäuscht, bringt man sein Gegenüber dazu, eine Situation oder gleich die ganze Person falsch einzuschätzen. Im Kartenspiel gilt der Bluff als hohe Kunst,

Kleine Bildungslücke? Halb so wild. Sie setzen einfach ihr Pokerface auf.

ohne die nicht zu gewinnen ist. Wer gut blufft, ist auch ein erfolgreicher Pokerspieler und erntet große Bewunderung von allen Seiten. Wie sieht es aber im alltäglichen Gespräch aus? Ist es überhaupt okay, eine nachdenkliche Miene aufzusetzen und mit ein paar klug platzierten Sprüchen so zu tun, als hätte man Ahnung, obwohl man von der Materie im Grunde nicht viel versteht? Auf jeden Fall! Sie verschaffen sich damit einen kleinen zeitlichen Vorsprung, bis Sie es zu Hause nachschlagen können. Es ist noch kein Meister vom Himmel gefallen!

Wissen wächst uns über den Kopf

Dass man nicht alles wissen muss, sondern nur wissen, wo man es nachschauen kann, ist eine Weisheit, die sich jeden Tag aufs Neue bewahrheitet. Zum einen, weil das Wissen in atemberaubender Geschwindigkeit wächst, zum anderen, weil es ständig verfügbar ist. Man stelle sich vor: Die berühmteste Bibliothek der Antike, nämlich die von Alexandria, beherbergte rund 200 bis 300 Jahre v. Chr. das gesamte Weltwissen, das auf rund 700.000 Schriftrollen passte. Heute geht man davon aus, dass sich der unvorstellbare Berg an Informationen und Erkenntnissen etwa alle zehn Jahre, bald sogar jährlich verdoppelt. Genaue Zahlen kennt man aber nicht. Warum dieser gigantische Zuwachs? Weil die Zahl wissenschaftlich und technisch gebildeter Menschen ebenfalls rasant wächst. Und weil Informationen heute in Sekundenschnelle von einem Ende der Welt an das andere übertragen werden können.

> **!**
>
> Jedes Jahr werden mindestens fünf Exabyte neue Informationen produziert und gespeichert. Wenn Sie wissen wollen, wie viel Byte in einem Exabyte enthalten sind, schreiben Sie eine 1 mit 18 Nullen, oder 10 hoch 18.

Zu wissen, wo Daten und Fakten stehen, gehört zum wichtigsten Wissen überhaupt. Stichwort: Informationskompetenz. Dieser Begriff wurde in den 70er-Jahren des 20. Jahrhunderts geprägt. Heute sieht man darin die Schlüsselqualifikation für eine erfolgreiche Ausbildung und Karriere.

Man muss nicht alles wissen, man muss nur wissen, wo es steht. In diesem Buch z. B.

Zu wissen, woher man Informationen bekommt, wie man sie verarbeitet und vor allem auswertet, ist wichtiger, als einen Berg Fakten im Kopf zu haben. Der Bewohner eines Industrielandes braucht inzwischen nicht mal mehr in die Bibliothek zu gehen, er bekommt alles in Sekundenschnelle am heimischen Computer serviert oder per App zugeschickt. (Das ist eine Anwendung für Tablet-PC oder Smartphone. Keine Angst: Was das nun wieder ist, erfahren Sie auf Seite 95.) Das heißt, er hat einfach überall und jederzeit, im Park oder auf dem Flughafen, Zugriff auf noch so spezielle Informationen.

Bildung kommt an

Alle wissen, dass man nicht alles wissen kann. Umso beeindruckender, wenn jemand zu jedem Thema etwas Schlaues oder gar Unterhaltsames sagen kann. Das können Sie auch! Mit den Informationen und den rhetorischen Kniffen, die Ihnen dieses Buch liefert, sind Sie auf alle Eventualitäten vorbereitet. Sie werden sehen: Tief in Ihnen steckt schon jetzt ein kleiner Experte, der nur darauf wartet, herausgelassen zu werden. Wie ein unsichtbarer Zwilling wird er an Ihrer Seite stehen und Ihnen Sicherheit auf jedem Parkett schenken. Von ihm unterstützt, werden Ihre Mitmenschen Sie als klugen Gesprächspartner schätzen. Eine klassische Win-Win-Situation. Das ist eine Situation, in der beide Seiten gewinnen. Aber das wussten Sie bestimmt schon längst!

Sollte Ihnen trotz Ihres gewandten Auftretens und interessanten Plauderns mal jemand dumm kommen, verblüffen Sie ihn doch mit der Frage, ob er *Morologie* studiert habe. Der Begriff kommt aus dem Griechischen, *moria* = Torheit und *logos* = das Wort bzw. die Lehre. Es handelt sich also um die Wissenschaft von der Dummheit, die man natürlich nicht studieren kann.

Inhalt

GESCHICHTE UND POLITIK

Geschichte ....

Für einen groben Überblick genügt es, wenn Sie drei Epochen der Menschheitsgeschichte kennen, die Antike (2. Jh. v. Chr. – 3. oder 4. Jh. n. Chr.), in der die Hochkulturen der Griechen, Etrusker und Römer die Entwicklung des heutigen Europa bestimmt haben, das anschließende Mittelalter (4. – Ende 15. Jh.), mit den Völkerwanderungen und den späteren Kreuzzügen, und die Neuzeit.

Große Kulturen

Hochkulturen hat es überall auf der Welt gegeben. Es reicht fürs Erste, wenn Sie wissen, dass diesbezüglich die Ägypter für Afrika, die Chinesen für Asien und die Mayas, Azteken und Inkas für den amerikanischen Kontinent stehen. Für Europa sind die Griechen, Etrusker und Römer interessant.

Unter Alexander dem Großen (356–323 v. Chr.), der die griechische Kultur bis nach Ägypten, Nordafrika, Persien, Indien und in den Nahen Osten brachte, erlebte das Land seine Blüte.

Die alten Griechen

Das griechische Reich entstand bereits um 800 v. Chr. Bekannt sind die Griechen in erster Linie für ihren hohen Bildungsgrad. Selbst die meisten einfachen Bürger lernten lesen und schreiben – eine Sensation in der damaligen Zeit.

Die Etrusker

Die Etrusker, die in der nördlichen Hälfte Italiens zu Hause waren, sind die Verlierer unter den europäischen Hochkulturen. Obwohl sie um 600 v. Chr. überaus erfolgreiche Seefahrer, Handwerker und Künstler waren, die viel von Metallverarbeitung verstanden, verloren sie ihren Einfluss schnell an die Römer. Dabei waren es die Etrusker, die die sumpfige Region um Rom überhaupt trockengelegt und die Stadt gegründet hatten.

Gaius Julius Cäsar

Das Römische Reich

Die Herren mit den hoch geschnürten Sandalen machten sich Ende des 2. Jahrhunderts v. Chr. im gesamten Mittelmeerraum breit, besiedelten England, Frankreich und Teile Deutschlands. Berühmtester Herrscher war Gaius Julius Cäsar (100–44 v. Chr.). Der weltbekannte Alleinherrscher auf Lebenszeit wurde umgebracht. Einer der Anführer gegen ihn war Senator Marcus Iunius Brutus (85–42 v. Chr.). Dass Cäsar noch „Auch du, mein Sohn Brutus" geröchelt haben soll, ist eine Legende. Wenn er es noch gekonnt hätte, hätte er es auf Latein, „*Tu quoque, fili mi*", bzw. noch wahrscheinlicher auf Altgriechisch, der damaligen Sprache der Oberklasse, geäußert: „*Kai su teknon*". In allen Varianten ein immer wieder schöner Satz, wenn Ihnen einmal jemand in den Rücken fällt.

Mit Schutzwällen, Limes genannt, wollten sich die Römer vor anstürmenden Germanenstämmen abschotten. Der ORL, der Obergermanisch-Raetische Limes in Deutschland vom Rhein bis zur Donau, ist mit 550 km das zweitlängste Bodendenkmal der Welt. Nur die Chinesische Mauer ist mit 2400 km länger.

Kleopatra

Die berühmte letzte Königin und weiblicher Pharao des Ptolemäerreiches herrschte zwar in Ägypten, trotzdem war sie in Europa schon damals bestens bekannt. Im griechischen Alexandria geboren, wurde sie vor allem für ihre Beziehungen zu den beiden damals bedeutendsten Römern berühmt: Gaius Julius Cäsar (100–44

Tataren

1241 war Europa im Begriff, von den Tataren – griech. *tartaros* = die aus der Hölle kommen – erobert zu werden. Unter der Führung von Batu Khan (ca. 1205–1255) hatten sie bereits Moskau und Kiew eingenommen. Am 9.4.1241 kämpften sie erfolgreich gegen das deutsch-polnische Ritterheer unter Heinrich II. von Schlesien (um 1200–9.4.1241). In der Schlacht hatten sie hohe Verluste. Außerdem erfuhren sie wenige Monate später vom Tod des Großkhans Ugedei (zwischen 1186 und 1189–11.12.1241). Um die Thronnachfolge zu klären, zogen sie sich ins Karakorum-Gebirge zurück.

v. Chr.) und Marcus Antonius (um 83–30 v. Chr.). Zusammen mit Marcus Antonius wurde sie von Cäsars Neffen Octavian (63–14 v. Chr.), dem späteren Kaiser Augustus, gejagt und in den Tod getrieben. Dieser soll übrigens geradezu melodramatisch vonstattengegangen sein: Antonius hört, dass Kleopatra tot ist, und erdolcht sich, erfährt, dass sie doch lebt, und lässt sich – dem Tode nahe – zu ihr bringen. Er stirbt in ihren Armen, wenige Tage darauf bringt auch sie sich um. Vermutlich mit dem Gift von Vipern, doch das weiß niemand ganz genau.

Kleopatra auf einer Münze

Staatsformen..

Wussten Sie, dass im Grundgesetz der Bundesrepublik Deutschland ebenso Spuren eines englischen Grundgesetzes zu finden sind wie in der amerikanischen Verfassung? Es handelt sich um die Habeas-Corpus-Akte, *die 1679 dafür sorgte, dass kein Engländer mehr ohne gerichtliche Untersuchung verhaftet werden durfte. An diesem Beispiel sieht man, wie eng Geschichte und Politik miteinander verwoben sind. Jede Regierung, ob erfolgreich oder unbeliebt, ist in einer bestimmten Form organisiert. Es gibt Republiken, Monarchien und Diktaturen. Das ist natürlich nichts Neues für Sie. Aber wissen Sie auch, was alles hinter diesen Begriffen steckt?*

Die Republik

Sie ist gewissermaßen das Gegenstück zur Monarchie. Das Volk hat – zumindest theoretisch – die Macht. Schon in der Antike bei den Griechen und Römern entwickelte sich Widerstand gegen die Macht der Könige. Aber erst seit der Französischen Revolution (1789–99) hat sich die Staatsform der Republik durchgesetzt, die ohne Könige auskommt. Trotzdem: Unbegrenzt ist die Macht des Volkes natürlich nicht. Es gibt Präsidial-, Räte- oder Volksrepubliken, aristokratische, konstitutionelle, sozialistische oder gar diktatorische Republiken.

> **!**
>
> Syrien oder die Volksrepublik China sind zwar Republiken, aber keinesfalls Demokratien. Dagegen sind Dänemark, Norwegen und Schweden durchaus demokratisch, obwohl es sich um sogenannte parlamentarische Monarchien handelt.

Die Monarchie

Monarchie bedeutet im Wortsinn: Ein König oder eine Königin herrscht allein. Ganz so einfach ist das heute allerdings nicht mehr. Nur in einer absoluten Monarchie, beispielsweise in Oman oder in Saudi-Arabien, ist der König wirklich noch Alleinherrscher. In konstitutionellen Monarchien darf er zwar mitreden, sein Einfluss ist aber deutlich eingeschränkt.

Monarchie: griech.
monos = ein, *archein* = herrschen

 Fast ein Viertel aller anerkannten unabhängigen Staaten sind Monarchien.

Diese Form spielt in heutiger Zeit keine Rolle mehr. Dafür ist die parlamentarische Monarchie verbreitet. In Skandinavien, Spanien, Neuseeland, Kanada und vielen anderen Ländern ist sie Praxis. Der zuständige Herrscher hat dort kaum Macht, sondern ist lediglich ein Repräsentant.

Ein Monarch, wie er im Buche steht: Louis XIV.

Die Diktatur

Bei diesem Wort denkt man meist sofort an die negativen Seiten der Geschichte und verbindet damit Namen wie Adolf Hitler (20.4.1889–30.4.1945), Benito Mussolini (29.7.1883–28.4.1945) oder auch Ferenc Szálasi (6.1.1897–12.3.1946), der übrigens nur ein halbes Jahr ungarisches Staatsoberhaut war und dafür hingerichtet wurde. Eine Diktatur ist vor allem an zwei Punkten zu erkennen: Ein Alleinherrscher, eine Partei oder auch Militärjunta hat die Macht auf illegitime, also unrechtmäßige Weise ergriffen. Und diese Macht ist unbeschränkt, von Gewaltenteilung keine Spur.

Der Diktator Mussolini ließ sich auch Duce*,* Führer*, nennen.*

Politische Ideologien ....

Neben der Staatsform spielt die Weltanschauung eine entscheidende Rolle in der Politik, die Ideologie.

Sozialismus

Den einen Sozialismus gibt es nicht, sondern eine Fülle von Variationen – von anarchistisch, also frei von jeglicher Hierarchie, bis autoritär, dem glatten Gegenteil. Sollte in der nächsten politischen Debatte jemand behaupten, Sozialismus könne gar nicht funktionieren, fragen Sie einfach: „Denkst du dabei eher an Parlamentarismus oder Realsozialismus?" Mehr brauchen Sie zu diesem Thema höchstwahrscheinlich nicht mehr sagen. Wissen sollten Sie aber sicherheitshalber, dass die Grundgedanken dieser Ideologie Gerechtigkeit, Gleichheit und das Motto „Einer für alle, alle für einen" sind.

Der Hammer ist das Symbol der Industrie, die Sichel das der Landwirtschaft. Beide zusammen stehen für die Produktion, die die Gesellschaft ernährt und finanziert.

Kommunismus

Alles gehört allen, Privateigentum ist verpönt, ebenso wie eine Klassengesellschaft. So will es der Kommunismus, dessen bekanntes Symbol Hammer und Sichel abbildet. Die berühmtesten Köpfe des Kommunismus waren Marx und Engels. Karl Marx (5. 5. 1818–14. 3. 1883), Philosoph, Journalist und Volkswirt, war eigentlich gar nicht so richtig für den Kommunismus, sondern vor allem gegen den Kapitalismus, also gegen den „Geld-regiert-die-Welt"-Gedanken. Sein bekanntes dreibändiges Werk heißt *Das Kapital*. Friedrich Engels (28. 11. 1820–5. 8. 1895), ebenfalls Philosoph und Journalist, gab Marx mit seinen Schriften erst den Anstoß für sein Werk. 1847 bis 1848 schrieben sie gemeinsam *Das Manifest der Kommunistischen Partei*, besser bekannt als *Das Kommunistische Manifest*.

Marx und Engels

Liberalismus

Liber ist lateinisch und bedeutet frei. Darum geht es auch in dieser Weltanschauung. Der Einzelne soll trotz einer aktiven Regierung frei leben dürfen. Vater dieser politischen Richtung war John Locke (29. 8. 1632–28. 10. 1704). Er brachte es so auf den Punkt: Leben, Eigentum und Freiheit sind Grundrechte, die die Regierung schützen muss.

Konservatismus

Halten Sie „Du bist aber konservativ!" für eine Beleidigung? Vielleicht ist es so gemeint, denn „konservativ" lässt sich durchaus mit „altmodisch" übersetzen. Ebenso gut könnte man es als traditionell auslegen, und das muss ja nicht schlecht sein. Das Bewahren der historischen Tradition, Vertrauen auf Gott und Stetigkeit statt Umbruch und Revolution – das steht ideologisch dahinter. Sie glauben, in der heutigen Politik kommt Konservatismus nicht mehr vor? Irrtum, CDU und CSU haben ihn quasi im Parteiprogramm stehen.

John Locke

Nationalsozialismus

Eigentlich liegen eher Sozialismus und Kommunismus gedanklich nah beieinander. Der Nationalsozialismus ist jedoch eine bewusst antikommunistische Ideologie. *Anti*, also gegen, war in der nach dem Ersten Weltkrieg in Deutschland entstandenen Bewegung übrigens das Schlagwort schlechthin. Man war nicht nur gegen den Kommunismus, sondern auch gegen Demokratie und gegen Juden.

> **Antisemitismus**
> Wer die Juden im Allgemeinen ablehnt, wird als *Antisemit* bezeichnet. *Semit* steht für Nachfahre des Sem, der wiederum nach der Bibel der älteste Sohn Noahs war.

Sonderfall Demokratie

Demokratie: griech. *dēmos* = das Volk, *kratía* = herrschen

Die Demokratie ist weder eine Staatsform noch eine Ideologie. Eigentlich ist sie das Ideal einer Regierungsform. Das Volk herrscht aber nicht wirklich, es soll sich lediglich an Entscheidungen beteiligen und ihnen mehrheitlich zustimmen. Das wird durch freie Wahlen sowie eine aktive Opposition ermöglicht. Diese vertritt übrigens fast immer die gegensätzliche Meinung der Regierenden. Nicht zwangsläufig aus Überzeugung, sondern eben weil sie Opposition ist. Das Blöde an Demokratie ist, dass es Ihnen passieren kann, in der Minderheit zu sein. Dann müssen Sie trotzdem zähneknirschend eine Partei oder Entscheidung akzeptieren, die Ihnen nicht passt. Sie sind einfach überstimmt.

Wählen zu gehen gehört einfach dazu.

Parteirichtungen ....

Kontinuierlich arbeitende Parteien sind Ende des 17. Jahrhunderts in England entstanden. Seither haben sie in vielen politischen Systemen ihren festen Platz, versuchen, ihre Leute an politisch relevanten Stellen zu positionieren und ihre Ideen durchzusetzen. Für einen groben Überblick reicht es, wenn Sie wissen, dass es Zweiparteiensysteme und Mehrparteiensysteme gibt. Erstere, wie etwa in den USA, entstehen durch Mehrheitswahlrecht; Mehrparteiensysteme, z. B. in Deutschland, kommen durch Verhältniswahlrecht zustande.

Christlich demokratisch

In Deutschland gibt es die CDU, die Christlich Demokratische Union Deutschlands, und die noch konservativere CSU. Das steht für Christlich-Soziale Union in Bayern und ist tatsächlich nur in Bayern wählbar – statt der CDU. Der christlich-konservative Gedanke findet sich in Österreich in der ÖVP, der Österreichischen Volkspartei und ehemaligen Christlichsozialen Partei. In der Schweiz gibt es die CVP, die Christlich-demokratische Volkspartei.

Sozialdemokratisch

Die SPD, die Sozialdemokratische Partei Deutschlands, gibt es schon seit 1863. Sie ist damit der Dinosaurier der deutschen Parteienlandschaft. Im Nationalsozialismus war sie verboten, wurde 1945 aber schnell erneut gegründet. Die einstige Arbeiterpartei versteht sich heute eher als Volkspartei. Es gibt auch eine Sozialdemokratische Partei der Schweiz sowie die SPÖ, die Sozialdemokratische Partei Österreichs.

Liberal

Die FDP, Freie Demokratische Partei, ist liberal. Wenn auch nicht dem Namen nach, so doch laut eigener Definition. Damit steht die 1948 gegründete Partei in der Tradition der 1861 gegründeten preußischen Deutschen Fortschrittspartei. In der Schweiz gibt es die LPS, die Liberale Partei der Schweiz.

Die Linke

Die Linke ist ein Schmelztiegel und eine deutsche Besonderheit. In der DDR gab es die SED, die Sozialistische Einheitspartei Deutschlands. Schon die Bezeichnung „Einheitspartei" lässt in Zusammenhang mit Demokratie Übles vermuten. Also nannte man sich nach dem Fall der Mauer 1989 in Partei des Demokratischen Sozialismus – PDS – um und kreierte dazu ein neues Parteiprogramm. Am 16.6.2007 schloss man sich mit der westdeutschen Protestpartei WASG (Wahlalternative Arbeit und Soziale Gerechtigkeit), zur Linken zusammen.

Links, rechts oder doch die Mitte? Grob angeordnet sind links SPD, natürlich Die Linke und auch die Grünen zu finden. Die CDU und CSU sitzen klar rechts. Noch viel weiter rechts sind DVU (Deutsche Volksunion) und die rechtsextreme NPD (Nationaldemokratische Partei Deutschlands – Die Volksunion). In der Mitte treibt die FDP so hin und her. Woher kommt eigentlich die Einteilung in links und rechts? Sie entstand im 19. Jahrhundert in Frankreich. Dort hatten Regierungsgegner links vom Parlaments-präsidenten ihren Platz.

Die Grünen

In der Schweiz gibt es sowohl die GPS, die Grüne Partei der Schweiz, als auch die Grünliberale Partei, die GLP. In Österreich nennen sie sich, ebenso wie in Deutschland, Die Grünen. Allen gemeinsam ist der ökologische Gedanke als Kennzeichen ihrer Programme. In Deutschland formierten sie sich 1980 nicht nur aus der Ökologie-, sondern auch aus der Friedens- und Frauenbewegung. Vielleicht fanden sie es deshalb ganz normal, wenn weibliche Abgeordnete ihre Babys im Bundestag, den sie 1983 eroberten, stillten. 1990 vereinigten sie sich mit den ost-deutschen Grünen, drei Jahre später mit dem Bündnis 90, einer Bür-gerbewegung, die während der Wendezeit entstand. Seitdem heißen sie folgerichtig: Bündnis 90/Die Grünen. 2011 haben sie übrigens zum ersten Mal einen Ministerpräsidenten gestellt.

Bekannte Politiker – ihr Leben, ihre Entscheidungen

In den seltensten Fällen trifft ein Politiker allein eine Entscheidung. Er ist umgeben von Beratern und Einflussfaktoren. So ein Politiker tut manchmal etwas von ungeahnter Reichweite oder Bedeutung und schreibt damit auf die eine oder andere Art, bewusst oder doch eher aus Versehen, Geschichte. Folgende Schlüsselfiguren der Weltgeschichte gehören unbedingt zur Allgemeinbildung.

Napoleon Bonaparte

So kennt man ihn – Napoleon in seiner typischen Pose.

Der gebürtige Korse Napoleon (15.8.1769–5.5.1821) ist nicht nur dafür bekannt, dass er sich stets mit Hand in der Weste malen ließ – übrigens eine gängige Pose der damaligen Zeit –, sondern vor allem für sein ungeheures militärisches Talent und sein ungezügeltes Machtstreben. 1799 brachte er es zum Ersten Konsul der Französischen Republik, 1804 krönte er sich in der Pariser Kirche *Notre Dame* selbst zum Kaiser. Maßgeblich ist vor allem, dass Napoleon grundlegend zur Neuordnung Europas beigetragen hat. Schließlich riss er sich immer mehr Gebiete unter den Nagel, verwickelte einige deutsche Länder sowie Österreich, Russland, Portugal und Spanien, um nur einige zu nennen, in einen Krieg oder zumindest in diplomatische Auseinandersetzungen. Außerdem gut zu wissen: Napoleon haben wir den *Code civil* zu verdanken. Das ist das französische Gesetzbuch zum Zivilrecht, das in Teilen Deutschlands bis ins Jahr 1900 Gültigkeit besaß.

Indira Gandhi

Geprägt von Vater, Großvater und natürlich von Mahatma Gandhi (2.10.1869–30.1.1948), die alle in der Unabhängigkeitsbewegung gegen die englischen Besatzer kämpften, war es nur logisch, dass Indira Gandhi (19.11.1917–31.10.1984) sich politisch engagierte. Von 1966 bis 1977 und 1980 bis 1984 war sie Premierministerin von Indien. Bekannt ist sie vor allem für die sogenannte Grüne Revolution. Während der beiden Dürrejahre 1965 und 1966 musste sie die Bevölkerung vor dem Hungertod bewahren und bettelte dafür bei den nicht gerade beliebten Amerikanern. Noch wichtiger: Sie brachte Hochertragssorten und effektiven Dünger ins Land. Häufig werden mit ihr Zwangssterilisationen zur Verhinderung einer Bevölkerungsexplosion in Verbindung gebracht. Diese gingen von ihrem Berater, Sohn Sanjay (14.12.1946–23.6.1980), aus. Für die Befreiung Bangladeschs und die Festsetzung einer von beiden Ländern akzeptierten Grenze zwischen Indien und Pakistan liebte das Volk sie. Mit einem knapp zweijährigen Ausnahmezustand, in dem sie nicht nur die Pressefreiheit stark beschnitt, sondern vor allem über 100.000 Menschen ohne Verfahren inhaftieren ließ, zog sie den Hass der Bevölkerung auf sich. Am 31.10.1984 wurde sie auf dem Weg zu einem Interview, das Peter Ustinov (16.4.1921–28.3.2004) mit ihr führen wollte, von zwei Leibwächtern, extremistischen Anhängern der Sikh-Religion, erschossen.

Wussten Sie, dass Indira Gandhi schon vor ihrer Amtszeit Entscheidungen mit weitreichenden Folgen traf? Noch unter der Regierung ihres Vaters sorgte sie dafür, dass der Dalai Lama 1959 Asyl in Indien bekam. Das führte zum Streit mit China, das 1962 einmarschierte.

Indira Gandhi und Richard Milhous Nixon 1971

John Fitzgerald Kennedy

Er war der jüngste gewählte Präsident der Vereinigten Staaten. Der jüngste überhaupt war Theodore Roosevelt (27.10.1858–6.1.1919), der aber als Vizepräsident automatisch nachrückte, also nicht gewählt wurde. Außer Ihnen wissen das bestimmt nicht so viele! Kennedy (29.5.1917–22.11.1963) unterstützte die Invasion von Exilkubanern in die Schweinebucht, um Fidel Castro (*13.8.1926) zu stürzen. Das ging gründlich schief, es folgte die Kubakrise. Die Sowjetunion, Partner Kubas, wollte dort Mittelstreckenraketen stationieren – der Dritte Weltkrieg drohte. Kennedys Ermordung während einer Wahlkampfreise machte ihn zur Legende. Sein berühmtester Ausspruch lautet: „Ich bin ein Berliner."

Helmut Kohl

Helmut Josef Michael Kohl (*3.4.1930) war von 1982 bis 1998 Bundeskanzler Deutschlands. Vor allem aber gilt er als Vater der Einheit, denn er hat die Wiedervereinigung maßgeblich vorangetrieben und 1989/90 auch über die Bühne gebracht. Wobei hier natürlich auch der damalige Außenminister Hans-Dietrich Genscher (*21.3.1927) zu erwähnen ist, der ebenfalls großen Anteil daran hatte.

John F. Kennedy 1963

Helmut Kohl 1987

Die versprochenen blühenden Landschaften ließen allerdings auf sich warten, weshalb Kohl am 10.5.1991 in Halle sehr treffsicher mit Tomaten und Eiern beworfen wurde. Kohl ging auf die Angreifer los, seine Sicherheitsleute konnten ihn gerade noch bremsen, bevor er handgreiflich wurde. Leider bleibt Kohl nicht nur als erster Kanzler des wiedervereinigten Deutschland in Erinnerung, sondern auch wegen der sogenannten Parteispendenaffäre, bei der ein anonymer Spender der CDU einen Betrag in Millionenhöhe zukommen ließ. Indem Kohl sich weigerte, dessen Identität zu nennen, verstieß er übrigens klar gegen ein von ihm selbst unterzeichnetes Gesetz.

Margaret Thatcher

Die Eiserne Lady (*13.10.1925), wie sie genannt wurde, war die erste britische Premierministerin. Von 1979 bis 1990 dauerte die sogenannte Ära Thatcher. Großbritannien war eine Art Armenhaus Europas, als sie das Zepter in die Hand nahm und zunächst einmal die Inflation aufhielt. Ihr nächster Schritt war die Entmachtung der Gewerkschaften, wodurch technische Innovationen, die von den Gewerkschaftlern bis dahin aufgehalten worden waren, umgesetzt werden konnten. Das Land entwickelte sich in der Folge zu einer Wirtschaftsnation. Es gibt durchaus Thatcher-Kritiker, die nicht ihr den Erfolg zuschreiben, sondern dem großen Ölvorkommen vor Großbritanniens Nordseeküste und dessen ständig steigendem Wert. Einer von Thatchers finstersten Momenten war wohl der Krieg gegen Argentinien um die zu Großbritannien gehörenden Falklandinseln 1982. In den Augen ihres Volkes strahlte ihr Stern durch den Sieg aber ganz besonders hell. Auch die Rückgabe der Kronkolonie Hongkong an China geht auf ihr Konto. Ein zu starkes Europa wollte sie nicht, weshalb sie gegen den Vertrag von Maastricht war, der am 7.2.1992 trotzdem unterzeichnet wurde. (Sie wissen schon, das ist der Gründungsvertrag der EU.)

Margaret Thatcher, die Eiserne Lady

Die inzwischen in den Adelsstand erhobene alte Dame, oder besser ihre Politik umfangreicher Privatisierung und Öffnung des Londoner Geldmarktes, gerät heute nicht selten in die Kritik. Zugegeben, der Verkauf staatlicher Firmen und Banken brachte schnell viel Geld, dafür stieg die Inflation wieder an. Und was unkontrollierte freie Finanzmärkte so alles anrichten können, zeigt die 2007 einsetzende Finanzkrise (s. S. 122 f.).

Wahlen ···

Im Gegensatz zur Monarchie, wo der König quasi mit goldenem Löffel im Mund geboren wird, darf man in einer Demokratie die Regierung wählen. Das Wahlrecht muss allgemein, unmittelbar, frei und gleich, die Wahl selbst geheim sein. Heißt so viel wie: Jeder, der das Wahlalter erreicht hat (allgemein), gibt seine Stimme direkt (unmittelbar) ab – also ohne Wahlmänner, wie z. B. in den USA üblich. Dabei darf er sich frei zwischen mehreren Alternativen entscheiden, ohne dass ihm jemand über die Schulter schaut. Jede Stimme zählt gleich viel. Aber wer wird eigentlich wie und wie oft gewählt? Verlassen Sie sich darauf: In diesem Punkt kann nicht jeder mitreden! Da wird es Ihnen anders ergehen, wenn Sie folgendes Kapitel gelesen haben.

Wahlrecht
Das Mehrheitswahlrecht ist einfach zu verstehen: Wer die meisten Stimmen hat, gewinnt. Das Verhältniswahlrecht zeigt sich z. B. bei der deutschen Bundestagswahl: Die Zweitstimme wird für eine Partei abgegeben. Die Anzahl der Abgeordneten, die sie in den Bundestag schicken darf, wird im Verhältnis zu den bundesweit ergatterten Stimmen errechnet.

Kommunalwahl

In Bremen findet die Kommunalwahl alle vier, in Bayern alle sechs und in den übrigen 14 Bundesländern alle fünf Jahre statt. Das Wahlalter wurde in einigen Ländern von 18 auf 16 Jahre herabgesetzt. Gewählt werden natürlich Kommunalvertretungen. Dabei sind Gruppierungen erlaubt, die gar keine Parteien sind. Und noch etwas ist erlaubt, nämlich das *Panaschieren* und das *Kumulieren*. Panaschieren kommt aus dem Französischen und bedeutet Mischen. Der Wähler hat mehrere Stimmen, die er auf verschiedene Wahllisten verteilen darf. Gibt man mehrere Stimmen einem einzigen Kandidaten, so nennt man das Kumulieren.

Kumulieren: lat. *cumulus* = anhäufen

Landtagswahl

Landtagswahlen finden in Bremen und Hamburg alle vier, sonst alle fünf Jahre statt. Einige Abgeordnete werden direkt in den Landtag gewählt, die restlichen Plätze werden auf die Parteien anteilig nach den

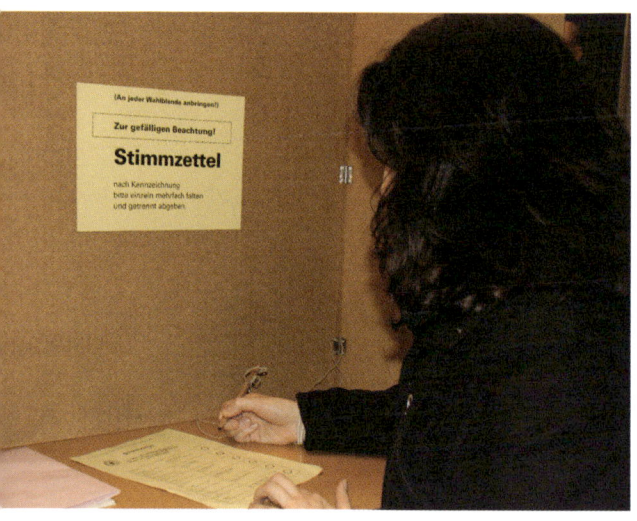

Zweitstimmen vergeben, die sie ergattern konnten. Werden in den Wahlkreisen eines Landes ganz viele Abgeordnete einer Partei direkt gewählt, hat die Partei aber nur wenige Zweitstimmen, kommt es zum berühmten Überhangmandat. Was nun? Mit einer solchen Situation wird unterschiedlich umgegangen. Nehmen wir an, in Niedersachsen wäre Landtagswahl. Dort erhöht man einfach die Mandate – was wörtlich übrigens „Vollmacht" oder „Auftrag" bedeutet, aber das weiß vermutlich nicht jeder Abgeordnete – um die doppelte Anzahl der Überhangmandate und rechnet die Sitzverteilung neu aus.

Wo machen Sie Ihr Kreuzchen?

Bundestagswahl

Eine Legislaturperiode – man könnte auch Amtsperiode sagen, aber dann versteht es ja jeder – dauert vier Jahre. Gewählt werden die Vertreter des Deutschen Volkes, die auch die Gesetze gestalten. Da kommt also die Legislatur ins Spiel. Die Regeln dürften Ihnen bekannt vorkommen: Mit der Erststimme wird der Direktkandidat, der übrigens parteiunabhängig sein darf, mit der Zweitstimme die Partei gewählt. Schafft sie es nicht, wenigstens fünf Prozent der Zweitstimmen zu holen, scheidet sie aus bzw. geht zumindest beim Verhältnisausgleich leer aus. Überhangmandate dagegen werden einfach den reell errungenen zugeschlagen, weshalb sich die Gesamtzahl der Abgeordneten erhöht. Das ist teuer und auch nicht besonders gerecht, und obwohl es immer wieder kritisiert wird, hat man noch keine bessere Lösung gefunden.

Legislatur: lat.
***lex* = Gesetz**

Bundespräsident

!

Die Bundesversammlung wird gebildet, um den Bundespräsidenten zu wählen. Mehr hat sie nicht zu tun.

Die Bundesversammlung wählt in Deutschland den Bundespräsidenten für fünf Jahre. Wer ist die Bundesversammlung? Das sind sämtliche Abgeordnete des Bundestags plus eine gleich große Anzahl Abgeordneter, die von den Landtagen gewählt werden. Zum Bundespräsidenten gewählt werden kann jeder Deutsche, der mindestens 40 Jahre alt ist und das passive Wahlrecht zum Bundestag besitzt. Das heißt, er darf kandidieren und gewählt werden. Er wird für fünf Jahre gewählt. Eine zweite Amtszeit ist möglich, nach einer Pause sind sogar noch zwei weitere erlaubt. Es ist also möglich, dass jemand 20 Jahre mit Unterbrechung Bundespräsident und damit Deutschlands Staatsoberhaupt ist.

Seit 1994 Tagungsort der Bundesversammlung: das Reichstagsgebäude

Bundeskanzler

Konrad Adenauer war der erste Bundeskanzler.

Der Bundeskanzler oder natürlich die Kanzlerin ist in Deutschland Vorsitzender der Regierung. Nachdem der Bundestag gewählt wurde, stellt die stärkste Partei bzw. die Koalition – der Zusammenschluss von zwei oder gar drei Parteien – einen Kanzlerkandidaten. Dieser wird vom Bundespräsidenten vorgeschlagen und benötigt die einfache Mehrheit, also über die Hälfte aller Stimmen der Bundestagsmitglieder. Das nennt man auch Kanzlermehrheit. Interessantes Detail für Ihren nächsten Small Talk: In der Praxis schlägt der Präsident zwar den Spitzenkandidaten der stärksten politischen Kraft vor, er dürfte jedoch auch jemand anderen nennen. Das traut sich aber wohl niemand.

Internationale Beziehungen..............................

Dass menschliches Miteinander eine heikle Angelegenheit ist, weiß jeder aus persönlicher Erfahrung, wenn es z. B. mit dem Nachbarn oder Kollegen einfach nicht klappen will. Kein Wunder, dass die Beziehungen zwischen ganzen Völkern und Regierungen auch nicht gerade einfach sind!

Die Flagge der Vereinten Nationen

Die Vereinten Nationen

Abgekürzt werden sie VN oder auch UN für United Nations, gern aber auch mal UNO für *United Nations Organization*. Dahinter steckt ein Weltverband, dessen Grundstein noch im Zweiten Weltkrieg, nämlich am 12.6.1941 gelegt wurde. Hauptziel ist, wie sollte es anders sein, Weltfrieden. Sie machen eine gute Figur, wenn Sie wissen, dass ...

Die Friedenstruppen der Vereinten Nationen werden umgangssprachlich als Blauhelme bezeichnet.

- die Atlantikcharta von dem britischen Premier Winston Churchill (30.11.1874–24.1.1964) und dem US-Präsidenten Theodore Roosevelt (27.10.1858–6.1.1919) am 14.8.1941 auf hoher See unterzeichnet wurde. Sie enthält Regeln zur internationalen Zusammenarbeit, die weitere Kriege verhindern sollen.
- sich 26 Nationen am 1.1.1942 zu den Vereinten Nationen bekannten.
- die UNO am 24.10.1945 mit Unterzeichnung ihrer Charta – nichts anderes als eine Urkunde – endgültig und offiziell gegründet wurde, inklusive Sicherheitsrat. Der 24. Oktober ist deshalb auch Tag der Vereinten Nationen.
- sie sich auch um Probleme von Behinderten, Frauen, der Umwelt, des Weltraums, um Ernährungsfragen, Folter, Drogen und Kinderrechte kümmert.
- sie Beobachter, Hilfsmissionen und Schutztruppen entsendet.
- der achte Generalsekretär bis voraussichtlich 2016 der Koreaner Ban Ki-moon (*13.6.1944) ist.
- es heute 193 Mitgliedsstaaten gibt.

Die NATO

Wofür steht die Abkürzung NATO eigentlich? Wissen Sie nicht? Keine Sorge, damit sind Sie nicht allein! Selbst in den Medien heißt es mal Nordatlantische Vertragsorganisation, Organisation des Nordatlantikvertrages oder auch Nordatlantikpakt-Organisation. Zwölf Staaten Europas und Nordamerikas gründeten am 4.4.1949 das Atlantische Bündnis, wie die NATO auch genannt wird, heute sind es 28 Mitgliedsstaaten. Auch dieser Vereinigung geht es um Frieden und Sicherheit, die sowohl mit politischen als auch militärischen Mitteln verteidigt werden. Eigentlich nur im euro-atlantischen Raum, doch der Aktionsradius wächst durch den NATO-Russland-Rat oder den Mittelmeerdialog (seit 1994), der Ägypten, Algerien, Israel, Jordanien, Marokko, Mauretanien und Tunesien mit einschließt.

Die Flagge der NATO (North Atlantic Treaty Organization)

Was ist eigentlich Krieg?

Ein Krieg wird als bewaffneter Konflikt definiert, bei dem die gewalttätigen Übergriffe kontinuierlich stattfinden. Ab und zu ein Attentat macht also noch keinen Krieg. Mal abgesehen von jeder Definition bringt Krieg Zerstörung und Leid. Wer meint, der letzte Krieg sei ja schon lange her, der denkt in engen Grenzen. Denn das mag für den deutschsprachigen Raum gelten, für Europa trifft das aber schon nicht mehr zu.

Leben wir in friedlichen Zeiten?

Weltweit gab es Anfang 2012 ca. 34 gewaltsame Auseinandersetzungen, die noch nicht beigelegt wurden. Sie toben oder schwelen u. a. im Jemen, in Mali und Niger, Pakistan, im Kaukasus, Irak, in Indien und Somalia. Dabei haben 191 Staaten dieser Welt die UN-Charta unterzeichnet, die besagt, dass schon die Drohung mit Krieg und natürlich auch ein tatsächlicher Angriff verboten sind.

Wieso entsteht ein Krieg?

Man nimmt an, dass die Gründe für die Entstehung eines Krieges in den kulturellen und religiösen Unterschieden liegen. Diese können auch ganz bewusst zur Aufhetzung eingesetzt werden. Außerdem gehören auch staatliche Interessen bzw. Fehleinschätzungen

vermeintlicher Bedrohungen, ökologische Auslöser – etwa der Kampf um fruchtbares Land, Trinkwasser oder Bodenschätze – und nicht zuletzt Macht- und Besitzgier sowie ein hohes Aggressionspotenzial dazu.

Die Bilderberger – dunkle Mächte im Hintergrund?

Im Mai 1954 trafen sich im Hotel de Bilderberg in den Niederlanden Spitzenleute aus Europas und Amerikas Politik und Wirtschaft. Aber nicht offiziell, sondern eher privat. Hintergrund war, dass die vertrete-

Das Bilderberg-Hotel

nen Länder in wirklich kritischen Fragen nicht optimal zusammenarbeiteten. Der offene und ehrliche Dialog über Handel, Finanzen und Umwelt soll seither jedes Jahr für mehr Verständnis und Vertrauen sorgen. So weit, so gut. Ergebnisse werden aber keine erwartet, Abstimmungen finden auch gar nicht statt. Zugelassen wird nur, wer eine persönliche Einladung vorweisen kann. Die Öffentlichkeit erfährt erst hinterher und auch eher am Rande, wer bei dem jährlichen Treffen anwesend war und worüber gesprochen wurde. Kein Wunder, dass jede Menge über den mysteriösen und elitären Zirkel spekuliert wird! Während die einen ihn für eine altmodische Gesprächsrunde halten, behaupten andere, die Bilderberger lenkten heimlich die Geschichte. Sie sollen z.B. die deutsche Wiedervereinigung und die Wahl von Bill Clinton (*19.8.1946) zum US-Präsidenten vorbereitet haben. Einige behaupten sogar, die Bilderberger hätten zahlreiche Kriege gefordert und durchgesetzt. Das gäbe allerdings auch eine prächtige Verschwörungstheorie (s. S. 28 f.) ab.

Was wäre, wenn ...

Gut möglich, dass Sie so eine Aussage schon einmal gehört haben. Das historische Spekulieren hat eine lange Tradition und auch einen Namen: kontrafaktische Geschichte. Wissenschaftler wollen anhand gesicherter Fakten herausfinden, womit bestimmte Entwicklungen zusammenhän-

> **Hätte es den Irakkrieg gegeben, wenn George Bush die Wahl nicht gewonnen hätte?"**

gen. Zum Glück muss man aber nicht immer den Wissenschaftler heraushängen lassen. Weil das Spekulieren ein solches Vergnügen bereitet, hier zwei Theorien:

Es gibt Wissenschaftler, die davon überzeugt sind, dass das Christentum dann nicht zur Weltreligion aufgestiegen wäre. Schließlich sollte der Opfertod von Gottes Sohn den Menschen Erlösung bringen. Hätte er nicht stattgefunden, wären die Gläubigen weniger stark überzeugt gewesen. Das Judentum hätte sich wahrscheinlich durchgesetzt. Unter Umständen hätte sich der Antisemitismus nicht so verheerend entwickelt und ausgebreitet.

Was wäre, wenn? Spekulieren macht Spaß, führt aber zu nichts.

> "Was wäre, wenn Judas Jesus nicht verraten hätte?"

An dieser Frage scheiden sich die Geister. Wäre die friedliche Revolution in Osteuropa und speziell in der DDR gescheitert, gäbe es die Öffnung von Ost nach West und umgekehrt in heute existierender Form sicher nicht. Ob aber der Dritte Weltkrieg die unvermeidbare Folge gewesen wäre, weil die Aufstände brutal niedergeknüppelt und Politiker wie Michail Gorbatschow (*2.3.1931) aus dem Weg geräumt worden wären, sei dahingestellt. Denkbar aber ist, dass der Kalte Krieg eskaliert und in einen bewaffneten umgeschlagen wäre.

> "Was wäre, wenn die Mauer nicht gefallen wäre?"

Über den Eisernen Kanzler, wie man Otto von Bismarck (1.4.1815–30.7.1898) auch nennt, gibt folgende skurrile Geschichte Auskunft: 1862 wäre Bismarck beinahe nahe Biarritz in Südfrankreich ertrunken. Ein französischer Leuchtturmwärter rettete ihm jedoch das Leben. Der Wärter ertrank rund einen Monat später an genau der gleichen Stelle. So musste er nicht mehr miterleben, wie Bismarck 1870 im deutsch-französischen Krieg sein Land in die Knie zwang und die deutschen Länder zur stärksten politischen Macht Europas vereinigte.

Otto von Bismarck

Sie sehen schon: Es hätte auch alles ganz anders kommen können!

Stammtischparolen und wie Sie sie ins Leere laufen lassen

Bier, Gemütlichkeit und Zusammensitzen. Jetzt noch über Politik reden, dann ist die Stammtischseele glücklich.

Das wirklich Fiese an platten Stammtischparolen ist, dass sie gründlich die Stimmung vermiesen und einem immer erst später einfällt, wie man hätte kontern können. Ein kurzer Überblick über vorurteilsbeladene Phrasen, die ohne zu denken nachgeplappert werden, wappnet Sie für die nächste Konfrontation. Strategische Tipps runden den kleinen Kurs ab, und Sie können beim nächsten Mal als rhetorischer Retter einschreiten.

Stammtisch-Klassiker

Das mit der milden Justiz ist eine gern in den Raum geworfene Behauptung. Ein Spruch wie unten wird oft empört geäußert. Dass Inhaftierte einen Fernseher haben, mag stimmen. Dass es sich um Flachbildschirme handelt, darf bezweifelt werden. Fragen Sie: „In welchem Gefängnis gibt es denn einen Pool und Hightech-Unterhaltungselektronik? Woher weißt du davon?" Es ist gut möglich, dass die Behauptung nicht durch verlässliche Quellen belegt werden kann.

> „Die Knastbrüder haben sogar Swimmingpool und Flachbildschirm."

Auch beliebt: der Ruf nach der Todesstrafe. Halten Sie dagegen: Irren ist menschlich und ein falsch gefälltes Todesurteil nicht rückgängig zu machen. Und Abschreckung? Dieses Argument ist längst widerlegt. Studien beweisen, dass in Ländern mit Todesstrafe eher mehr Kapitalverbrechen begangen werden als in denen ohne. Auch der Staat hat eine Vorbildfunktion! Wie will man das Töten von Menschen verbieten, wenn man für sich selbst eine Ausnahme macht?

> Phrase 1:
> „Die Ausländer nehmen uns die Arbeit weg."

Noch zwei klassische Stammtischparolen: Kleine Überspitzungsübung zu Phrase 1: „Stimmt, ist mir auch schon aufgefallen. Mein Arzt, die Kassiererin im Supermarkt, die Verkäuferin in der Fleischerei, der Kartenkontrolleur in der Bahn

Phrase 2:

Wer Arbeit will, kriegt auch welche."

und auch meine Kollegen – alles Ausländer! Mir fällt spontan gar kein Deutscher mehr ein, der einen Arbeitsplatz hat." Versuchen Sie es als Reaktion auf Phrase 2 doch einmal mit der Frage, ob keiner der Anwesenden jemanden kennt, der sich redlich um Arbeit bemüht, aber dennoch keine findet – jedenfalls keine, die seiner Qualifikation entspricht. Aber wundern Sie sich nicht, wenn eine hitzige Diskussion entsteht!

An so mancher Dummheit möchte man verzweifeln. Und bei Weitem nicht jeder ist für gute Argumente offen.

Strategie-Tipps

Die erste Regel lautet: Ruhe bewahren. Lassen Sie sich nicht auf die Palme bringen oder provozieren, und werden Sie nicht laut. Im Gegenteil, senken Sie ruhig einmal Ihre Stimme, wenn Sie gerade die Aufmerksamkeit haben. Das wirkt unheimlich souverän.

Regel Nummer 1: Nicht auf die Palme bringen lassen!

Trick 1: Gehen Sie weniger auf Inhalte ein als auf Ungereimtheiten. Fragen Sie sofort nach, wenn etwas unlogisch ist. Probieren Sie es einmal mit: „Was hat denn das eine mit dem anderen zu tun?" Bestehen Sie beharrlich auf einer Antwort. So kommen Sie aus der Defensive. Ebenfalls oft hilfreich: Fordern Sie ein konkretes Beispiel für eine Behauptung.

Grundsolide Abwehrtaktik: „Was hat denn das eine mit dem anderen zu tun?"

Trick 2: Suchen Sie sich Verbündete. Einer, der die Parole nicht mit begeistertem Kopfnicken unterstreicht, sondern eher betreten schweigt, ist ideal. Fragen Sie ihn: „Siehst du das genauso pauschal?" Jetzt haben Sie Zeit, zu überlegen, wer von den anderen aufgrund seiner Geschichte oder seines Umfeldes eigentlich anderer Meinung sein müsste. Die Parole „Die Ausländer nehmen uns die Arbeitsplätze weg" steht schon auf wackeligen Beinen, wenn Ihnen jemand einfällt, dessen Chef ein Ausländer ist und so Stellen schafft. Oder wenn jemand einen Job macht, nach dem sich die meisten nicht die Finger lecken, z. B. Erntehelfer oder Müllmann.

Schimpfern kommt man am besten auf die verständnisvolle Tour. So lässt man sie ins Leere laufen.

Trick 3: Finden Sie im Leben des Stammtischphilosophen eine Erklärung für dessen geistloses Schwadronieren. Schimpft er über die viel zu zahme Justiz und ist gerade überfallen worden, versuchen Sie es einmal auf die verständnisvolle Tour. Fragen Sie ernsthaft interessiert, wie eine strengere Justiz diesen Überfall hätte verhindern können.

Ganz wichtig: Ärgern Sie sich nicht, wenn Sie auf Granit beißen! Überzeugen lassen sich Störenfriede und Dummschwätzer nur selten. Stur bleiben sie bei ihren platten Welterklärungsmustern und lassen alles an sich abprallen.

Trick 4: Etwas Humor kann nicht schaden – und Übertreibung macht vieles anschaulicher. Überspitzen Sie die Stammtischparole, um zu zeigen, wie absurd sie ist. Mit ein paar Lachern können Sie die Stimmung vielleicht retten.

Verschwörungstheorien ....

Schon der Begriff sagt es: Es geht um eine vermeintliche Verschwörung, handfeste Fakten oder womöglich Beweise fehlen meist. Die Verschwörung dient dazu, ein Ereignis zu erklären. Immer sieht der Theoretiker eine umfassende Gefahr – entweder für eine bestimmte Menschengruppe oder gleich für die gesamte Menschheit.

Woher kommen Verschwörungstheorien?

Warum sind solche Theorien so beliebt und nicht auszurotten? Sie wissen es natürlich: In Situationen, in denen man das Gefühl hat, keinen Einfluss ausüben zu können, versucht man gegen die Hilflosigkeit zu steuern, indem man eine Erklärung sucht und vermeintliche Strukturen entdeckt. Verständlich, aber auch gefährlich, denn Verschwörungstheorien schießen oft aus dem Boden, wenn etwas Angst macht. Und es wird nicht nur nach Erklärungen gesucht, sondern auch nach Schuldigen. Das berühmteste Beispiel sind wohl die Juden im Mittelalter, denen man unterstellte, sie hätten sich verschworen, die Brunnen vergiftet und damit die Pest ausgelöst. Die sogenannte Rache an den Juden war verheerend.

Es gibt unzählige Erklärungsversuche, wie es hierzu kommen konnte. Die brennenden Türme des World Trade Centers *sorgten für abenteuerliche Theorien.*

Klassiker unter den Verschwörungstheorien

9/11: Tatsache ist, dass am 11.9.2001 die beiden Türme des *World Trade Centers* eingestürzt sind und fast 3000 Menschen ums Leben kamen. Spekulationen besagen, dass es aber gar keine Flugzeuge gegeben hätte, die in die Türme geflogen seien. Es hätte sich um Computeranimationen gehandelt, während die Hochhäuser gezielt gesprengt wurden. Auch von Weltraumwaffen ist die Rede. Auf jeden Fall soll eine Regierungsverschwörung der Hintergrund sein. Die USA hätten angeblich selbst das Unglück angezettelt, um eine Rechtfertigung für Kriege, z. B. gegen den Irak, zu haben.

Der Tod des Hackers Koch: Karl Werner Lothar Koch (22.7.1965–23.5.1989) wurde bekannt, weil er in westliche Computer eindrang und von dort gestohlene Informationen an den KGB, das sowjetische Komitee für Staatssicherheit, verkaufte. Beeinflusst von der Romantrilogie *Illuminatus*, nannte er sich *Hagbard Celine*. Koch war davon überzeugt, dass die Illuminaten die Weltherrschaft zu übernehmen drohten. Dies wollte er mit der Weitergabe von Informationen verhindern. Koch gilt als Erfinder von Trojaner-Software. Seine vermeintliche Selbstverbrennung wird von einigen Menschen angezweifelt. Er sei Opfer von Geheimdiensten geworden, lautet eine Verschwörungstheorie.

Kornkreise: Ein Druck aus dem 17. Jahrhundert zeigt ein fremdartiges Wesen, das einen Kreis in einem Kornfeld formt. Ende des 19. Jahrhunderts traten weitere Kornkreise auf, Ende der 1970er-Jahre stießen diese Phänomene auf weltweites Interesse. Wie die Kornkreise entstehen, ist bis heute nicht eindeutig geklärt. Während die einen meinen, ein US-Satellit würde Mikrowellen zur Erde schicken, sind die anderen von UFO-Landungen überzeugt. Manche meinen, die Kreise seien von Menschen gemacht, die sich einen Scherz erlauben. Wer weiß …

Hübsch und mysteriös: Kornkreise

UFOs in Area 51: Die Area 51 ist ein militärisches Sperrgebiet in Nevada, USA. Da es dort u. a. um geheime Flugzeugforschung geht, war es nur ein kleiner Schritt zu der Behauptung, man untersuche dort die Antriebe von Flugkörpern, die definitiv nicht von der Erde stammen. Immer wieder tauchen Ingenieure auf, die behaupten, an der Erforschung außerirdischen Materials mitgearbeitet zu haben. Eine andere Verschwörungstheorie besagt, dass in der Area 51 heimlich die Apollo-Mondlandung gedreht wurde, die nämlich so nie stattgefunden habe. Welche Theorie finden Sie spannender?

Glossar..

Basisdemokratie: Dieser häufig zu hörende Begriff steht für eine Demokratie, die ohne Repräsentanten, also ohne Volksvertreter auskommt, und steht damit im Gegensatz zur verbreiteten repräsentativen Demokratie.

Gang nach Canossa: heute eine Bezeichnung für einen erniedrigenden Bittgang, geht der Ausdruck auf ein historisches Ereignis zurück. König Heinrich IV. (11.11.1050–7.8.1106) zog im Dezember 1075 von Speyer nach Rom. Er wollte verhindern, dass sich Papst Gregor mit den deutschen Fürsten vereinigt. Papst Gregor suchte Zuflucht auf der Burg Canossa, vor der Heinrich IV. ihn zu bewegen suchte, den Kirchenbann von ihm zu nehmen.

*Der Fenstersturz auf
einem Flugblatt von 1618*

Defenestration: auf gut Deutsch „Fenstersturz". Er stellt eine Form der Lynchjustiz dar. In Mittelalter und früher Neuzeit wurde er mehrfach verübt. Der bekannteste ist wohl der Zweite Prager Fenstersturz von 1618, einer der Auslöser des Dreißigjährigen Krieges.

Designiert: Der Begriff kommt aus dem Lateinischen. *Designatus* bedeutet gezeichnet. Im alten Rom nannte man Männer so, die bereits in ein Amt gewählt worden waren, es aber noch nicht angetreten hatten. Und das ist auch heute noch so. Ein designierter Minister ist für das Amt vorgesehen, aber noch nicht aktiv.

Fünf-Prozent-Hürde: Hier handelt es sich um eine Sperrklausel. Wenn eine Partei nicht einmal fünf Prozent der Stimmen für sich gewinnen kann, zieht sie nicht in den Landtag oder Bundestag ein.

> **!** Der Hammelsprung hat seinen Namen nicht von der Schnitzarbeit im Reichstagsgebäude, sondern die Arbeit wurde umgekehrt in Anspielung auf den Begriff hergestellt. Die Herkunft des Wortes liegt wohl eher in der Verwandtschaft zum Leithammel oder dem „Stimmvieh", das durch die Türen getrieben wird.

Hammelsprung: Was sich tierisch sportlich anhört, ist die Bezeichnung für ein spezielles Abstimmungsverfahren. Sollte es nicht möglich sein, durch Handzeichen oder Aufstehen zu einem Ergebnis zu kommen, werden die Abstimmungsberechtigten aus dem Raum geschickt und müssen durch eine von drei Türen wieder hereinkommen. Eine Tür steht für Ja, eine für Nein, die Dritte für Enthaltung. Begriff und Verfahren stammen aus dem Jahr

1874. Erst 1894 setzte man über die Ja-Tür des Berliner Reichstagsge-
bäudes die Darstellung einer Widderherde.

Hexenhammer: Bei dem sogenannten *Hexenhammer* (lat. *Malleus Male-
ficarum*) handelt es sich nicht etwa um ein besonders gemeines Folter-
werkzeug der Inquisition, sondern um ein Buch. Der Dominikanermönch
Heinrich Kramer veröffentlichte das Werk 1486. Bis in das 17. Jahrhundert erschienen 29 Auflagen. Durch eine vermeintlich wissenschaftliche
Argumentation und die Versammlung üblicher Vorurteile versuchte er
so die Hexenverfolgung zu legitimieren.

Interim: Es gibt Interimsmanager, -trainer oder auch -regierungen. Es
handelt sich dabei um Übergangslösungen. Das Amt wird von Personen
übernommen, die kompetent und vertrauenswürdig wirken. Es macht
sich gut, wenn Sie einfließen lassen, dass das lateinische Wort *Interreg-
num* für die Zwischenregierung stand, die früher häufig die Zeit zwischen dem Tod des Königs und der Amtsübernahme durch den Nachfolger überbrückte.

Konstruktives Misstrauensvotum: Mehrheitlicher Parlamentsbeschluss,
um einen Minister oder gleich die ganze Regierung loszuwerden. Ein
Kandidat steht schon in den Startlöchern, sonst würde es sich um ein
destruktives Misstrauensvotum handeln.

Le roi est mort, vive le roi: französisch für „Der König ist tot, es lebe
der König". Eine Formel, mit der man in Frankreich verkündete, dass der
alte König gestorben und der neue gleich wieder in Amt und Würden ist.
Damit wurde die Kontinuität der französischen Erbmonarchie hervorgehoben. Bis heute benutzt man die Redewendung, um Beständigkeit
zu betonen.

Ratifizierung: die völkerrechtlich verbindliche Erklärung eines Ab-
schlusses durch die Vertragsparteien. Unterschrift drunter, fertig!

Repräsentative Demokratie: Abkehr von der Entscheidungsgewalt der
Parteien hin zu Bürgerinitiativen und Volksentscheiden

Sansculotten: Als Sansculotten bezeichnete man zur Zeit der Französischen Revolution (1789–99) Pariser Arbeiter und Kleinbürger. Da
sie von körperlicher Arbeit lebten, trugen sie nicht, wie seinerzeit die

Adeligen und der Klerus, Kniebundhosen, die auf Französisch *culottes* heißen, sondern lange Hosen. Davon leitet sich die Bezeichnung ab.

Scherbengericht: eine Methode, um sich unliebsamer Personen oder politischer Feinde zu entledigen. Der Name kommt von den in der griechischen Antike verwendeten „Stimmzetteln". In Tonscherben konnten Namen geritzt werden, die meistgenannte Person wurde für zehn Jahre verbannt.

Sicherheitsrat: Er ist das bedeutendste Organ der Vereinten Nationen. Von den 15 Mitgliedern werden zehn für jeweils zwei Jahre gewählt, die anderen fünf sind ständige Mitglieder: China, Frankreich, die Russische Föderation, das Vereinigte Königreich Großbritannien und Nordirland sowie die Vereinigten Staaten. Sie müssen sich nicht zur Wahl stellen und verfügen über ein Vetorecht. Der Sicherheitsrat ist für die internationale Sicherheit zuständig, darf Untersuchungen einleiten, Sanktionen verhängen und sogar militärische Handlungen anordnen.

Vertrauensfrage: Eigentlich geht es weniger um Vertrauen als um Zustimmung. Zweifelt ein Bundeskanzler an der Unterstützung der meisten Bundestagsabgeordneten, stellt er die Frage aller Fragen. Bekommt er tatsächlich keine Mehrheit, muss der Bundestag einen neuen Kanzler wählen, sonst kann er innerhalb von 21 Tagen aufgelöst werden.

Scherben als Stimmzettel

In der Bundesrepublik Deutschland haben folgende Kanzler die Vertrauensfrage gestellt

Willy Brandt (18.12.1913–8.10.1992) am 22.9.1972; der Bundestag wurde am 23.9.1972 aufgelöst.

Helmut Schmidt (*23.12.1918) am 3.2.1982; Schmidt erhielt das Vertrauen, wurde aber am 1.10.1982 durch ein konstruktives Misstrauensvotum gestürzt.

Helmut Kohl (*3.4.1930) am 17.12.1982; der Bundestag wurde aufgelöst, Kohl am 6.3.1983 mit großer Mehrheit wiedergewählt.

Gerhard Schröder (*7.4.1944) gleich zweimal, am 16.11.2001 ging sie positiv aus, am 1.7.2005 bekam Schröder das Vertrauen nicht, Neuwahlen waren die Folge.

RELIGION UND PHILOSOPHIE

Religion·······································

Vorsicht, wenn im Small Talk jemand auf Religion zu sprechen kommt! Das Thema kann schnell mal heikel werden. Falls es sich nicht vermeiden lässt, sind Sie mit ein paar Grundinformationen bestens gerüstet. Die großen Weltreligionen werden in monotheistisch und henotheistisch unterschieden. Der erste Begriff klingt vielleicht vertraut. Das griechische Wort mónos *bedeutet „allein", der zweite Teil,* théos, *heißt „Gott", wie z. B. auch in Theologie. Monotheistisch nennt man also Religionen, die nur einen Gott haben, z. B. das Christentum, das Judentum oder der Islam. Bei den henotheistischen Richtungen werden entsprechend mehrere Gottheiten verehrt, wie etwa bei den Römern, bevor sich das Christentum etablierte. Man spricht übrigens auch von Polytheismus. Griech.* polys *heißt „viel". Aber Achtung: Das Griechische* henos *bedeutet „ein". Es gibt zwar mehrere Götter, diese sind jedoch dem einen höchsten Gott untergeordnet.*

Religion: lat. *religio* = Rückbindung, das sich mit „Rückbesinnung auf die Bindung zu Gott" übersetzen lässt

Judentum

···

Davidstern

Mit nur etwa 13 bis 15 Millionen Juden weltweit gehört die jüdische Religion nicht gerade zu den ganz großen Glaubensrichtungen. Da sie aber zweifellos die älteste noch existierende Religion und die Basis des Christentums und des Islam darstellt, sollten Sie zumindest Grundlegendes darüber wissen.

Entstehungsmythos: Vor rund 4000 Jahren beteten die Menschen mehrere Gottheiten an. Daraufhin forderte Gott den Nomaden Abraham auf, nur noch an ihn zu glauben und diesen Glauben an seine Mitmenschen weiterzugeben. Dafür versprach er ihm, dass aus seinen Nachkommen ein großes Volk würde, dem er ein eigenes Land schenken wolle. Tatsächlich soll es Abraham gelungen sein, diese Aufgabe zu erfüllen, seine Familie begründete die Stämme Israels.

Inhalt: Im jüdischen Glauben wird der Sabbat, der heilige Ruhetag, geehrt. In sechs Tagen hat Gott die Welt erschaffen, am siebten Tag ruhte er und erklärte ihn zum Tag des Herrn. So halten es die Gläubigen auch heute noch. Weiterer Bestandteil des Glaubens ist ein lebenslanges Studium der Thora. Das Wort kommt aus dem Hebräischen und bedeutet Weisung. Die Thora enthält Gebote, die für das tägliche Leben und für die Ernährung gelten. Sie entspricht den fünf Büchern Mose, dem ersten Teil des Alten Testaments bei den Christen.

> Selbst unter Juden ist nicht abschließend geklärt, wer sich so bezeichnen darf, denn es gibt neben der jüdischen Religion auch noch die Kultur, Tradition und vor allem die jüdische Geschichte. Grundsätzlich gilt: Das Kind einer Jüdin ist von Geburt an ebenfalls Jude oder Jüdin.

Strömungen: Sie können sich denken, dass es Bestrebungen gab, eine so alte Religion zu reformieren. Das hat dazu geführt, dass es heute drei Formen jüdischen Glaubens gibt, die praktiziert werden. Die orthodoxen Juden sehen die Thora als direkt von Gott geschrieben an. Insofern darf es daran keine Veränderungen geben. Liberale Juden legen die Thora zeitgemäß aus, konservative Juden versuchen, Tradition und Realität unter einen Hut zu bringen.

orthodox: griech. *orthós* = richtig, *dóxa* = Lehre

Christentum

Mit über zwei Milliarden Anhängern – das entspricht rund einem Drittel aller Menschen – erfreut sich das Christentum der größten Verbreitung unter den Weltreligionen. Inhalt ist der Glaube an Jesus Christus, nach dem die Religion benannt ist. Die Zeitrechnung der Christen bezieht sich auf die Geburt Jesu vor über 2000 Jahren in Bethlehem im heutigen Westjordanland. Christen glauben, dass es einen Gott gibt, der die Welt erschaffen hat und die Menschen so sehr liebt, dass er seinen eigenen Sohn zu ihnen geschickt hat. Dieser starb am Kreuz, und den Menschen wurden alle Sünden vergeben. Voraussetzung, um von seiner Schuld befreit zu werden, ist natürlich, dass man an Gott und Jesus Christus glaubt und die Zehn Gebote beachtet. Können Sie sie aufsagen? Es ist nicht schlimm, wenn Ihnen nicht sofort alle zehn einfallen. Sagen Sie einfach: „Im Grunde beinhaltet das Gebot *Liebe deinen Nächsten so wie dich selbst* alle anderen Gebote. Denk mal darüber nach!" Damit sind Sie aus dem Schneider, denn ganz falsch ist das schon mal nicht. Ein weiterer wichtiger Aspekt ist der Glaube an die Wiederauferstehung, also dass es

Jesus am Kreuz, eine Darstellung aus dem Jahr 1310

mit dem Tod nicht vorbei ist. Wer nach Gottes Regeln ein gutes Leben führt, der geht in die Ewigkeit ein, so heißt es. Das offizielle Bekenntnis zum Christentum wird durch die Taufe vollzogen. Das Gebet ist eine Möglichkeit, mit Gott zu sprechen. Man beendet es mit *Amen*. Dieses Wort wird auch in der Kirche verwendet, etwa nach der Predigt. Die Gläubigen stimmen damit dem zu, was gesagt wurde. Diese Formel übersetzt man am besten mit „So sei es" oder „Es geschehe". Sie wird übrigens nicht nur von Christen, sondern auch von Juden und Muslimen verwendet.

> **(!) Dreifaltigkeit**
>
> Christen beten: „Im Namen des Vaters und des Sohnes und des heiligen Geistes. Amen." Sie glauben, dass Gottvater, der Sohn Gottes und der göttliche Geist, der in allen Gegenständen und auch in allen Lebewesen wohnt, vereint sind.

Knapp 400 Jahre, nachdem Jesus am Kreuz gestorben war, erklärte Theodosius I. (vermutlich 11.1.347–17.1.395), Kaiser des Römischen Reiches, das Christentum zur Staatsreligion und erließ Gesetze gegen das Heidentum. Dass es unter Christen trotz der klaren Gebote nicht immer friedlich zuging, dürfte Ihnen bekannt sein. Im Jahr 1054 kam es zu einem Streit, der so heftig war, dass er die Kirche spaltete, nämlich in die lateinische und die orthodoxe. Im 16. Jahrhundert kam außerdem die Teilung in katholisch und evangelisch hinzu.

Die evangelische Kirche

Martin Luther

Der Theologieprofessor Martin Luther (10.11.1483–18.2.1546) konnte sich nicht damit abfinden, dass Menschen, statt die Beichte abzulegen, einfach sogenannte Ablassbriefe erwerben konnten. Wer Geld hatte, konnte sich so von seinen Sünden befreien, ohne sie zu bereuen oder zu beichten. Stattdessen klingelte die Kirchenkasse. Dieser Handel wuchs mit der finanziellen Not der verschwenderisch lebenden Bischöfe und Mönche. Bestimmt kennen Sie den Spruch des Dominikanermönches Johann Tetzel (um 1460–1.8.1519): „Wenn das Geld im

Kasten klingt, die Seele in den Himmel springt." (Aus heutiger Sicht ein guter Werbeslogan.) Luther machte seiner Wut am 31.10.1517 Luft und schickte 95 Thesen an seine Vorgesetzten. Sie machen richtig Eindruck, wenn Sie eine der Thesen zitieren können.

> **Wenn überhaupt irgendwem irgendein Erlass aller Strafen gewährt werden kann, dann gewiss allein den Vollkommensten, das heißt aber, ganz wenigen."**
>
> (Eine der 95 Thesen)

Die Kirche klagte ihn als Ketzer an, doch die Welle der Empörung über kirchliches Geschäftsgebaren und die Finanzpolitik war nicht mehr aufzuhalten. Unter dem Namen „Junker Jörg" lebte der geflohene Luther auf der Wartburg, wo er 1521 das Neue Testament und zwei Jahre später auch das Alte Testament ins Deutsche übersetzte. Zuvor gab es sie nur auf Lateinisch. Seine Bibel wurde der Renner, denn endlich lag eine Ausgabe vor, die auch das einfache Volk verstand. Man kann davon ausgehen, dass 1525 ein Drittel der Deutschen, die des Lesens mächtig waren, eine Lutherbibel besaß. Die Reformation war nicht mehr aufzuhalten und sorgte für die Teilung der christlichen Kirche in evangelisch und katholisch in ganz Europa.

Es heißt immer wieder, Luther habe seine Thesen an das Hauptportal der Schlosskirche in Wittenberg genagelt. Eine schöne Geschichte, aber leider auch nicht mehr als das.

Die wichtigsten Gemeinsamkeiten

Trotz Trennung gibt es natürlich noch viele Gemeinsamkeiten unter evangelischen und katholischen Christen. Das sind folgende:

- Der Glaube an die Dreifaltigkeit
- Die Taufe als Aufnahme in die christliche Gemeinschaft
- Das Abendmahl, auch Eucharistie (von griech. *eucharisteo* = Dank sagen), bei dem Leib und Blut Christi aufgenommen werden
- Das Glaubensbekenntnis, wenn auch mit leicht unterschiedlichem Wortlaut
- Die Zehn Gebote

Ökumene
Der Begriff kommt aus dem Griechischen und bedeutet „Erdkreis" oder auch „ganze Erde". Dahinter steckt eine Bewegung, die die christlichen Kirchen einander wieder näherbringen will. Nicht die unterschiedliche Konfessionszugehörigkeit ist wichtig, sondern der gemeinsame Glaube.

Die wichtigsten Unterschiede

Am bedeutendsten ist wohl, dass die katholische Kirche ihr Oberhaupt, den Papst, als Stellvertreter Gottes auf der Erde betrachtet. So etwas kennt die evangelische Kirche nicht. Bei ihr gibt es gewissermaßen nur Mitarbeiter Gottes. Weitere Unterschiede:

	Katholisch	Evangelisch
Glaubensbekenntnis	„Ich glaube an die heilige katholische Kirche."	„Ich glaube an die heilige christliche Kirche."
Gottesdienst	Das Abendmahl wird immer gefeiert, nur Katholiken dürfen teilnehmen. Der Gottesdienst nennt sich Messe und ist Pflicht.	Zentral ist die Predigt, nicht das Abendmahl, das nicht jeden Sonntag stattfindet. Zugelassen ist jeder.
Prediger	Nur ein geweihter Priester (männlich) darf die Messe lesen.	Der Pfarrer, die Pfarrerin und sogar bevollmächtigte Laien dürfen Gottesdienst halten. Evangelische Pfarrer dürfen heiraten.
Heilige Schrift	Es gilt die Vulgata (lat. *vulgatus* = allgemein verbreitet), eine lateinische Version, die seit etwa 300 n. Chr. existiert.	Hier gilt die Lutherbibel, die auf Urtexte zurückgeht.
Sakramente (lat. *sacrare* = weihen)	Sieben Sakramente: Taufe, Abendmahl, Buße (Beichte), Firmung, letzte Ölung, Ehe und Weihung von Diakonen, Priestern und Bischöfen	Zwei Sakramente: Taufe und Abendmahl
Mutter Gottes	Maria wird von den Katholiken verehrt und angebetet.	Es findet keine Marienanbetung statt.

Die Päpste

Wie schon erwähnt, ist das Oberhaupt der römisch-katholischen Kirche der Papst. Er ist der Nachfolger des Apostels Petrus, des ersten Bischofs von Rom, der diversen Bibelstellen zufolge von Gott als sein Vertreter auf der Erde eingesetzt wurde. Im Matthäus-Evangelium heißt es etwa: „Du bist Petrus, und auf diesen Felsen werde ich meine Kirche bauen."

griech. *pappas* = Vater, Bischof

Petrus war, wenn man so will, der erste Papst. Überlieferungen besagen, dass er seinen Nachfolger selbst bestimmt hat, so wie einige nach ihm auch. Dann wählten Klerus (sämtliche Angehörige des Priesterstandes) und das römische Volk den nächsten Papst. Da die Kirche damals noch große Macht besaß und auch die Politik beeinflusste oder sogar lenkte, war ihr Oberhaupt entsprechend mächtig. Es kam zu Bestechung und Erpressung. Ab dem 11. Jahrhundert wurde die Wahl den Kardinälen übertragen, was aber nicht bedeutete, dass alles mit rechten Dingen zuging. 1274 wurde das Konklave eingeführt, das heute noch Praxis ist; seit 1878 findet es in der berühmten Sixtinischen Kapelle direkt am Petersdom statt. Zwei Wochen nach dem Tod – oder theoretisch nach dem Rücktritt – eines Papstes bleibt das Amt mindestens unbesetzt. Dann reisen alle Kardinäle an, ziehen in die Kapelle ein und dürfen von diesem Moment an keinerlei Kontakt mehr zur Außenwelt halten. Seit 1179 gilt die Zweidrittelmehrheit bei der Papstwahl. Alle Kardinäle schreiben ihren Wunschkandidaten auf

Konklave: lat. *con claudere* = gemeinsam einschließen

Die sixtinische Kapelle: Hier wird der Papst gewählt.

*Der Regierungspalast
im Vatikan*

einen Zettel. Diese werden ausgewertet und zusammen mit einer Chemikalie verbrannt. Solange keine Zweidrittelmehrheit zustande gekommen ist, sorgt die Chemikalie für schwarzen Rauch. Ist der neue Papst gewählt, kommt eine andere Zutat zum Einsatz, sodass weißer Rauch aufsteigt. *Habemus Papam* heißt es dann: „Wir haben einen Papst."

Die Macht des Papstes ist auch heute nicht zu unterschätzen. Als Oberhaupt der Vatikanstadt muss er völkerrechtliche Rechte und Pflichten eines Staates einhalten. Das mitten in Rom gelegene Gelände mit Petersdom und Petersplatz sowie Palästen und Parks ist der kleinste Staat der Welt, mit allem, was dazugehört: eigenen Münzen und Briefmarken, eigenen Nummernschildern, einer eigenen Internet-Domain (.va) und einer eigenen Staatsangehörigkeit. Absoluter Monarch des Vatikans ist der Papst. Er erlässt zwar offiziell keine Gesetze – das übernimmt eine Kommission für ihn –, aber er kann Gesetze außer Kraft setzen und somit doch gewaltigen Einfluss ausüben. Und er muss sich nicht einmal selbst an die Gesetze halten. Auch die Bedingungen der Papstwahl kann er ändern.

❗ Skandal im Vatikan

Um viele Päpste ranken sich Legenden! Machen Sie mit einer weniger bekannten, aber höchst pikanten Geschichte Eindruck: Papst Johannes XII. (vermutlich 937–14. 5. 964) bestieg 18-jährig den Heiligen Stuhl. Er wurde u. a. wegen Unzucht und sogar wegen Mordes angeklagt. Im Jahr 964 erlitt er angeblich einen Schlaganfall. Böse Zungen behaupten allerdings, er sei von dem Ehemann seiner Geliebten mit dem Hammer erschlagen worden.

Mit folgenden Bezeichnungen meint man ebenfalls den Papst. Benutzen Sie sie, wenn sie gebildet erscheinen wollen, denn die meisten Leute werden damit nichts anfangen können:
• *Vicarius Iesu Christi* = Stellvertreter Jesu Christi
• *Successor Principis Apostolorum* = Nachfolger des Apostelfürsten Petrus
• *Summus Pontifex Ecclesiae Universalis* = Oberster Brückenbauer der weltumspannenden Kirche
• *Episcopus Romanus* = Bischof von Rom
• *Servus Servorum Dei* = Diener der Diener Gottes

Exorzismus

Bestimmt kennen Sie aus Filmen oder Büchern Teufelsaustreiber, die sogenannten Exorzisten. Gibt es sie nun oder nicht? Ja, laut katholischer Kirche gibt es Satan, der hin und wieder sein Un-

griech. exorkismós = hinausbeschwören

wesen auf der Erde treibt und von Menschen, Tieren oder auch Gegenständen Besitz ergreift. Also muss es natürlich auch Fachleute geben, die wissen, wie man ihn wieder vertreibt. Andere Stimmen der katholischen Kirche behaupten das glatte Gegenteil. Es handle sich um Aberglauben aus dem finsteren Mittelalter, mit dem endlich Schluss sein müsse. Eigentlich harmlose Tiere, die plötzlich ihren Besitzer töten, Menschen, die in mehreren Sprachen und mit fremder Stimme fluchen und um sich schlagen – das sind Merkamle von Besessenen. Sie sind gut beraten, wenn Sie sich Folgendes merken: In der Bibel wird davon berichtet, dass Jesus Dämonen ausgetrieben hat. Früher gehörte es zur Priesterausbildung, etwas über gefallene Engel zu lernen. Und: Papst Benedikt XVI. (*16.4.1927) ermutigt heute noch ausgebildete Exorzisten, mit ihrem Handeln fortzufahren. Zuvor muss allerdings geklärt sein, dass es sich bei der vermeintlichen Besessenheit nicht um eine krankhafte Störung handelt, die ein Psychiater beheben könnte.

So stellte man sich im 15. Jahrhundert eine Dämonenaustreibung vor.

Islam

Auf Platz 2 der Religionsverbreitung steht der Islam mit nahezu anderthalb Milliarden Anhängern, Tendenz steigend. Das Wort „Islam" bedeutet übrigens so viel wie völlige Hingabe oder Unterwerfung an Gott. Christen und Muslime geraten immer wieder aneinander, gerade in jüngerer Zeit haben Christen Angst vor Islamisten. Moment mal, sind Muslime und Islamisten denn das Gleiche? Nein! Wer sich zum Islam bekennt, sich Gott unterwirft, nennt sich Muslim oder in der weiblichen Form Muslima oder auch Moslem. Ein Islamist ist Anhänger einer Ideologie, die den Islam in einer ganz bestimmten Form auslegt. Gerade weil es so viel Furcht, Verwirrung und auch falsche Behauptungen gibt, sind

Sie als Besserwissender gefragt. Sie sorgen für Aufklärung, wenn Sie Gemeinsamkeiten des Islam und Christentums herausstreichen.

- Glaube an nur einen Gott. Im Arabischen heißt er Allah.
- Geschichte von der Vertreibung Adams und Evas aus dem Paradies als Bestandteil des Korans ebenso wie der Bibel.
- Auch Maria (arab. *Marjam*) kennt der Koran und mit ihr die jungfräuliche Geburt.
- Jesus, Sohn Marias, hat im Islam die Stellung eines Propheten, der diverse Wunder vollbracht hat. Seinen Tod am Kreuz bestreitet die Religion, seine Himmelfahrt zu Gott aber nicht. Andere Propheten, welche auch die Bibel kennt, sind Abraham, Vater des israelischen Volkes, Johannes der Täufer und Moses, der die Zehn Gebote von Gott erhielt.
- Die Zehn Gebote sind ebenfalls Teil des Koran, haben jedoch keine große Bedeutung.
- Und schließlich verbindet Christen und Muslime der Glaube an ein Leben nach dem Tod und daran, dass man für seine Taten auf der Erde geradestehen muss. Damit in Zusammenhang steht die Vorstellung von Paradies und Hölle.

Diese vielen Gemeinsamkeiten sind kein Zufall. Schließlich ist der Islam eine sehr junge Religion. Sie stammt aus dem 7. Jahrhundert. Es heißt, Mohammed (um 570–8.6.632) sei der letzte Prophet, der nach Jesus von Gott auf die Welt geschickt wurde. Sein Volk habe wiederum mehrere Götter gehabt. Er hielt das für falsch, denn sowohl der jüdische als auch der christliche Glaube waren ihm vertraut. Da erschien ihm der Engel Gabriel und offenbarte ihm die ersten Abschnitte des Korans. Immer wieder geschah das, bis Mohammed den gesamten Koran quasi diktiert bekommen hatte. Diese umfangreichen Botschaften ergänzen und berichtigen alle anderen, die Gott zuvor mit anderen Propheten geschickt hat. Da Mohammed als letzter Prophet gilt, soll es sich beim Koran also um das unverfälschte, quasi letztgültige Wort Gottes handeln.

Mohammed wurde übrigens in Mekka geboren. Die Stadt kennen Sie, weil jeder Muslim

Die heilige Kaaba: Noch heute ist das siebenmalige Umrunden gegen den Uhrzeigersinn – nicht vergessen, denn das zeichnet Sie als Kenner aus! – der Kaaba zentraler Bestandteil jeder muslimischen Pilgerfahrt.

mindestens einmal in seinem Leben dorthin reisen soll. Diese Pilgerfahrt nennt sich Umra (kleine Pilgerfahrt) oder Haddsch (große Pilgerfahrt), wenn sie zu einer bestimmten Zeit stattfindet. In Mekka, im heutigen Saudi-Arabien, steht das höchste Heiligtum des Islam, die Kaaba. Auch das ist nichts Neues für Sie. Wussten Sie aber, dass sie schon vor Mohammeds Geburt existiert hat? Seine Vorfahren Abraham und dessen Sohn Ismael haben sie als erstes Gotteshaus gebaut, so heißt es.

Mohammed fühlte sich dem jüdischen und christlichen Glauben verwandt und betete darum gen Jerusalem. Nachdem er jedoch aus Mekka nach Medina fliehen musste und dort weder von Juden noch von Christen akzeptiert wurde, wendete er sich der sogenannten Religion des Ibrahim zu, in der die Kaaba eine große Bedeutung hatte. Gegen Ende des Jahres 623 änderte er die Gebetsrichtung gen Mekka.

arab. *Ibrahim* = Name für Abraham

Die Säulen des Islam

Es gibt fünf Säulen, die auch als fünf Pflichten eines jeden Moslems bekannt sind. Eine haben Sie bereits kennengelernt, es ist die Pilgerfahrt nach Mekka. Die weiteren Säulen sind:

- Schahada – das Glaubensbekenntnis
- Gebet (heißt im Arabischen *Salāt*) – täglich fünfmal wird zu festgelegten Zeiten gen Mekka gebetet.
- Fasten während des Ramadan (das heißt übersetzt „Sommerhitze" und ist der neunte Monat des islamischen Mondkalenders).
- Almosensteuer – jeder gläubige Moslem, der dazu in der Lage ist, muss eine Abgabe zahlen, mit der anderen bedürftigen Moslems geholfen werden kann.

Mohammed vor der Kaaba

Hinduismus

Der Hinduismus ist mit zwischen 800 und 900 Millionen Anhängern die drittgrößte Weltreligion, die ihren Ursprung und auch ihre weiteste Verbreitung in Indien hat. Genau genommen handelt es sich gar nicht um eine Religion, die ihre Gläubigen verbindet, sondern war ein Sammelbegriff für verschiedene Religionsgemeinschaften mit verwandter Grundlage. Weder gibt es ein gemeinsames Glaubensbekenntnis noch einen Religionsgründer. Stattdessen haben Sie es mit einer Fülle von Gottheiten zu tun, wie etwa Vishnu, Shiva oder Shakti, um nur die wichtigsten zu nennen. Auch die Liste Heiliger Schriften im Hinduismus

ist lang. Laut indischer Verfassung ist der Buddhismus Teil des Hinduismus. Alles sehr verwirrend. Keine Sorge, ein paar klare Linien, die für alle Hindus – so nennt man die Anhänger dieser Religion – gelten, gibt es doch:

Von großer Bedeutung sind die *Veden*. Dieses Wort kommt aus dem Sanskrit (Altindisch) und heißt „Wissen". Es handelt sich dabei um mündlich überlieferte religiöse Texte, die später schriftlich festgehalten wurden. Ein weiterer gemeinsamer Text, den man als Extrakt der Veden bezeichnen könnte, ist *Bhagavad Gita*, eine Gedichtform, die auch als Gesang Gottes bekannt ist.

Dharma, auch im Buddhismus bekannt und wichtig, ist nicht zu übersetzen. Sie können es als Gesetz oder auch als eine bestimmte Ordnung sehen, die eingehalten werden muss. Im Hinduismus kennt man vor

Eine heilige Kuh in Delhi

allem das Dharma, das die Natur und das gesamte Universum, sowie das Dharma, das das menschliche Miteinander regelt.

Was dem Moslem die Pilgerfahrt nach Mekka, ist dem Hindu das Bad im heiligen Fluss Ganges, mit dem er von Schulden reingewaschen wird. Der Ganges misst von seiner Quelle im Himalaja und der Mündung im Golf von Bengalen übrigens stolze 2511 Kilometer. Nur für den Fall, dass jemand anders als Sie erwähnen sollte, dass es sich um den zweitlängsten Fluss Indiens und Bangladeschs handelt.

Kühe sind heilig. Sie dürfen nicht gegessen werden. Wer ein Rind überfährt, kann große Probleme bekommen.

Karma, Wiedergeburt und Nirwana: Hindus gehen davon aus, dass jeder ein Karma hat, eine Art Konto für gute und schlechte Taten. Je nach Kontostand entscheidet sich, in welche Kaste ein Hindu wiedergeboren wird. Kaste? Ja, genau, das ist eine Gruppe, der jeder Inder per Geburt zugeordnet wird. Hindus kennen vier Kasten, von Gelehrten und Priestern über hohe Beamte, dann über Bauern und Händler bis hin zur niedrigsten Gruppe. Zwar möchte jeder Hindu im nächsten Leben gern einer höheren Kaste angehören, sein eigentliches Ziel aber ist der Eintritt ins Nirwana. Stellen Sie sich das als Endstation der großen Erleuchtung vor. Kein Leiden auf der Erde und keine Wiedergeburt mehr, sondern das Erreichen von Erlösung und ewiger Ruhe.

Zum Schluss muss noch Brahman erwähnt werden. Darunter verstehen Hindus eine göttliche Kraft, die Seele, die allem Leben schenkt.

Andere Religionen und religiöse Minderheiten

Neben den verbreiteten Weltreligionen gibt es eine unüberschaubare Zahl weiterer Religionen oder religiöser Gemeinschaften. Sie können sicher sein, dass niemand einen vollständigen Überblick parat hat. Umso besser, wenn zumindest Sie mit einigen Fakten glänzen können.

Buddhismus

Vor rund 2500 Jahren hat sich diese Religion aus dem Hinduismus entwickelt. Sie gilt als viertgrößte Religion weltweit, soll zwischen 250 und 500 Millionen Anhänger haben, aber das weiß niemand genau, da Buddhisten in keiner Form registriert oder verzeichnet sind. Buddha wird auch „Der Erleuchtete" genannt, aber eigentlich hieß er Siddhartha Gautama und war ein Adeliger, der im 6. Jahrhundert v. Chr. in Nordindien gelebt haben soll. Seine Geschichte kennen Sie bestimmt: Der Jüngling lebte in Saus und Braus, fühlte sich aber trotzdem innerlich leer und verließ den Palast, in dem er vollkommen behütet und abgeschirmt aufgewachsen war. Außerhalb der Palastmauern sah er Armut, Krankheit und Leid, die ihn aufwühlten. Er wollte herausfinden, warum es diese Not gibt und wie man sie verhindern kann. Er wurde Mönch, meditierte und dachte nach. Das Ergebnis waren die Vier Edlen Wahrheiten, die er den Menschen mitteilte. Sinngemäß lauten sie:

- Das Leben ist voller Leiden.
- Ursachen für das Leiden sind Hass, Verblendung und die Tatsache, dass Menschen immer mehr haben wollen, als sie schon besitzen.
- Sobald die Menschen diese Ursachen überwinden, ist auch ihr Leiden beendet.
- Um diese Ursachen zu überwinden, müssen sie den Edlen Achtfachen Pfad beschreiten.

Wie aber gelangt man auf diesen geheimnisvollen Pfad? Mit dem Navi suchen Sie ihn vergeblich. Vielmehr handelt es sich um acht Regeln oder Gebote. Dazu gehören rechte Absicht, rechtes Denken, Handeln und Reden oder auch rechter Lebenserwerb. Kriegt der Gläubige alles nach buddhistischen Maßstäben recht hin, so entkommt er dem Kreislauf aus Sterben und Wiedergeburt und geht ins Nirwana ein. Das kennen Sie ja schon aus dem Hinduismus.

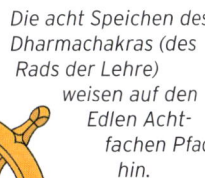

Die acht Speichen des Dharmachakras (des Rads der Lehre) weisen auf den Edlen Achtfachen Pfad hin.

Was es sonst noch gibt

Wussten Sie, dass …

* die Religion der Bahai weltweit zwischen sechs und acht Millionen Anhänger hat? Ihr Stifter Mirza Husain Ali Nuri (12.11.1817–29.5.1892), genannt Bahá'u'lláh (arab. = Herrlichkeit Gottes), wurde in Teheran geboren. Er trat der im Iran gerade neu entstehenden Religion des Babismus bei und verkündete sie. Darin geht es um die bevorstehende Ankunft eines Messias. Mirza fühlte sich berufen und erklärte, er wäre dieser Messias. Später bestimmte er seinen Sohn als seinen Nachfolger. Interessant: Bahá'u'lláh behauptete von sich, der Verheißene aller großen Religionen zu sein. Inhalt von Bahai ist die Einheit Gottes, die Einheit aller Religionen sowie die Einheit der Menschen, die alle gleiche Rechte genießen sollen.

Der neunzackige Stern: Symbol der Bahai

* der Daoismus oder Taoismus zwar als ursprüngliche Religion Chinas gilt, aber im Grunde eine Philosophie ist?
* auch Voodoo zu den Religionen gezählt wird? In Haiti ist sie als solche offiziell anerkannt. Zahlreiche Haitianer sind sowohl Anhänger des Voodoo als auch Christen. Auch in dieser Religion, die viele nur mit nadelgespickten Puppen in Verbindung bringen, gibt es einen obersten Gott.
* es selbst unter den Christen nicht etwa nur katholisch oder evangelisch, sondern schätzungsweise 35 Gruppierungen gibt, darunter die Waldenser, Baptisten, Täufer, Methodisten, Quäker, Adventisten, die Brüder- oder auch die Pfingstbewegung, die Freien, nicht zu verwechseln mit den Ernsten Bibelforschern.

Sieht gruselig aus, soll aber viel helfen: ein Voodoo-Altar

Philosophie......................................

*Philosophie und Religion haben schon einmal etwas gemeinsam:
Beide haben keine allgemeingültige Definition. Als Versuch einer
Definition kann ein Satz des berühmten Philosophen Sokrates
(etwa 469–399 v. Chr.) herhalten:*

Büste des Sokrates

❝ **Ein Leben, das sich nicht selbst geprüft hat, ist es nicht wert, gelebt zu werden.”**

Frei übertragen meint das Zitat: Erst wenn man über den Sinn des Lebens nachdenkt, ihn hinterfragt, wird das Leben wertvoll und bekommt überhaupt einen Sinn. Klingt genauso logisch wie das nächste Zitat:

❝ **Ich weiß, dass ich nichts weiß.”**

Auch bei diesem Ausspruch handelt es sich um ein Zitat des Griechen Sokrates, das zeigt, womit Sie es zu tun haben: mit einer verwirrenden, äußerst widersprüchlichen Wissenschaft.

Die Schule von Athen *zeigt Philosophen des antiken Griechenlands.*

Bereiche der Philosophie ......

Philosophen gab und gibt es wie den sprichwörtlichen Sand am Meer, einig waren sie sich längst nicht. Das heißt, es gibt mindestens ebenso viele Theorien und Ansätze. Lernen Sie die wichtigsten davon und natürlich die bedeutendsten Philosophen kennen. Dies vorweg: Wenn sich jemand in Ihrem Umfeld über Philosophie auslässt, fragen Sie doch einmal, ob er von theoretischer oder praktischer Philosophie spricht. Das ist die gängige Unterteilung.

Praktische Philosophie:

- **Ethik** (altgriech. *ēthos* = Charakter) ist die Lehre vom rechten Handeln.
- **Rechtsphilosophie**: Es wird die Frage gestellt: Was ist Recht, was ist Unrecht?
- **Politische Philosophie**, auch Staatsphilosophie genannt, untersucht Zweck, Funktion, Prinzipien und auch Legitimität politischer Machtsysteme.

Aristoteles führte die Ethik als eigenständige Disziplin ein.

- **Geschichtsphilosophie**: Blick auf die Vergangenheit und deren Wirkung auf die heutige Gesellschaft.
- **Kulturphilosophie**: Unter Kultur verstehen Philosophen alles, was über die menschliche Natur hinausgeht, von Kunst über Technik bis hin zum gesellschaftlichen Miteinander.
- **Religionsphilosophie**: Wenn Philosophen an Gott glauben, dann nur, weil sie durch Denken zu der Erkenntnis gelangt sind, dass es ihn gibt.
- **Sozialphilosophie**, auch Gesellschaftsphilosophie, hinterfragt die Strukturen, den Sinn und das Funktionieren von Gesellschaftsformen.
- **Philosophie der Technik**: Zur Technik zählt alles, was dem Menschen hilft, seine Grundbedürfnisse zu befriedigen. Philosophen stellen sich die Frage, wie viel wirklich nötig ist, und wie sie unsere Welt verändert.

Theoretische Philosophie

- **Erkenntnistheorie:** Hier steht im Mittelpunkt, wie der Mensch zur Erkenntnis gelangt und welche Grenzen oder auch Möglichkeiten es in diesem Bereich gibt.
- **Wissenschaftstheorie:** Was will und kann Wissenschaft, und mit welchen Mitteln erreicht sie es? Diese Theorie ist eng mit der Erkenntnistheorie verbunden.
- **Philosophie der Mathematik:** Vereinfacht gesagt geht es darum, ob es eine mathematische Welt gibt, die nur vom Menschen entdeckt und verstanden werden muss, oder ob er sie doch selbst erschaffen hat.
- **Semiotik** (griech. *semeion* = Kennzeichen) ist die Wissenschaft von Zeichen und Symbolen aller Art. Sie übermitteln Informationen, das ist klar. Aber wie sind sie entstanden, wie funktionieren sie?
- **Sprachphilosophie:** Klar, hier geht es um Sprache, genauer gesagt darum, in welcher Beziehung sie zur Wirklichkeit und zu unserem Denken steht.
- **Naturphilosophie:** Hier geht es um den spannenden Gegensatz zwischen herrlicher Natur, die friedlich und wohltuend auf den Menschen wirkt, und deren dunkler Seite, die neben Bakterien und Viren auch Mord und Totschlag beinhaltet.

Umberto Eco (*5.1.1932) ist nicht nur Schriftsteller (Der Name der Rose, Das Foucaultsche Pendel), sondern auch der berühmteste zeitgenössische Semiotiker.

Avram Noam Chomsky (*7.12.1928) ist der bekannteste amerikanische Linguist der Gegenwart. Er betätigt sich im Bereich der Sprachphilosophie.

Philosophische Konzepte und Schulen..

Keine Angst vor Fremdwörtern, mit denen Philosophen gern um sich werfen! Hinter vielen verbirgt sich, was Sie eigentlich auch wissen. Mit folgender Liste sind Sie trotzdem für alle Eventualitäten gewappnet.

Agnostiker: altgriech.
a-gnoein = unerkennbar

Empirismus: lat. *empiricus* =
der Erfahrung folgend

Hedonismus: altgriech.
hēdonē = Vergnügen, sinn-
liche Begierde

Feiern, feiern, feiern: Viele Raver verstehen sich als Hedonisten.

- **Agnostizismus**: Agnostiker sind der Auffassung, dass der menschliche Geist zwangsläufig an Grenzen stößt und niemals alles wissen kann. Das gilt vor allem für die Frage, ob zuerst Geist oder Materie vorhanden war, woraus sich die Erkenntnis ergibt, dass man nicht wissen könne, ob es einen Gott gibt oder nicht.
- **Empirismus**: Das kennen Sie noch aus der Schule: „Dieses Ergebnis ist empirisch belegt!" Aha. Hört sich kompliziert an, ist es aber nicht. Empirismus ist die Auffassung, dass Erkenntnis nur durch Erfahrung und eigene Beobachtung erfolgen kann. Sie wissen schon, das ist die Geschichte mit der Hand auf der heißen Herdplatte ...
- **Hedonismus**: Eigentlich eine sehr sympathische Richtung der Philosophie, denn sie besagt, dass einzig der Genuss des Augenblicks, das Erreichen von Lust und Freude und die Vermeidung von Leid zählen. Leider ist der Begriff aus dem Altgriechischen auch negativ besetzt, denn Gegner des Hedonismus setzen ihn mit Egoismus gleich.
- **Humanismus**: Das ist einfach zu übersetzen mit dem Streben nach Menschlichkeit, also nach Toleranz, Gewaltfreiheit und dem Respekt vor allen Lebewesen.
- **Idealismus**: Vertreter dieser Richtung behaupten, dass immer zuerst der Geist, die Idee da ist, bevor etwas Materielles entstehen kann. Das kann eine übergeordnete geistige, etwa göttliche Kraft, das kann aber auch der Verstand und die Seele des einzelnen Menschen sein.

- **Scholastik**: Davon haben Sie bestimmt schon gehört. Diese Methode entstand im Mittelalter, als Bildung sich zu verbreiten begann. Es ging darum, vermeintliche Fakten, die die Kirche einem servierte, logisch zu untermauern oder zu widerlegen. Das ging (und geht bei wissenschaftlichen Fragen auch heute noch) so: Sammeln Sie logische Argumente für und gegen eine Theorie und schauen Sie, welche Liste überwiegt.
- **Transzendentalismus**: Nie gehört? Diese stark von Immanuel Kant (22.4.1724–12.2.1804) beeinflusste Strömung ist kein Hokuspokus, sondern eine Weiterführung des Idealismus, die dem Empirismus komplett widerspricht. Sie besagt nämlich, dass es ein Wissen gibt, das man von Natur aus hat. Bestimmte Erkenntnisse sind einem quasi in die Wiege gelegt. Solche Erkenntnisse bezeichnet Kant als transzendental.

Scholastik: lat. *scholasticus* = schulisch

Wenn Sie an das Fliegende Spaghetti- monster glauben, gehören Sie einer noch jungen Glaubens- richtung an.

Aberglaube

Aber glauben Sie denn an nichts? Doch, ganz bestimmt. Nur woran, ist die Frage. Allgemein anerkannte Glaubensrichtungen werden als Glaube bezeichnet. Glauben Sie aber daran, dass Trolle unter Ihrem Bett leben, stehen Sie damit vermutlich eher allein da. Man würde diesen festen, aber doch etwas speziellen Glauben nicht als solchen, sondern bestenfalls als Aberglauben bezeichnen.

Das Thema wird an dieser Stelle erwähnt, weil Philosophen darüber so trefflich streiten können. Sollten Sie in eine solche Diskussion geraten, kommen Sie mit folgenden zwei Zitaten bestimmt weiter:

Im Mittelalter hielt man sich beim Gähnen die Hand vor den Mund, weil man glaubte, durch den offenen Mund könne die Seele aus dem Körper hinaus- und Dämonen hineinfahren.

Der Alte Fritz, pardon, Friedrich der Große (24.1.1712–17.8.1786) sagte:

Der Aberglaube ist ein Kind der Furcht, der Schwachheit und der Unwissenheit."

Ganz anders der Kirchen- kritiker Karlheinz Deschner (*23.5.1924):

Die Vorstellung, dass Glaube etwas ganz anderes sei als Aberglaube, ist von allem Aberglauben der größte."

Große Philosophen . . . .

*Von diesen Philosophen müssen Sie unbedingt schon einmal
etwas gehört haben. Ihre Namen werden Ihnen in vielen Zusammenhängen begegnen. Da ist es besser, sie sind Ihnen nicht ganz
fremd.*

**Zum Weg des Edlen gehört dreierlei,
aber ich bewältige es nicht: Richtiges
Verhalten zu anderen Menschen – es
befreit von Sorgen. Weisheit – sie bewahrt vor Zweifeln. Entschlossenheit –
sie überwindet die Furcht."**

Der chinesische Philosoph Konfuzius (um
551–479 v. Chr.) lieferte dem Reich der
Mitte gewissermaßen seine Staatsreligion. Zentral ist, menschlich, weise und
moralisch einwandfrei zu leben, indem
man stets den goldenen Mittelweg wählt.
Bildung, Erziehung und die Verehrung der
Vorfahren spielen bei ihm eine große Rolle.

Der Spross einer Athener Handwerkerfamilie,
Sokrates (um 469–399 v. Chr.) ist einer der
absolut wichtigsten Denker der Philosophie.
Das lässt sich leicht daran erkennen, dass alles
vor ihm als vorsokratisch bezeichnet wird. Sein
bekanntester Schüler: Platon.

**Ich weiß, dass
ich nichts weiß."**

*Platon (links) und
Aristoteles*

**Glücklich sind die
Menschen, wenn sie
haben, was gut für
sie ist."**

Platon (428 oder 427–348 oder 347 v. Chr.)
hat im Gegensatz zu seinem Lehrer Sokrates Mengen von schriftlichen Aufzeich-
nungen hinterlassen. Der Begründer des
Idealismus war der Auffassung, dass alles
im Prinzip gut ist. Läuft etwas schlecht,
fehlt nur einfach das Gute. Leuchtet ein,
oder?

Als Wegbereiter der Aufklärung
hat sich John Locke (29.8.1632–
28.10.1704) einen Namen gemacht.
Er hielt die Möglichkeiten, durch
reines Nachdenken zur Erkenntnis
zu kommen, für beschränkt und
setzte lieber auf Erfahrung.

**Was unser Denken be-
greifen kann, ist kaum ein
Punkt, fast gar nichts im
Verhältnis zu dem, was es
nicht begreifen kann."**

Der Königsberger Philosophieprofessor Immanuel Kant (22.4.1724–12.2.1804) hat Naturwissenschaften, Metaphysik und Geografie unterrichtet. Er beschäftigte sich mit dem Verhältnis zwischen objektivem Dasein und subjektiver Erkenntnis. Sein wichtigstes Werk: *Kritik der reinen Vernunft*.

„Mit dem Alter nimmt die Urteilskraft zu und das Genie ab."

Immanuel Kant

Arthur Schopenhauer (22.2.1788–21.9.1860) wurde von Kant, Platon und dem Buddhismus beeinflusst. Er vertrat die für seine Zeit ganz neue Auffassung, dass die Welt auf einem irrationalen, also nicht vernunftgemäßen Prinzip beruhe. Merken Sie sich einfach, dass er den Buddhismus nach Deutschland brachte und zusammen mit Johann Wolfgang von Goethe (28.8.1749–22.3.1832) die deutsche Schriftsprache erneuerte.

„In Deutschland ist die höchste Form der Anerkennung der Neid."

Der Däne Søren Aabye Kierkegaard (5.5.1813–11.11.1855) gilt als Vater der Existenzphilosophie. Nicht das Abstrakte und Allgemeingültige sei von Bedeutung, so seine Meinung, sondern ausschließlich ganz konkrete Fragestellungen.

„Das Große ist nicht, dies oder das zu sein, sondern man selbst zu sein."

Friedrich Wilhelm Nietzsche (15.10.1844–25.8.1900) war eigentlich ein Verehrer Schopenhauers, konnte aber dessen Pessimismus nicht leiden. Er stellte eine positive Grundhaltung in das Zentrum seiner Philosophie. Im glatten Gegensatz dazu steht sein Standpunkt, dass man nicht Nächstenliebe praktizieren, sondern ohne Mitleid durchs Leben zu gehen habe. Leiden sei gut und der einzige Weg, sich als Mensch zu entwickeln. Nietzsche litt ab seinem 45. Lebensjahr an einer schweren psychischen Erkrankung.

„Hindernisse und Schwierigkeiten sind Stufen, auf denen wir in die Höhe steigen."

Nietzsche als 18-Jähriger

Mythologie...

In der Zeit vor Sokrates wurde nicht klar zwischen Mythologie und Philosophie getrennt. Heute unterscheidet man die Begriffe deutlich. Was steckt dahinter?

Mythos

Der Begriff „Mythologie" erinnert Sie bestimmt an Sagen und Märchen. Ein Mythos, ist das nicht etwas Erfundenes? Das Wort (griech. *mythoi* = Geschichten und *legein* = erzählen) sagt es schon: Es geht um sehr alte und daher mündlich weitergegebene Erzählungen. Es gibt so zahlreiche, wie es Völker auf der Welt gibt. In Mythen werden Weltanschauungen deutlich. Oft haben sie etwas mit der Beziehung der Menschen zu Gott oder göttlichen Wesen zu tun.

Die Mythologie fasst nicht nur diese alten Geschichten eines Volkes zusammen, sondern beschäftigt sich auch mit deren Entstehung. Der moderne Mensch gebraucht den Begriff inflationär und im übertragenen Sinn. Da wird schon mal ein jung verstorbener Politiker, Rockstar oder Schauspieler als Mythos bezeichnet, wie etwa James Dean (8.2.1931–30.9.1955).

Drachen sind Bestandteile zahlreicher Mythologien.

Glossar..

a priori: Damit bezeichnet man in der Philosophie von der Erfahrung oder Wahrnehmung unabhängiges Wissen, das sich aus der Vernunft durch logische Schlussfolgerung ergibt.

Existenzialismus: weltanschauliche Strömung, zu deren berühmtesten Vertretern wohl der französische Philosoph Jean-Paul Sartre (21.6.1905–15.4.1980) gehört. Angeblich kann man Existenzialisten an ihren schwarzen Rollkragenpullovern und den selbst gedrehten Zigaretten erkennen.

Fegefeuer: Heute werden gern Diskotheken oder mittelalterliche Restaurants so genannt, obwohl doch jeder weiß, dass das Fegefeuer die Hölle ist – denken Sie! Es ist aber anders. Fegefeuer heißt auf Lateinisch *purgatorium*, und das bedeutet Reinigungsort. Es ist sozusagen der Vorraum zum Himmel, wo dem Verstorbenen noch einmal seine Sünden vor Augen geführt werden. Das quält ihn ganz schrecklich. Hat er genug bereut, darf er dann weiter in den Himmel.

Kabbala: Die Kabbala ist eine mystische Tradition, die mit dem Judentum in Verbindung steht. Ihre Wurzeln finden sich in der Thora.

Konklave: Dieses immer wieder gern benutzte Wort steht für „gemeinsam einschließen". Gemeint sind die Kardinäle, die einen neuen Papst wählen sollen. Lassen Sie sich nicht verunsichern, wenn Ihnen jemand erzählt, der Begriff käme von lat. *cum clave*, was mit dem Schlüssel bedeutet. Das ist zwar dicht dran, aber trotzdem falsch. Konklave leitet sich von dem lateinischen *con claudere* ab.

Koscher: Juden dürfen nur koscheres Fleisch essen. Das ist bekannt. Aber hinter dem inzwischen gebräuchlichen Ausdruck steckt viel mehr. Juden dürfen nämlich genau genommen nur Lebensmittel zu sich nehmen, die nach der *Halacha* – dem religiösen Gesetz, das das Leben jedes Juden verpflichtend regelt –hergestellt und zubereitet sind. Es schreibt die Schlachtung und den Umgang mit Lebensmitteln vor.

hebr. *kascher* = geeignet, rein

Kreationismus: Hierunter versteht man eine christliche Strömung, die vor allem in den USA Verbreitung findet. Ihre Anhänger bestehen

auf der wörtlichen Auslegung des biblischen Schöpfungsberichts und glauben nicht daran, dass es einen Urknall gegeben hat, oder dass Menschen und Affen gemeinsame Vorfahren haben.

Kurie: Der Wortbedeutung nach ist eine Kurie nicht zwingend kirchlich, denn es handelt sich dabei lediglich um einen Rat (lat. *curia*), im Sinne von Beirat oder Versammlung. Gemeint ist damit allerdings die Gemeinschaft der Verwaltung und Organisation des Vatikans oder beispielsweise eines Bistums.

Metaphysik: Eine philosophische Disziplin, die sich mit dem beschäftigt, was nicht zur natürlichen, sinnlich erfahrbaren Welt gehört. Beispielsweise geht es um die Frage, ob es einen Gott gibt und was wir über ihn wissen können.

Ontologie: In der Philosophie bezeichnet die Ontologie die Lehre vom Sein. Ihr Gegenstandsbereich deckt ab, was man traditionell auch unter dem Begriff allgemeine Metaphysik zusammenfasst.

Paradigma: Bei Aristoteles bezeichnet das induktive Argument das Beispiel, das *paradeigma*. Heute meint man damit häufig ganz allgemein eine bestimmte Weltsicht oder Lehrmeinung. Wenn sich so etwas grundlegend ändert, spricht man von einem Paradigmenwechsel.

Pontifex maximus: heißt übersetzt „größter Brückenbauer", hat aber nichts mit Architektur zu tun, sondern ist einer der vielen Namen, die der Papst trägt.

Sunna: Bei der *Sunna* handelt es sich um überlieferte Aussprüche des Propheten Mohammed, die zusätzlich zum Koran existiert. Sie beinhaltet Aussprüche und Verhaltensanweisungen. Wie vertrauenswürdig die Textgrundlage ist − es handelt sich um Berichte − , ist auch innerhalb des Islam umstritten.

Synode: Häufig hört man in den Nachrichten, dass die Synode der evangelischen Kirche eine Tagung abhält. Ist ja interessant! Aber wer trifft sich da? Es handelt sich um gewählte Geistliche, aber auch Laien, die die gesamten Kirchenmitglieder repräsentieren und Entscheidungen treffen. So etwas gibt es auch in der altkatholischen und anglikanischen Kirche.

ERDE UND WELTALL

Die Erde

Der Blaue Planet sieht aus der Ferne betrachtet blau aus, weil die Erdoberfläche zu gut 70 Prozent von Wasser bedeckt ist.

!

Wie war das noch mit Ebbe und Flut? Genau, der Mond zieht das Wasser an, darum ist auf der ihm zugewandten Seite Flut. Weil die Erde sich aber weiterdreht, verschieben sich auch die Wassermassen. Nicht nur der Mond spielt eine Rolle, auch die Sonne zieht das Wasser an. Stehen Erde, Mond und Sonne in einer Linie, haben wir eine sogenannte Springtide bzw. Springflut. Der Unterschied zwischen niedrigstem und höchstem Wasserstand ist besonders groß, die Flut besonders stark.

Entstehung: Nach Entstehung der Sonne haben sich aus festen Stoffen in ihrer Nähe Planeten entwickelt, darunter die Erde. Sie wurde aufgrund verschiedener Ereignisse bis auf rund 2000 Grad Celsius erhitzt. Dabei ist Eisen, von dem es viel gab, geschmolzen und hat sich in der Mitte gesammelt, leichtere Stoffe, etwa Aluminium, blieben an der Oberfläche. So entstanden, sehr einfach und gar nicht religiös dargestellt, Erdkern und Erdkruste.

Der Vulkan Chimborazo

Der höchste Berg
Den kennt doch jeder, das ist der Mount Everest. Würde man vom Erdmittelpunkt aus messen, wäre er 6382,41 km hoch. Jetzt kommt es: Der Vulkan Chimborazo, der höchste Berg Ecuadors, wäre 6384,55 km hoch und damit höher als der Mount Everest – vom Erdmittelpunkt aus betrachtet. Gültig ist aber natürlich die Höhe über dem Meeresspiegel. Und da gewinnt der gute alte Sagarmatha, wie er auf Nepalesisch heißt, mit 8848 m.

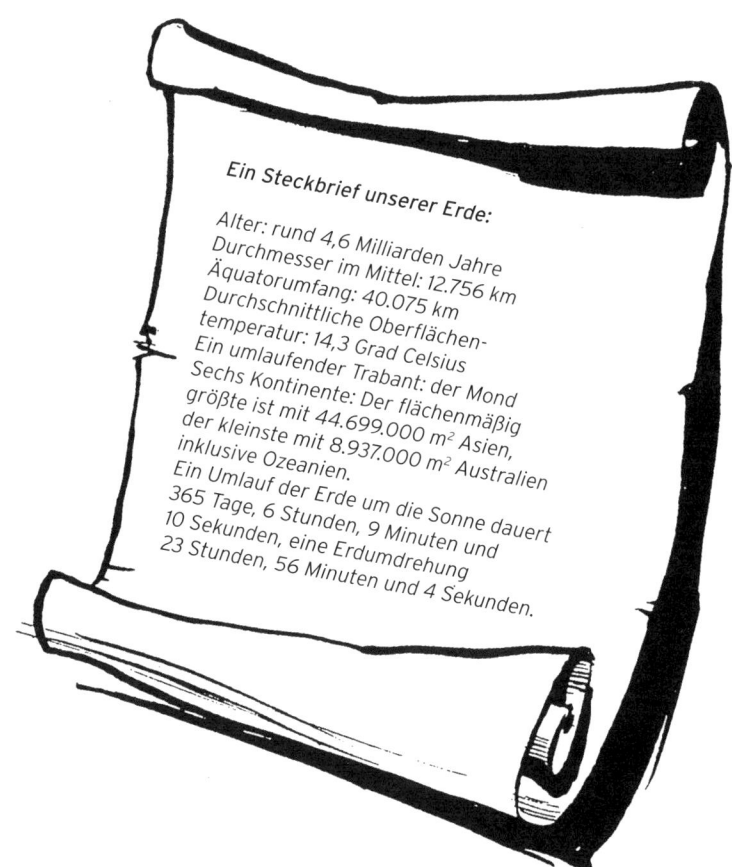

Ein Steckbrief unserer Erde:

Alter: rund 4,6 Milliarden Jahre
Durchmesser im Mittel: 12.756 km
Äquatorumfang: 40.075 km
Durchschnittliche Oberflächen-
temperatur: 14,3 Grad Celsius
Ein umlaufender Trabant: der Mond
Sechs Kontinente: Der flächenmäßig
größte ist mit 44.699.000 m² Asien,
der kleinste mit 8.937.000 m² Australien
inklusive Ozeanien.
Ein Umlauf der Erde um die Sonne dauert
365 Tage, 6 Stunden, 9 Minuten und
10 Sekunden, eine Erdumdrehung
23 Stunden, 56 Minuten und 4 Sekunden.

Weltbevölkerung

Am 31. Oktober 2011 wurde die Sieben-Milliarden-Marke geknackt. Ein
trauriger Rekord, denn immer mehr Menschen auf der Welt brauchen
immer mehr Nahrung und Energie und verursachen immer mehr Umweltzerstörung. Trotzdem wurde der exakt siebenmilliardste Erdenbürger
begeistert begrüßt – was völliger Quatsch ist, denn die genaue Zahl der
Weltbevölkerung ist nur eine Schätzung mit einer Abweichung von etwa
fünf Prozent. Über die Hälfte, nämlich rund vier Milliarden Menschen
leben in Asien, allein in der Volksrepublik China ungefähr 1,3 Milliarden.

Länder und Staaten.................

Wie viele Länder bzw. Staaten gibt es eigentlich auf der Erde? Sagen Sie einfach, man könne von 194 Staaten ausgehen. Allerdings hängt die Zahl davon ab, welche Länder als unabhängig – Sie nennen es souverän – anerkannt werden. Selbst das Auswärtige Amt gibt die Zahl 194 an und deutet an, dass es weitere gibt, die aber nicht völkerrechtlich anerkannt sind, also auch nicht als souveräne Staaten mitgezählt werden.

Souverän oder abhängig?

- Völkerrechtlich sehen die meisten Staaten Abchasien im Süden des Kaukasus als Teil Georgiens. Nur sechs Staaten erkennen seine Souveränität an. Bei Südossetien sind es nur vier Staaten.
- Die Vereinten Nationen erkennen Bergkarabach nicht als Staat an, sondern betrachten es als Teil Aserbaidschans.
- Die Volksrepublik China beinhaltet auch die ehemalige britische Kronkolonie Hongkong und die ehemals portugiesische Kolonie Macao, beides sogenannte Sonderverwaltungszonen. Ein interessanter Fall ist Taiwan, das früher einmal Nationalchina genannt wurde und jetzt Republik China heißt. Das mächtige Reich der Mitte sieht Taiwan als abtrünnige Provinz an, während das Land selbst um seine Souveränität kämpft.
- Das an der alten Seidenstraße gelegene Kaschmir ist nicht mehr souverän, sondern Streitapfel Indiens, Pakistans und der Volksrepublik China. Der gleichnamige edle Wollstoff stammt übrigens von einer Ziegenart, die im gleichnamigen Land zu Hause ist.
- Kosovo ist ein schwieriger Fall. Nach dem Unabhängigkeitskrieg betrachtet Serbien die Region weiterhin als seine Provinz. Die UN teilt offiziell diese Meinung, obwohl immerhin stolze 85 ihrer Mitgliedsstaaten die Republik als souverän anerkennen.
- Sollten Sie von Niue noch nichts gehört haben, ist das nicht erstaunlich. Es handelt sich um eine Koralleninsel in der Nähe von Tonga. Seit 1974 ist die Insel zwar durch einen Assoziierungsvertrag mit Neuseeland verbunden, aber bis heute unabhängig geblieben. Nordzypern dagegen wird nur von der Türkei als eigenständiger Staat anerkannt. Nach geltendem Recht gehört es zu Zypern.

Die Flagge von Niue

- Das ehemals britische Kolonialgebiet Somaliland im Norden Somalias hat sich 1991 für unabhängig erklärt und ist auf dem Weg zu einer Demokratie. International anerkannt ist seine Souveränität jedoch längst nicht.
- Der Status des Westsahara-Gebietes ist ungeklärt. Marokko beansprucht die Region für sich.

Ranglisten und Vergleiche

Dass in China derzeit die meisten Menschen leben – wobei Indien kräftig aufholt –, wissen die meisten. Aber welches Land hat die größte Landfläche? Ist es erneut China? Nein, Sie haben recht, Russland ist größer.

So klein ist der Vatikanstaat.

Damit Sie zu verschiedenen Aspekten die Top Five, die fünf an der Spitze, kennen, hier einige Ranglisten:

Größte Landesfläche (in m²)

Russland	17.075.200
Kanada	9.984.670
USA	9.631.420
China	9.596.960
Brasilien	8.511.965

Deutschland liegt in der Weltrangliste auf Platz 61, Österreich auf Platz 113 und die Schweiz auf Platz 133. Das flächenmäßig kleinste Staatsgebiet gehört zum Vatikanstaat mit zierlichen 0,44 Quadratmetern. Vergleicht man die Wasserfläche, die ein Land besitzt, so liegt übrigens Kanada mit 755.170 Quadratmetern auf Platz 1.

> **!** Ganz schön wässrig: Die Niederlande sind zu 20 % von Wasser bedeckt. Noch einmal ca. 20 % liegen unterhalb des Meeresspiegels.

In der Liste der größten Inseln suchen Sie Rügen oder Mallorca vergeblich.

Die flächenmäßig größten Inseln (in m²)

Grönland	2.130.800
Neuguinea	785.753
Borneo	748.168
Madagaskar	587.042
Baffin Island (Kanada)	507.451

Grönland trägt einen Eisbären im Wappen.

Höchste Bevölkerungszahl

China	1.330.141.295
Indien	1.189.172.906
USA	313.232.044
Indonesien	245.613.043
Brasilien	201.103.330

Unter denjenigen, die eine Küste besitzen, muss sich Monaco mit nur 4 km zufriedengeben.

Mit gut 82 Millionen Einwohnern liegt Deutschland in dieser Rangliste deutlich weiter vorn, nämlich auf Platz 15. Auch Österreich rückt vor auf Platz 92, die Schweiz dagegen fällt auf Platz 148 zurück. Was bedeutet das? Ganz klar: Ein Land, das flächenmäßig auf den hinteren Rängen landet, in Bezug auf die Einwohnerzahl aber weiter vorn liegt, ist dichter besiedelt als die Flächenriesen. Interessant ist also auch immer die Einwohnerzahl pro Quadratkilometer. Hier ist Monaco Spitzenreiter mit rund 16.000 Menschen auf einem einzigen Quadratkilometer. Zum Vergleich: In Deutschland leben auf dieser Fläche etwa 230 Personen. Das ist Platz 38 in der Weltrangliste. Am Ende steht die Mongolei bzw. die Westsahara mit zwei Einwohnern je Quadratkilometer.

Neben der Küstenlänge ist auch die Länge der Landesgrenzen ganz interessant. Vor allem können Sie sich die entsprechenden Zahlen gut merken. Das flächenmäßig größte Land China hat auch die längste Grenzlinie mit 22.143 Kilometern, das flächenmäßig kleinste, also der Vatikanstaat, hat die bescheidenste Grenze. Sie ist nur drei Kilometer lang. Eine interessante Frage wäre nun, ob ein Land, das die meisten Grenzkilometer hat, auch die meisten Nachbarn besitzt? Sie dürfen die Frage mit Ja beantworten. An China grenzen 14 Staaten. Das sind im Uhrzeigersinn: Vietnam, Laos, Myanmar, Bhutan, Nepal, Indien, Pakistan, Afghanistan, Tadschikistan, Kirgisistan, Kasachstan, Russland, Mongolei und Nordkorea. Aber aufgepasst: Die längste

> **!** Wissen Sie, welches Land die längste und welches die kürzeste Küstenlinie hat? Mit 22.080 km hat Kanada ungeschlagen den größten Küstenstreifen. Natürlich gibt es zahlreiche Länder, die komplett ohne Strand und Klippen auskommen müssen. Die spielen an dieser Stelle natürlich keine Rolle.

Grenze zwischen nur zwei Ländern verläuft zwischen Amerika und Kanada und ist 8890 Kilometer lang.

Ob am Stammtisch oder im Foyer des Theaters: Früher oder später wird jemand über die Vergreisung der Deutschen schwadronieren. Stimmen Sie ruhig zu, aber weisen Sie auch darauf hin, dass der Altersdurchschnitt keinesfalls in Deutschland am höchsten ist. Hier ist die Rangliste:

Höchstes Durchschnittsalter

Monaco	45,4
Japan	42,9
Deutschland	42,6
Italien	42,2
Jersey	41,4

Die Lebenserwartung ist übrigens in Andorra mit gut 80 Jahren bei Männern und über 86 Jahren bei Frauen am höchsten. In Swasiland, im südlichen Afrika, ist sie hingegen am niedrigsten. Dort werden Männer im Durchschnitt nur knapp über 32 und Frauen knapp über 33 Jahre alt.

In welcher Diskussion geht es nicht irgendwann um Bildung? Dabei kann es hilfreich sein, wenn Sie wissen, welche Länder die meisten Analphabeten bzw. welche Länder nur wenige oder überhaupt keine haben. Die folgenden Top Five liegen übrigens alle in Afrika. Auf Rang 9 folgt mit dem Irak der asiatische Kontinent, das erste europäische Land liegt erst auf Platz 77 und heißt Albanien.

Die Menschen in Grönland kennen nur Zahlen bis zwölf. Alles, was dann kommt, wird einfach mit dem Wort „viele" umschrieben. Keine Sorge, rechnen können die Grönländer trotzdem! Sie leihen sich dafür die dänischen Zahlen.

Analphabeten in Prozent der über 14 Jahre alten Bevölkerung

Niger	79,6
Burkina Faso	71,3
Sierra Leone	70,1
Guinea	67,8
Benin	62,6

Sie wollen mehr Ranglisten? Vielleicht auch solche, die neben dem Informationsgehalt einen zusätzlichen Unterhaltungswert haben? Sehr gern! Sehen wir uns einmal an, wo die Menschen mit den meisten Rindviechern, Schweinen oder Schafen zusammenleben.

Hier sehen Sie nur einen kleinen Teil der neuseeländischen Schafe.

Tiere je 1000 Einwohner

Schafe

Neuseeland	10.436
Australien	5.535
Mongolei	4.095
Uruguay	3.222
Mauretanien	2.520

Schweine		**Rinder**	
Dänemark	2.448	Uruguay	3.486
Samoa	1.240	Neuseeland	2.460
Tonga	700	Paraguay	1.633
Niederlande	681	Australien	1.630
Belgien	650	Irland	1.542

Rüstung ist auch immer wieder ein Thema. Die Vereinigten Staaten von Amerika liegen ganz weit vorn, wenn es um die Ausgaben für das Verteidigungsressort sowie um die Anzahl der zur Verfügung stehenden Hubschrauber und Kampfflugzeuge geht. Bei Panzern läuft ihnen Russland jedoch den ersten Rang ab. Schlusslicht ist Lettland mit lediglich einer Handvoll Panzern.

Anzahl vorhandener Kampfpanzer

Russland	21.800
China	9.050
USA	7.600
Syrien	4.700
Israel	4.300

Zum Schluss noch eine Rangliste in umgekehrter Reihenfolge, und zwar zu folgender Frage: Gibt es noch ein Land auf dieser Erde, in dem es keinen Fernseher gibt? Natürlich nicht! Aber es gibt durchaus Regionen, in denen so ein Gerät noch etwas ganz Besonderes ist, weil längst nicht jeder ein eigenes besitzt.

Die wenigsten Fernsehgeräte pro 1000 Einwohner

Tschad	3
Malawi	6
Haiti	6,5
Zentralafrikanische Republik und Bangladesch	7
Äthiopien	7,5

Bemerkenswerte Länderrekorde........................

Sie bereichern jedes Gespräch, wenn Sie ein paar bemerkenswerte Rekorde erwähnen können. Man kann sich damit schmücken, Gewinner in einer bestimmten Kategorie zu sein. Aber ob man gern zur verfressensten Nation gehören will?

Höher, tiefer, weiter, länger

Gut, den höchsten Berg der Welt, den Mount Everest mit seinen 8848 Metern über dem Meeresspiegel, kennt jeder. Wie sieht es aber mit der längsten Gebirgskette aus? Das ist der Mittelatlantische Rücken. Nie gehört? Da waren Sie noch nicht? Kein Wunder, er liegt auf dem Grund des Atlantischen Ozeans. Es handelt sich um einen über 20.000 Kilometer langen Rücken, an dem durch das Aufbrechen der äußeren Erdschicht neuer Meeresboden entsteht.

Dass der über 11.000 Meter tiefe Marianengraben der tiefste überhaupt ist, dürfte Ihnen bekannt sein. Bestimmt wissen Sie auch, dass es sich beim Nil, der von Ruanda und Tansania bis in das Mittelmeer fließt, mit seinen rund 6800 Kilometern um den längsten Fluss der Erde handelt. Falls Sie jemand korrigieren will und behauptet, der Amazonas sei länger, wissen Sie es besser: Der Amazonas hat lediglich ein größeres Einzugsgebiet und eine höhere Abflussmenge. Im Längenvergleich liegt aber auf jeden Fall der Nil vorn.

Ist Ihnen auch bekannt, dass der tiefste See der Baikalsee in Sibirien ist? Das ist übrigens der älteste Süßwassersee der Welt, eine interessante Info, die Sie als Experte natürlich locker in die Diskussion einwerfen können. Er ist also der tiefste See, obwohl das tiefste Land doch die Ufer

Total versalzen: der Assalsee

des Toten Meeres sind. Apropos Totes Meer: Mit einem Salzgehalt von durchschnittlich 30 Prozent wird es oft für das salzigste Gewässer der Welt gehalten. Wie gut, dass Sie wissen, dass das Tote Meer höchstens auf Platz 3 landet! Unangefochten auf dem ersten Platz liegt der Don-Juan-See in der Antarktis. Er enthält über 40 Prozent Salz. Der Assalsee in Dschibuti mit etwa 35 Prozent Salzgehalt gilt als salzigstes Gewässer außerhalb der Antarktis.

Der höchste Berg, der längste Fluss, damit allein können Sie nicht bestehen. Solcherlei Fakten kennen schließlich auch andere. Sie machen Eindruck, indem Sie auch ein paar skurrile Rekorde bzw. Vergleiche aus dem Hut zaubern können. Folgende Daten können spannende Diskussionen lostreten. Ihr Vorteil: Niemand ist in der Lage, die von Ihnen genannten Zahlen augenblicklich zu überprüfen oder gar zu widerlegen.

Wie wäre es etwa mit dem Fleischkonsum weltweit? Mit fast 123 Kilogramm pro Jahr und Kopf liegen die Australier ziemlich weit vorn, und zwar auf gleicher Stufe wie die US-Amerikaner. Mit über 111 Kilogramm sind die Spanier nicht weit abgeschlagen und liegen im Kreis der Europäer ganz weit oben. Wissen Sie aber, wer all diese Konsumenten noch schlägt? Das sind die Luxemburger mit knapp 137 Kilogramm Fleisch pro Einwohner und Jahr. Die Deutschen vertilgen knapp 88 Kilogramm, die Österreicher 103 Kilogramm und die Schweizer nur rund 74 Kilogramm. Nahezu vegetarisch ernährt man sich übrigens in weiten Teilen Afrikas und einigen asiatischen Ländern. In Tansania z. B. gibt es nur rund 9 Kilogramm jährlich pro Kopf, im Kongo sind es sogar nur 4,5 Kilogramm im ganzen Jahr.

Wer hält den offiziellen Brotrekord?

Amüsantes für Ihren Spickzettel

- Jährlich enden 38,5 Millionen Tonnen Tomaten als Ketchup. Drei Liter verbraucht jeder Schwede pro Jahr, ein Kanadier kommt mit 2,5 Litern aus, der US-Amerikaner verspeist nur einen Liter Ketchup jährlich.
- Zwar gibt es Quellen, die behaupten, die Deutschen seien mit über 85 Kilogramm Gebäck pro Jahr und Kopf die größten Brotkonsumenten der Welt, andere sehen Deutschland in diesem Ranking jedoch

nicht einmal auf Platz 10. Die Türken verzehren jährlich fast 200 Kilogramm, heißt es. Und auch in Bulgarien, Litauen und Ägypten soll jeder Einwohner auf über 100 Kilogramm jährlich kommen.

- Trinken die Deutschen denn wenigstens das meiste Bier von allen Europäern? Nein, auch hier führt Deutschland nicht die Tabelle an, landet mit knapp 110 Litern aber immerhin auf Platz 2. Ganz oben liegen die Tschechen, die sich pro Kopf und Jahr üppige 159 Liter durch die Kehlen laufen lassen. Österreich landet mit 106 Litern auf Platz 3.
Aber: Über 1300 Brauereien in Deutschland stellen mehr als 5000 Sorten her. Das heißt, wer alle existierenden deutschen Biere probieren möchte, ist damit gut 13 Jahre beschäftigt und trinkt in dieser Zeit täglich eine andere Sorte. Nicht schlecht, oder?

- Zum süßen Schluss noch Schokolade. Angeblich sind die Schweizer die größten Leckermäuler und naschen jährlich über 12 Kilogramm pro Kopf. Die Deutschen knabbern rund ein Kilo weniger, dicht gefolgt von den Engländern, die mit etwa 10 Kilogramm pro Jahr und Einwohner auf Platz 3 liegen.

Besonders die Schweizer lieben es süß. Pro Kopf verputzen sie 12 kg Schokolade jährlich.

Wer schleckt am meisten Eis?

- Im heißesten Land wird auch am meisten Eis gegessen. Möchte man meinen! Das stimmt aber nicht. Ausgerechnet Finnland, das nicht gerade für hohe Temperaturen berühmt ist, führt die Statistik an. Rund 14,5 Liter verputzt der Finne pro Jahr. Auch die folgenden Plätze sind von Skandinaviern belegt: Norwegen mit 11,7 Litern auf Platz 2, dann folgen die Schweden mit 11,6 Litern Speiseeis jährlich. Auf Platz 4 liegt Dänemark mit 9,9 Litern, erst auf Platz 5 sind die Deutschen anzutreffen, sie schlecken 8,1 Liter Eis im Jahr weg.

Die Pyramiden von Gizeh heute: Sie haben nichts von ihrer Schönheit eingebüßt.

Weltwunder ....

Sich mit Weltwundern auszukennen, gehört einfach zu den Grundlagen. Daran lässt sich nicht rütteln!

Die berühmten Sieben

Antipatros von Sidon (um Ende 2.–Anfang 1. Jh. v. Chr.) beschrieb die sieben Weltwunder in einem antiken Reiseführer. Nur noch eins ist erhalten, nämlich die Pyramiden von Gizeh in Ägypten. Die anderen sechs sind durch Brand oder Erdbeben zerstört oder im Lauf der Zeit verfallen. Im Einzelnen sind die sieben Weltwunder das Grabmal von König Mausolos II. (4. Jh. v. Chr.) in Halikarnassos, dem heutigen Bodrum in der Türkei; die hängenden Gärten der Semiramis in Babylon (heute im Irak), die wohl eher Dachgärten waren (falls sie überhaupt existiert haben);

Wussten Sie, dass die klassischen sieben Weltwunder, die der Antike, bereits im 2. Jahrhundert v. Chr. berühmt waren?

der Koloss von Rhodos, eine schätzungsweise 30 bis 35 Meter hohe Bronzestatue, die nach 66 Jahren bei einem Erdbeben eingestürzt und angeblich 900 Jahre liegen geblieben ist; der vermutlich 120 Meter hohe Leuchtturm von Pharos (Ägypten), der erst später in die Liste der Weltwunder aufgenommen wurde; der komplett aus Marmor errichtete Artemistempel in Ephesus in der heutigen Türkei und die Zeusstatue in Olympia (Griechenland), die vom berühmtesten griechischen Bildhauer seiner Zeit, Phidias (ca. 500–432 v. Chr.), geschaffen wurde.

Es gab immer wieder Versuche, eine neue Liste von Weltwundern zu erstellen. Im Jahr 2007 rief der Schweizer Millionär Bernhard Weber eine eigene Stiftung ins Leben, um Weltwunder per Internet, SMS und Telefon sowie durch Fachjurys zu ermitteln.

! Am 7.7.2007 wurden die sieben neuen Weltwunder im Bereich Gebäude bei einer pompösen Gala in Lissabon bekannt gegeben. Am 11.11.2011 stand das erste Zwischenergebnis für die sieben Weltwunder der Natur fest. Danach nimmt sich Herr Weber die Kategorie Städte vor.

Die neu ermittelten Weltwunder sind:
Die Chinesische Mauer, die Christusstatue auf dem Corcovado-Berg in Rio de Janeiro (Brasilien), die Felsstadt Petra in Jordanien, die Inka-Ruinenstadt Machu Picchu in Peru, die Maya-Pyramide von Chichén Itzà auf Yucatàn (Mexiko), das Kolosseum in Rom und das Tadsch Mahal in Agra (Indien).

Klima ···

Das Klima hat zwar viel mit dem Wetter zu tun, es ist aber nicht dasselbe. Es steht vielmehr für die durchschnittlichen Wetterverhältnisse an einem Ort über ein ganzes Jahr gesehen.

Klimazonen

Wissenschaftler unterscheiden fünf Klimazonen: Tropen (nah am Äquator, ganzjährig feucht und heiß), Subtropen (Teile des Mittelmeerraumes, des Ostens der USA sowie die Sahara, große Tag-Nacht-Temperaturunterschiede), gemäßigte (weite Teile Europas sowie Chile und Südaustralien, viel Regen, deutlich unterschiedliche Jahreszeiten), subpolare (Nordamerika und nördliche Teile Asiens, sehr kalt und sehr trocken) und polare Zone (Arktis und Antarktis, noch kälter und noch trockener). Bestimmt können Sie Eindruck schinden, wenn Sie beiläufig erwähnen, dass die höchste je gemessene Lufttemperatur exakt 57 Grad Celsius beträgt. Eine solche Hitze wurde in Libyen erreicht. Die niedrigste je gemessene Lufttemperatur beträgt unvorstellbare −89,2 Grad Celsius an der russischen Antarktisstation Vostock.

Klimawandel

Die Durchschnittstemperatur der erdnahen Atmosphäre und der Meere steigt, wie man in den letzten Jahrzehnten beobachten konnte. Noch gibt es Wissenschaftler, die behaupten, das habe nichts oder nur wenig mit dem Einfluss des Menschen zu tun. Fakt ist aber: Zwischen 1906 und 2005 gab es eine Erwärmung um 0,74 Grad Celsius, Tendenz stark steigend. Gleichzeitig konnte man eine Zunahme von Treibhausgasen (vor allem Kohlenstoffdioxid und Methan) verzeichnen, eine Zunahme von Naturkatastrophen auf der Nordhalbkugel in der zweiten Hälfte des 20. Jahrhunderts um 4 Prozent, eine Abnahme der Sommer-Eisdecke der Arktis seit den 1950ern um 40 Prozent und eine Erwärmung der Ozeane bis in eine Tiefe von 3000 Metern.
Ist doch schön, wenn es ein bisschen wärmer wird, meinen Sie? Natürlich nicht, denn Sie sind über gefährliche Folgen bestens informiert. Höhere Temperaturen lassen die Polkappen schmelzen, der Meeresspiegel steigt. Übrigens gehen bei einem Anstieg von rund einem Meter schon ein großer Teil der Niederlande sowie die schleswig-holsteinischen

Halligen und Sylt unter. Und das ist noch nicht alles! Hohe Temperaturen führen zu höheren Windgeschwindigkeiten mit gigantischen Niederschlägen. Wetterzustände werden extremer. Schon jetzt ist ein deutlicher Anstieg von Überschwemmungen und Dürre zu beobachten.

Golfstrom

Immer wieder ist die Rede davon, dass der Golfstrom großen Einfluss auf das Klima hat. Sie haben die Hintergrundinformationen. Der Strom ist eigentlich eine Strömung, die im Golf von Mexiko beginnt bzw. dort von anderen Strömungen gespeist wird. In dieser warmen Region heizt die Sonne die Wasseroberfläche auf. Es kommt zu einer erhöhten Verdunstung, wodurch der Salzgehalt des Wassers steigt. Damit verringert sich seine Dichte. Die Strömung fließt nach Norden, kühlt ab, gewinnt dabei wieder an Dichte und sinkt damit in die Tiefe. Dann geht es zurück in den Süden. Falls Sie in einer Unterhaltung einmal einen Blackout haben, sagen Sie einfach, dass Forscher noch gar nicht viel über den Golfstrom wissen. Sie versuchen erst, ihm auf die Spur zu kommen. Was sie aber wissen, ist faszinierend: Er bewegt 20-mal mehr Wasser, als aus allen Flüssen auf der ganzen Welt ins Meer fließt, und seine Wärmeenergie entspricht der von einer halben Million Kernkraftwerken. Europa verdankt ihm sein mildes Klima.

Corioliskraft
Vereinfacht ausgedrückt entsteht diese Kraft, wenn sich eine Masse innerhalb einer Rotation bewegt. In Bezug auf die Meere dieser Welt heißt das: Luft- und Wassermassen bewegen sich aufgrund von Wind oder Strömungen und werden von der Erdrotation abgelenkt.

So wirkt sich die Corioliskraft auf ein großes Windsystem aus; ein Tiefdruckgebiet entsteht.

El Niño

Bei *El Niño* (span. kleiner Junge) handelt es sich um ein Klimaphänomen, das die Walker-Zirkulation umdreht. Klar, oder? Es ist ganz einfach: Über dem Äquator befindet sich eine Luftzirkulation, die durch das Zusammenwirken kalter Meeresströmungen an den Westküsten und warmer Wassermassen vor den Ostküsten entsteht. Diese Luftbewegungen parallel zum Äquator nennt man Walker-Zirkulation. An der Westküste von Südamerika herrscht ein Hochdruckgebiet, während in Südostasien und bei Australien analog ein Tief liegt. Alle paar Jahre bleiben die Passatwinde aus, die normalerweise von Süden kommen. Das Hoch löst sich auf und macht dem Tief Platz, das sich von Westen annähert. Und schon sind die bisher herrschenden Wetterverhältnisse komplett auf den Kopf gestellt – mit gravierenden Folgen: vermehrtes Auftreten von Hurrikans, Dürre in Gebieten, die normalerweise genug Regen haben, extreme Regenfälle mit Erdrutschen in Südamerika.

Wussten Sie, dass es nicht nur den einen Nordpol gibt, sondern vier?

Polkappen

Das Abschmelzen der Polkappen ist auch häufig Thema. Eigentlich heißen sie am Nordpol arktische Eiskappe und am Südpol antarktischer Eisschild. Der Unterschied: Die Eiskappe, durchschnittlich 3 Meter dick, treibt auf dem Meer, der Schild dagegen, die größte Eismasse der Erde, liegt auf dem Land, nämlich auf dem antarktischen Kontinent. Wenn diese gewaltigen Eismassen – am Südpol sind immerhin knapp 70 Prozent des Süßwassers der Erde gebunden – schmelzen, steigt nicht einfach nur der Meeresspiegel und lässt flache Landregionen versinken, auch die Meeresströmungen verändern sich und damit das gesamte Klima.

Polkappe auf der Antarktis

Der geografische Nordpol ist der nördlichste Punkt der Erde, der natürlich immer an der gleichen Stelle bleibt. Dann gibt es noch den arktischen Magnetpol, den arktischen geomagnetischen Pol und den Nordpol der Unzugänglichkeit, den küstenfernsten Punkt des Nordpolarmeeres. Interessant ist der arktische Magnetpol, der ständig auf Wanderschaft ist. 1100 km hat er in den letzten 100 Jahren von Kanada in Richtung Sibirien zurückgelegt.

Entwicklungshilfe ....

Im Grunde geht es darum, die klaffende Lücke zwischen indus-triell und technisch entwickelten Ländern und solchen, in denen es an Strom und fließendem Wasser fehlt, zu verkleinern. Oder verkürzt: Der Unterschied zwischen Arm und Reich soll ver-schwinden.

Faire Sprache, faire Zusammenarbeit

Hand in Hand
für mehr
Gerechtigkeit

Entwicklungshilfe versucht, ihre Ziele auf verschiedenen Wegen zu erreichen: Bildung, Ausstattung mit techni-schen Mitteln, Geld. In letzter Konsequenz erfolgreich sind diese Versuche bisher alle nicht. Aber es sind die kleinen Fortschritte, die zählen. In den 1980er-Jahren nannte man Entwicklungsländer übrigens Dritte-Welt-Länder. Diesen Begriff versucht man, nicht mehr zu ver-wenden. Um das Gefälle auch sprachlich zu überwinden, wird heutzutage von Entwicklungszusammenarbeit gesprochen. In so-genannten Eine-Welt-Läden können Sie fair gehandelte Waren kaufen, also z.B. Kaffee oder Schokolade, für die die Bauern und Arbeiter vor Ort vernünftig bezahlt werden. So kann jeder zu mehr Gerechtigkeit auf unserer Welt beitragen.

Große Organisationen

Die Flut von Organisationen ist unüberschaubar. Da gibt es einmal das BMZ (Bundesministerium für wirtschaftliche Zusammenarbeit und Entwicklung). Es beauftragt wiederum spezialisierte Verbände mit der Durchführung verschiedener Projekte. Im Finanzsektor sind das die KfW (Kreditanstalt für Wiederaufbau) und die DEG (Deutsche Investi-tions- und Entwicklungsgesellschaft), im Bereich Technik z.B. die GIZ (Deutsche Gesellschaft für Internationale Zusammenarbeit), die sich wiederum aus DED (Deutscher Entwicklungsdienst), GTZ (Deutsche Ge-sellschaft für technische Zusammenarbeit) und Inwent (Internationale Weiterbildung und Entwicklung) zusammensetzt.
Weitere Organisationen:
• EED (Evangelischer Entwicklungsdienst): unterstützt entwicklungs-politische Bildungsarbeit, ein Schwerpunkt ist Umweltschutz.

- AGEH (Arbeitsgemeinschaft für Entwicklungshilfe e. V.): katholisch; schickt Fachkräfte in kirchliche Projekte in aller Welt
- Caritas international: Not- und Katastrophenhilfe im Auftrag der deutschen Bischofskonferenz
- Kolping International: katholischer Sozialverband, der Lebenshilfe geben und Humanität durch christlichen Lebenswandel verbreiten will
- Brot für die Welt: evangelisch; leistet Hilfe zur Selbsthilfe in den Bereichen Ernährung, Gesundheit, Bildung, Frieden, Menschenrechte

Logo der Hilfsaktion Brot für die Welt

- Menschen für Menschen e. V.: ehrenamtlich geleitete Stiftung, die den Hunger in Äthiopien bekämpft und die Infrastruktur verbessert. Gründer ist der Schauspieler Karlheinz Böhm (*16.3.1928).
- Oxfam International (*Oxford Committee for Famine Relief*, also Oxford Komitee zur Linderung von Hungersnot): Bestimmt kennen Sie Oxfam-Shops. Dort werden gespendete Waren von Ehrenamtlichen verkauft, das Geld geht in Katastrophenhilfe und Entwicklungsprojekte. Prominente Unterstützer sind z.B. Antonio Banderas (*10.8.1960) und Heike Makatsch (*13.8.1971).

Logo von Oxfam Deutschland

- TransFair – Verein zur Förderung des Fairen Handels mit der „Dritten Welt" e. V.: vergibt das Fairtrade-Siegel
- Deutsche Welthungerhilfe e. V.: Durch Hilfe zur Selbsthilfe sollen Hunger und Armut ausgemerzt werden. Schirmherr ist immer der Bundespräsident. Vorstandsvorsitzende war zwölf Jahre lang bis 2008 Ingeborg Schäuble (*4.11.1943), Ehefrau von Politiker Wolfgang Schäuble (*18.9.1942).

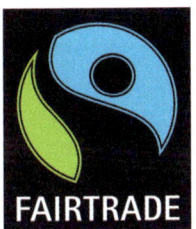

Das Fairtrade-Siegel

- World Vision International: evangelikal; eine der größten Entwicklungshilfeorganisationen der Welt. Schwerpunkt ist die Vermittlung von Kinderpatenschaften.
- UNV (*United Nations Volunteers*): Programm der UN (Vereinten Nationen), das Freiwillige in Friedens- und Entwicklungshilfeprogramme weltweit sendet

Welt der Pflanzen..........

Dass die Erde nicht nur der Lebensraum der Menschen, sondern auch der der Pflanzen ist, ist nichts Neues. Wussten Sie, dass es rund eine halbe Million verschiedene Pflanzen gibt? Und das sind nur die bisher bekannten!

Flora: Pflanzenwelt, nach der römischen Göttin der Blumen und der Jugend

! Riesenbambus wächst zu Spitzenzeiten bis zu 70 cm am Tag und kann bis 40 m hoch werden. Das Wachsen kann man tatsächlich hören.

Das Fachwort für Pflanzenkunde, Botanik, kommt vom Griechischen *botaniké*. Natürlich können wir hier nicht die gesamte Flora abhandeln. Das sprengt den Rahmen. Die wichtigsten Fakten sind hier aber alle versammelt – und dazu das eine oder andere, was außer Ihnen bestimmt niemand weiß.

Nackt- und Bedecktsamer

! Aus Westernfilmen kennen Sie die trockenen Büsche, die durch das Bild rollen. Ihr Name ist Steppenläufer, und durch seine Fortbewegung verbreitet der Busch seine Samen.

Pflanzen, die sich mit Blüten und Samen vermehren, verfügen über sichtbare Wurzeln, Stängel, Blätter und Samen. Bedecktsamer verbergen ihre Samen in weiblichen Fruchtknoten und haben männliche Staubblätter. Bei den Nacktsamern gibt es keine Fruchtknoten.

Nacktsamer haben keine Fruchtknoten. Die Samen liegen z. B. in Zapfen wie bei Nadelbäumen.

Pflanzen mit Sporen

Moose haben keine Wurzeln.

Pflanzenarten, die sich über Sporen vermehren, sind Ihnen sicherlich von Ihren Waldspaziergängen vertraut, es sind Moose, Flechten und Farne. Weil diese Pflanzenarten Feuchtigkeit und Nährstoffe speichern, sind sie extrem wichtig für das Ökosystem. Eine Vielzahl an Lebewesen macht sich genau das zunutze und profitiert von diesem attraktiven Lebensraum.

Wollen Sie für Verwirrung sorgen, reichen Sie doch mal jemandem die Schüssel mit den Erdnüssen und fragen: „Kamerunnuss gefällig?" So wird sie nämlich auch genannt. Übrigens ist sie gar keine Nuss, sondern eine Hülsenfrucht. Im Englischen wird das in der Namensgebung berücksichtigt: engl. *peanut*, Erbsnuss. Ausgleichshalber sind Erdbeeren keine Beeren, sondern sogenannte Sammelnussfrüchte.

Kamerunnuss gefällig?

Hier noch mehr interessante Fakten, die schon fast einen Botanikprofessor aus Ihnen machen:

Blätter von Laubbäumen haben sehr unterschiedliche Verrottungszeiten. Die im Herbst gefallenen Blätter von Linde oder Esche sind schon im folgenden Frühjahr weitgehend zersetzt. Das Laub von Eiche und auch Buche dagegen benötigt für diesen Prozess bis zu drei Jahre.

Das Laub der Eiche benötigt bis zu drei Jahre für den Verrottungsprozess.

Rosen haben Stacheln, Dornen finden Sie an Kakteen. Der Unterschied: Dornen sind stechende Blätter, Stängel oder kleine Zweige. Sie wachsen aus tiefem Gewebe heraus. Stacheln dagegen werden nur von der obersten Zellschicht, der Epidermis gebildet. Wenn Sie unsicher sind, brechen Sie mal einen vermeintlichen Dorn ab. Saß er nur auf der Haut auf, war es ein Stachel. Interessant ist auch, dass es exotische Zwischenarten gibt, die sich weder den Tieren noch den Pflanzen zuordnen lassen.

Epidermis: griech. epi = über, auf; derma = Haut

Kennen Sie auch den Spruch „Jede Rose hat ihre Dornen"? Klingt hübsch, ist aber aus botanischer Sicht Unsinn. Es sind Stacheln!

Weder Tier noch Pflanze: der Pilz

Welt der Tiere..

Das Gegenstück zur Flora ist die Fauna, die Tierwelt, die ebenfalls nach einer römischen Göttin benannt ist. Auch hier gilt: Wenn Sie nicht gerade ein Tierliebhaber sind, der Fachbücher wälzt und sich ständig in Zoos aufhält, haben Sie keine Chance, im Gespräch mit einem solchen Profi die verbale Oberhand zu behalten. Da gilt: mit ein paar Grundlagen vertraut machen und mit jeder Menge Detailwissen punkten!

! Das weltweit häufigste Nutztier ist das Huhn. Menschen halten über 13 Mrd. des Federviehs, um deren Eier und natürlich auch sie selbst zu verzehren.

Wirbeltiere

Übertroffen würde die Zahl der weltweit häufigsten Nutztiere nur noch von Bienen, wenn man diese als solche bezeichnen will.

Die meisten bekannten Tiere haben eine Wirbelsäule und heißen deshalb Wirbeltiere (*Vertebrata*). Wie der Mensch auch, haben sie ein Skelett und eine besondere Schicht darüber. Das kann entweder einfach nur Haut sein, meist ist diese jedoch mit Fell, Federn oder Schuppen bedeckt. Es gibt derzeit etwa 58.000 lebende Arten. Dazu gehören Säugetiere, Vögel, Fische, Reptilien und auch Amphibien.

Wer seinen Nachwuchs lebend auf die Welt bringt und Luft zum Atmen braucht, zählt zu den Säugetieren. Menschen gehören auch dazu.

Vögel brauchen zwar auch Luft, die sie mit den Lungen aufnehmen, sie legen ihre Jungen jedoch in Eiern ab und brüten diese aus. Deswegen zählt man sie nicht zu den Säugetieren.

Der Kiwi hat als einziger Vogel zwei Nasenlöcher am Ende seines Schnabels. Im Gegensatz zu den meisten Vögeln kann er nicht gut sehen, dafür aber umso besser hören, fühlen und riechen.

 Wussten Sie, dass der Kiwi, Neuseelands Nationalvogel, auch Schnepfenstrauß genannt wird? Er ist tatsächlich mit dem Strauß verwandt und kann, wie dieser auch, nicht fliegen.

Fische sind die ältesten Wirbeltiere. Sie haben sich schon vor über 500 Millionen Jahren entwickelt. Man unterteilt sie in vier Klassen, von denen zwei kieferlos sind, die Neunaugen und die Inger. Die Knochen- oder Knorpelfische bilden die deutlich größte Gruppe. Zu ihnen gehören u. a. Haie und Rochen. Auch Fische legen Eier, die man Laich nennt. Sie atmen nicht durch Lungen, sondern durch Kiemen. Sie benötigen natürlich auch Sauerstoff, den sie mithilfe der Kiemen dem Wasser entziehen.

Rochen gehören zu den Knochenfischen.

95 Prozent der Reptilien sind Schuppenkriechtiere. Dazu zählen z. B. Schlangen, Vipern und Nattern. Die restlichen 5 Prozent sind Echsen, wie Leguane oder Geckos, Krokodile, Schildkröten und sogenannte Schnabelköpfe.

Geckos zählen zu den Schuppen-kriechtieren.

Zuletzt seien Amphibien genannt, die besonders interessant sind, weil sie sowohl mit den Lebensbedingungen an Land als auch im Wasser zurechtkommen. Die größte Gruppe bilden die Froschlurche, zu denen man Frösche, Kröten und Unken rechnet. Sie legen ihren Laich ins Wasser. Daraus schlüpfen Kaulquappen, die am Anfang durch die Kiemen atmen. Allmählich bilden sich vier Beine aus. Der Froschlurch entwickelt sich vom Pflanzen- zum Fleischfresser und vom Kiemen- zum Lungenatmer.

Wirbellose Tiere

Zu dieser Kategorie gehören die allermeisten auf der Welt lebenden Tiere. Man unterschätzt die Anzahl wirbelloser Tiere gern, weil sie überwiegend klein sind, vom inklusive Tentakeln durchaus mal 13 oder 14 Meter langen Riesenkalmar einmal abgesehen. Nur weil ein Tier weder Wirbelsäule noch Skelett hat, zählt es aber nicht gleich zu den

Weichtieren. Das ist nur eine Untergruppe. Die riesige Gruppe der Insekten hat einen Panzer, der sie schützt.

Seesterne sind Stachelhäuter.

Wirbellose unterteilt man in Schwämme, die primitivsten Tiere, die lange für Pflanzen gehalten wurden, Gliederfüßer (dazu gehören die Insekten mit rund einer Million Arten, Tausendfüßer, Krebs- oder Spinnentiere), Nesseltiere, Platt-, Rund- und Ringelwürmer, Weichtiere wie Schnecken, Muscheln sowie Oktopusse und Stachelhäuter.

Tausendfüßer

!

Wissen Sie, wie Bienen durch den Winter kommen? Sie können mit ihrer Brustmuskulatur Wärme erzeugen. Alle Bienen setzen sich eng zusammen und bilden eine Kugel, in deren Mitte sich die Königin aufhält. Alle paar Minuten wechseln die fleißigen Insekten ihre Plätze von innen nach außen und umgekehrt. So halten sie im Stock eine Temperatur von etwa 20 Grad.

Zum Schluss noch das: Die Kakerlake oder auch Gemeine Küchenschabe (*Blatta orientalis*) ist ein Überlebenskünstler. Sie wurde nach Atombombenversuchen auf dem Bikini-Atoll gesichtet und kann rund eine Woche ohne Kopf leben. Ihr Trick sind mehrere kleine Gehirne in jedem Körpersegment.

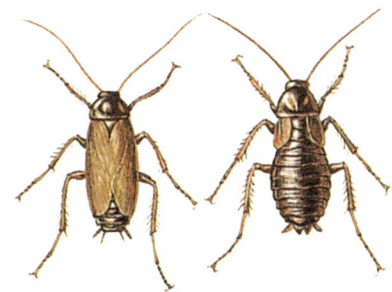

Kakerlaken sind wahre Überlebenskünstler. So schnell kriegt man sie nicht tot, sosehr man sich das auch wünscht.

Weltall

Wir sind nicht allein. Außer der Erde gibt es im Universum noch unzählige Sterne, Planeten und Galaxien. Dazu wird das Wort „Universum" ständig bemüht, von „Mr. Universum" bis hin zu Redewendungen wie „im gesamten Universum". Was steckt eigentlich dahinter? Ein kleines Lexikon:

Galaxie: altgriech. *galaxías* = Milchstraße

Erde: Sie ist rund 150 Millionen Kilometer von der Sonne entfernt. Als einziger Planet verfügt sie über Wasser an der Oberfläche. So sind die Voraussetzungen für Leben geschaffen. Die Energie der Sonne wächst stetig, was Forschern zufolge zum Verdampfen sämtlicher Ozeane führen wird. Die gute Nachricht: Das wird wohl noch eine Milliarde Jahre dauern. Sicher ist aber: Die Erde lebt mit und von der Sonne. Wird sie viel heißer oder kollabiert, ist das Schicksal der Erde besiegelt.

Galaxie: Sterne ballen sich zu Millionen oder gar Milliarden zusammen. Eine solche Ballung nennt man Galaxie, also im Grunde ein Sternensystem. Unsere Galaxie ist die Milchstraße und wird als Einzige auch Galaxis genannt.

Kleine Himmelskörper: Kometen bestehen aus fester Materie oder Gas, sie werden auch gern als schmutzige Schneebälle bezeichnet. Beim Eintritt ins Sonnensystem verdampfen gefrorene Bestandteile zu Gas. Die Sonnenwinde sorgen dafür, dass Gaspartikel vom Kopf des Kometen ins All geschleudert werden, dadurch wird der typische Schweif sichtbar.

Hubble-Weltraumteleskop
Das Teleskop wurde am 24.4.1990 von einem Spaceshuttle ins All gebracht und kreist seitdem in einer Höhe von etwa 580 km innerhalb von 96 Minuten einmal um unseren Planeten. Insgesamt hat es inzwischen rund 600.000 Bilder zur Erde gefunkt.

Die Auswertungen des Hubble-Weltraumteleskops haben Erkenntnisse zur Entstehung unseres Universums gebracht. Benannt wurde es nach Edwin Powell Hubble (20.11.1889– 28.9.1953), einem amerikanischen Astronom, der mit dem Bau des Teleskops jedoch nichts zu tun hatte.

> Erst seit 1999 ist Pluto der am weitesten von der Sonne entfernte Körper, und er bleibt es wohl bis zum Jahr 2227. Danach führt ihn seine Bahn wieder nah an die Sonne heran, und Neptun übernimmt den Außenposten für einige Zeit.

Meteoroiden und Asteroiden kann man auch als Kleinplaneten bezeichnen, wobei Asteroiden im Vergleich etwas größer sind, ohne dass es festgelegte Grenzen gäbe. Sie bestehen aus Stein oder Eisen. Tritt ein Meteoroid in die Erdatmosphäre ein, heißt er Meteor, erreicht er die Erde, heißt er Meteorit.

Planet: Gebilde aus Fels, Eis oder Gas, das sich in einer Umlaufbahn um einen Stern, in unserem Fall um die Sonne dreht. In unserem Sonnensystem gibt es aus Sicht der Sonne folgende Planeten: Merkur, Venus, Erde, Mars, Jupiter, Saturn, Uranus und Neptun. Das Wort „Planet" kommt aus dem Griechischen (*planáomai*) und bedeutet „umherschweifen".

Stern: Ein Stern kann entstehen, wenn eine Wolke aus Staub und Gas in sich zusammenfällt. In seinem Inneren verschmelzen Atomkerne miteinander, was eine ungeheure Energiemenge freisetzt, das Licht und die Wärme unserer Sonne.

Was nicht so viele wissen: Ein Stern, dem der Brennstoff ausgeht, verwandelt sich oft in einen sogenannten Weißen Zwerg, einen kleineren dichten Gasball.

Das Universum dehnt sich aus.

Universum: Gesamtheit von Raum, Zeit und Materie

Urknall: Vor rund 14 Milliarden Jahren war unser Universum auf das Volumen eines Atomkerns zusammengepresst. Das bedeutet, eine unvorstellbar große Masse an Materie und Gasen drängte sich auf kleinstem Volumen. Masse geteilt durch Volumen ist Dichte.

> Unter Wissenschaftlern ist die Ausdehnungstheorie unumstritten. Der Big Bang, die Explosion, die den Stein ins Rollen brachte, ist dagegen nicht bewiesen. Der Urknall ist mit Mitteln der klassischen Physik rekonstruiert worden. Effekte der Quantenphysik, in der völlig andere Gesetze herrschen, wurden außer Acht gelassen.

Dadurch war die Dichte also unendlich groß, die Temperatur ebenfalls, von mehreren Millionen Grad Celsius ist die Rede. Eine Explosion brachte diesen Kern dazu, sich auszudehnen. Dehnt sich ein Gas aus, kühlt es ab. Als das sich immer weiter dehnende Universum kalt genug war, konnten stabile Atome, später Galaxien und Planeten entstehen. So weit die Theorie.

Die Raumfahrt ....

Die Geschichte der Raumfahrt lässt sich am besten anhand ihrer Pioniere erzählen. Lesen Sie im Folgenden über die Berühmtheiten, die die Welt einmal aus einem ganz anderen Blickwinkel betrachten konnten.

Pioniere der Raumfahrt

Konstantin Eduardowitsch Ziolkowski (17.9.1857–19.9.1935) entwickelte Flugkörper aus Metall und beschäftigte sich mit flüssigem Raketentreibstoff (z. B. Sauer- oder Wasserstoff). Sein größtes Verdienst ist eine Gleichung, mit der man den Raketenantrieb berechnen kann, der auf dem Abstoßen von Raketenteilen beruht. Unabhängig von ihm beschäftigten sich Robert Goddard (5.10.1882–10.8.1945) und Hermann Oberth (25.6.1894–28.12.1989) ebenfalls mit flüssigem Treibstoff und dem mehrstufigen Antrieb. Goddard gelang es in Tests erstmals, eine Rakete die Schallmauer durchbrechen zu lassen (über 1125 km/h). Außerdem entdeckte und beseitigte er das Problem einer instabilen Flugbahn. Oberth erfand das Ionentriebwerk.

Eine rumänische Briefmarke zu Ehren Laikas

Chefkonstrukteur des sowjetischen Raketenprogramms war Sergei Pawlowitsch Koroljow (12.1.1907–14.1.1966). Er leitete die Entwicklung des ersten Erdsatelliten Sputnik 1, der am 4.10.1957 ins All geschossen wurde und von dort 21 Tage Signale zur Erde funkte – Geburtsstunde der unbemannten Raumfahrt. Mit Sputnik 2 gelangte am 3.11.1957 das erste Lebewesen in die Erdumlaufbahn, die Hündin Laika, die vermutlich aufgrund von Stress und vielleicht auch der zu hohen Temperaturen starb. Gut zwei Jahre später reisten zwei Artgenossen mit Sputnik 5 und kamen

Der erste Amerikaner in der Erdumlaufbahn war John Glenn (*18.7.1921), der nach seiner Rückkehr in den Straßen von New York mit 3474 Tonnen Konfetti gefeiert wurde. 1998 wurde er wieder bejubelt, denn er hatte mit 77 Jahren seinen zweiten Weltraumausflug als ältester Mensch im All hinter sich gebracht.

Mondlandung

lebend zur Erde zurück. Der erste Mensch im All war Juri Gagarin (9.3.1934–27.3.1968). Derjenige, der am 2.3.1965 den ersten Weltraumspaziergang (20 Min.) unternahm, war ebenfalls ein Russe: Alexej Leonow (*30.5.1934).

Die erste bemannte Mondlandung gelang im Rahmen der Mission Apollo 11 am 16.7.1969. Sie machte Neil Armstrong (*5.8.1930) berühmt. Seine ersten Worte waren „Der Adler ist gelandet" in Anspielung auf die Mondlandefähre namens *Eagle* (engl. für Adler). Als ersten Satz beim Betreten des Mondes wollte er eigentlich Folgendes sagen:

Wussten Sie, dass ein britischer NASA-Mitarbeiter behauptete, er hätte sich Armstrongs berühmte Worte für den großen Moment ausgedacht?

> „Ein kleiner Schritt für einen Menschen, aber ein riesiger Schritt für die Menschheit."

Armstrong versprach sich aber in der Aufregung, sodass dies dabei herauskam:

> „That's one small step for man, one giant leap for mankind."

Das heißt übersetzt:

Neil Armstrong

> „Das ist ein kleiner Schritt für den Menschen, ein riesiger Sprung für die Menschheit".

Klingt eigentlich auch ganz gut!

Glossar..

Big Bang: Dieser Begriff wurde ironischerweise durch einen Gegner der Urknall-Theorie geprägt. Der Astronom Fred Hoyle (24.06.1915– 20.08.2001) verwendete ihn während einer BBC-Radiosendung im Jahre 1950, um die These einer Urexplosion lächerlich zu machen. Er selbst war Begründer der Steady-State-Theorie. Diese Theorie besagt, dass sich das Universum zwar ausdehnt, allerdings keinen Anfang besitzt und ewig besteht. Der Großteil der wissenschaftlichen Gemeinschaft lehnt Hoyles Theorie (sowie die neue Fassung aus den 1990er-Jahren) jedoch ab. Damit bleibt es bis auf Weiteres beim gängigen Modell, demzufolge Materie, Raum und Zeit aus einer Singularität heraus entstanden.

Corioliskraft: Sie gehört zu den Trägheits- und Scheinkräften. Das sind Kräfte, die nur auf Körper wirken, wenn diese bewegt bzw. beschleunigt werden. Sie wurde nach dem Mathematiklehrer Gaspard Gustave de Coriolis (21.5.1792–19.9.1843) benannt, der sie 1835 herleitete. Sie lenkt durch die Drehung der Erde beispielsweise den Wind ab, wenn er von Nord nach Süd oder umgekehrt bläst.

Fotosynthese: Keine Kunstgattung, sondern bekanntermaßen das pfiffige System, durch das sich Pflanzen ernähren. Das Blattgrün, fachlich Chlorophyll, macht aus dem Kohlenstoffdioxid der Luft Kohlenstoff, das der Pflanze als Blattgerüst dient. Dabei wird Sauerstoff abgegeben.

Funga: Wurden Pilze früher noch als Pflanzen angesehen, so gelten sie heute neben Tieren und Pflanzen als ganz eigenständige Organismen. Um dieser neuen Klassifikation gerecht zu werden, bezeichnet man (analog zu Flora und Fauna) das Reich der Pilze als Funga.

Globalisierung: Unter Globalisierung verstehen die einen eine weltweit immer stärkere Vernetzung von Wirtschaft, Kultur und Politik. Globalisierungsgegner befürchten, dass dadurch Abhängigkeit und der Unterschied zwischen Arm und Reich wachsen.

Lichtgeschwindigkeit: Das Licht legt in einer Sekunde 300.000 Kilometer zurück. Momentan kennen wir nichts Schnelleres auf der Welt, weshalb die Lichtgeschwindigkeit mit c (lat. *celeritas* = Schnelligkeit) angegeben wird.

Präzession: Die Rotation der Erde ist vergleichbar mit dem Schlingern eines Kreisels. Da sie nicht exakt kugelförmig ist, bewirken die Gezeitenkräfte von Mond und Sonne eine kontinuierliche Richtungsänderung der Erdachse. Diese Richtungsänderung wird in der Astronomie Präzession genannt.

Schwarzes Loch: Es ist schwer zu verstehen, wie ein Ereignis Raum und Zeit krümmen kann. Merken Sie sich also einfach nur: Ein schwarzes Loch ist im Grunde ein Urknall rückwärts. Ein Stern stirbt, Materie wird unendlich stark zusammengepresst, bis nur noch Neutronen übrig sind, die sich unfassbar schnell um sich selbst drehen. Wie ein Strudel – vergleichbar mit der Badewanne, aus der Wasser abfließt – zieht dieser massive Kern alles an, was sich ihm nähert, verschlingt es, gewinnt dadurch an Masse und somit auch noch mehr an Anziehungskraft.

Sonnenaktivitäten beeinflussen unser Leben.

Sonnenfinsternis: Schiebt sich der Mond zwischen die Erde und die Sonne, ist von der Sonne nur noch ein Rand (Korona) zu erkennen. Liegt der Mond im Schatten der Erde, spricht man von einer Mondfinsternis.

Sonnenfleck: Dieser Begriff aus der Welt der Astronomie bezeichnet dunkle Flecken auf der Sonnenoberfläche. Sie werden durch Störungen im Magnetfeld der Sonne verursacht und treten durchschnittlich alle elf Jahre besonders häufig auf. Dieser sogenannte Sonnenfleckenzyklus geht mit der Sonnenaktivität einher, die wiederum unser Weltraumwetter beeinflusst. Eine hohe Aktivität kann sogar technische Einrichtungen beeinträchtigen und bis zum Stromausfall führen.

Treibhauseffekt: In ein Treibhaus kann kurzwelliges Licht eindringen, langwellige Wärme durchdringt das Glas dagegen nicht. Es ist hell und die Wärme bleibt drin. Eine Gärtnerei will es nicht anders haben, denn Pflanzen brauchen Licht und Wärme. Was der Temperaturanstieg auf der Erde bewirkt, konnten Sie einige Seiten zuvor lesen.

Troposphäre: Als Troposphäre wird die unterste Schicht der Erdatmosphäre bezeichnet, in der sich der Großteil der für uns spürbaren Wettervorgänge abspielt. Ihre Dicke beträgt etwa acht Kilometer an den Polen und 18 Kilometer am Äquator.

NATURWISSENSCHAFT UND TECHNIK

Naturwissenschaften.................

*Wenn jemand Naturwissenschaften studiert, dann beschäftigt
er sich mit Naturphänomenen im weitesten Sinne, mit ihrer
Erklärung und der Frage, wie man sie für den Menschen nutzbar
machen kann.*

Was gehört zu den Naturwissenschaften?

Klassischerweise zählt man die Sparten Chemie, Physik und Biologie zu
den Naturwissenschaften. Heute rechnet man auch die Umweltwissen-
schaften – wie Boden- oder Meereskunde, Umweltmedizin oder auch
Meteorologie – dazu. Über Biologie haben Sie im vorigen Kapitel jede
Menge erfahren. Werfen Sie jetzt einen Blick auf Chemie und Physik.

Chemie im Alltag

*Chemie ist das, was
knallt und stinkt. Physik
ist das, was nie gelingt.*

Von Materie, Energie, Masse und Volumen haben Sie im Zusammenhang
mit dem Universum einiges gelesen. Und genau um diese vier Aspekte
geht es in der Chemie. Richtig spannend wird es für Chemiker, wenn
Substanzen sich verändern.

Chemie ist überall, sogar im Menschen. Chemische Prozesse, Reaktionen genannt, finden in der Verdauung, im Stoffwechsel, bei der Atmung
und nicht zuletzt in der Fortpflanzung statt. Die
Wissenschaft unterteilt sich in viele Gebiete.
Die bekanntesten sind wahrscheinlich organische und anorganische Chemie. Diese Bezeichnungen haben Sie bestimmt schon gehört.
Merken Sie sich einfach, dass die organische
Chemie sich mit Kohlenstoff und all seinen
Verbindungen befasst. Sie ist wohl einer der
bedeutendsten Aspekte, denn Kohlenstoff
geht Millionen verschiedene Verbindungen ein,
und zwar in Bereichen wie der Ölindustrie, der
Kunststoffe und natürlich in der Medizin. Um
alles, was nicht mit Kohlenstoff zu tun hat, kümmert sich die anorganische Chemie. Aber genug der Theorie – kommen wir zu praktischen
Dingen, die sich in jeder Unterhaltung gut machen!

Griech. *chimeía* heißt Umwandlung. Wahrscheinlich hat sich der
Begriff aus *Alchimie*, was Kunst
des Goldmachens bedeutet, entwickelt. Auch dabei ging es um
die Veränderung bzw. Verwand-
lung von Stoffen in andere Substanzen, genau gesagt in Gold.

Nobelpreisträger

Der Nobelpreis trägt den Namen eines Chemikers. Alfred Nobel (21.10.1833–10.12.1896), Stifter der Auszeichnung für Mediziner, Chemiker, Physiker, Physiologen, Literaten und Friedensaktivisten hat das Dynamit erfunden. Der Preis wird übrigens nicht für bahnbrechende Erfindungen vergeben, sondern für Leistungen mit großem Nutzen für die Menschen.

Eine kleine Auswahl an Chemienobelpreisträgern zeigt Ihnen die Bandbreite dieser Wissenschaft:
- 1905 Adolf von Baeyer (31.10.1835–20.8.1917) für Arbeiten über organische Farbstoffe
- 1912 Paul Sabatier (5.11.1854–14.8.1941) für seine Methode, organische Verbindungen mit Metall und Wasserstoff zu verbinden. Das wird z.B. in der Fetthärtung, also bei der Herstellung von Margarine genutzt.
- 1937 Walter Norman Haworth (19.3.1883–19.3.1950) für seine Untersuchungen der Kohlenhydrate und von Vitamin C

Alfred Nobel

- 1944/45 Otto Hahn (8.3.1879–28.7.1968) für die Entdeckung der Kernspaltung von Atomen
- 1958 Frederick Sanger (*13.8.1918) für seine Arbeiten über das Insulin. Das ist das Hormon, das bei steigendem Blutzuckerspiegel ausgeschüttet wird.
- 1985 Herbert A. Hauptmann (*14.2.1917) für Methoden zur Bestimmung von Kristallstrukturen

Ohne Fetthärtung keine Margarine

Otto Hahn

- 1995 Paul J. Crutzen (*3.12.1933), Mario José Molina (*19.3.1943) und Frank Sherwood Rowland (*28.6.1927) für ihre Studien über den Abbau von Ozon, jenem Gas, das uns vor den ultravioletten Strahlen der Sonne schützt, gleichzeitig aber auch unsere Atemwege reizen kann

Nur ein Mensch hat bisher zweimal den Nobelpreis für Chemie bekommen: der Brite Frederick Sanger. 1958 und 1980 zusammen mit dem Amerikaner Walter Gilbert (*21.3.1932).

Chemische Reinigung

Früher half nur Rubbeln.

pH-Wert

In der Chemie, Biologie und Medizin ist ständig vom pH-Wert die Rede. Aber wer weiß schon, was pH überhaupt bedeutet? Sie! Es kommt aus dem Lateinischen *potentia hydrogenii* = Konzentration der Wasserstoffionen. Die Skala für diesen Wert reicht von 0–14, 0 ist extrem sauer, 14 entsprechend stark basisch. Ein pH-Wert von 7 ist neutral und beispielsweise in Wasser zu finden.

Niemand kommt ums Putzen und Waschen herum. Aber bitte schön ohne Chemie, oder? Das geht eigentlich nicht, denn auch Biosubstanzen, wie etwa Zitronensäure, setzen eine chemische Reaktion in Gang, wenn sie z. B. Kalk lösen. Das geht so: Schmutz wird von Kleidern, Geschirr, Fliesen oder Sonstigem abgelöst und dann abtransportiert. Das Lösen erfolgte früher überwiegend mechanisch, also durch Reiben, Schütteln und Rubbeln, heute ziehen chemische Stoffe den Dreck an oder lösen eine Reaktion aus, die den Dreck von der Oberfläche trennt. Es gibt saure oder alkalische Reiniger. Warum nicht einer für alles? Weil einige Tenside in saurer Umgebung nicht funktionieren. Tenside (lat. *tendere* = spannen), z. B. in der Seife, sorgen dafür, dass die sogenannte Grenzflächenspannung zwischen Oberfläche, Dreck und Wasser sinkt und der Schmutz sich so leichter löst.

Saure Reiniger brauchen Sie, wenn Sie es mit schwer wasserlöslichen Verschmutzungen zu tun haben. Haben Sie einmal versucht, den Kalk aus dem Wasserkocher mit Wasser auszuspülen? Eben! Dazu braucht es Essig oder Zitrone. Die Säure macht aus Kalk nämlich Kalziumacetat, und das lässt sich prima mit Wasser beseitigen.

Chemie in der Küche

Mit etwas Zitrone geht Entkalken super.

Chemie in der Küche begegnet Ihnen nicht nur als Konservierungs- oder Farbstoff. Sie ist schon da, wenn Sie einen Topf mit Wasser zum Kochen bringen oder ins Gefrierfach stellen. Das Wasser verdampft oder friert, die Materie wechselt also ihren Zustand, genauer: ihren Aggregatzustand. Dieser wird auch physikalischer Zustand genannt. Es gibt fest, flüssig und gasförmig. Das beste Beispiel ist Ihnen aus dem Alltag bekannt: Flüssiges Wasser wird ab dem Siedepunkt von 100 Grad zu Dampf. Halten Sie einen kalten Gegenstand über den Dampf, kühlt das Wasser sofort ab und kondensiert wieder zu flüssigen Tropfen. Sie als Schlauberger zeichnet aus, dass Sie wissen, dass Dampf nie sichtbar ist. Nehmen Sie ihn als Schwaden in der Küche wahr, so sind das bereits abgekühlte feine Nebeltröpfchen. Ab ins Gefrierfach! Ab 0 Grad bildet sich Eis, das Wasser wird fest. Forscher haben herausgefunden, dass bei -48 Grad Wasser auf jeden Fall gefriert, unabhängig von weiteren Bedingungen.

Gefrierendes Wasser dehnt sich aus. Das ist der Grund dafür, dass Bierflaschen explodieren, wenn man sie im Gefrierfach vergisst.

Noch eine kleine Information zum Siedepunkt: Je höher hinauf ins Gebirge Sie klettern, desto weniger Luftdruck herrscht. Die Luft wird dünn, sagt man. Und gleichzeitig sinkt der Siedepunkt. Auf der Zugspitze (2962 m) kocht Wasser schon bei 90 Grad Celsius, auf dem Mount Everest (8848 m) bereits bei 70 Grad Celsius. Sie denken jetzt, dass auf dem höchsten Berg der Welt ein Ei in wenigen Minuten hart gekocht wäre? Falsch. Auch beim Eierkochen spielt sich eine chemische Reaktion ab, bei der die langen Eiweißmoleküle sich verändern. Diese Reaktion vollzieht sich bei 70 Grad Celsius nur leider nicht. Kocht das Wasser auf dem Mount Everest noch so sehr, reicht es nicht für mehr als ein weich gekochtes Ei – und das auch erst nach einer bis anderthalb Stunden.

Wollen Sie einmal richtig bestaunt werden, dann werfen Sie doch ganz nebenbei ein, dass es natürlich auch noch weitere Aggregatzustände gibt, die nicht klassischen, die nur unter Extrembedingungen auftreten. Da wäre der mesomorphe Zustand, ein Mittelding zwischen flüssig und fest, und der überkritische Zustand, etwas zwischen flüssig und gasförmig.

Chemie und Küche, da fällt vielen gleich der Mentos-Cola-Versuch ein. Sie wissen schon, ein Mentos-Kaubonbon in eine Flasche Cola geworfen, sorgt für eine spektakuläre Fontäne. Sie stehen gut da, wenn Sie das erklären können. Kohlenstoffdioxid in Flüssigkeit gelöst, ist Kohlensäure, also das, was Limonaden zum Blubbern bringt. Die Löslichkeit ist in zuckerhaltigen Getränken niedriger, weshalb das Experiment besonders gut mit Light-Cola gelingt. Ob Sie nun ein Stückchen Metall oder Brot in die süße Flüssigkeit werfen, sie wird immer sprudeln. Das liegt daran, dass viele Gasmoleküle zusammen ein Bläschen ergeben, viele Bläschen das Sprudeln und Schäumen. Und viele Gasmoleküle treffen dann aufeinander, wenn sie an etwas hängen bleiben, wie etwa an der rauen Oberfläche von Metall oder eben an einem Mentos-Dragee. Genau genommen ist dies kein chemischer Versuch, sondern ein physikalischer. Weil aber in Flüssigkeit gelöstes Kohlenstoffdioxid eine Rolle spielt, hat das Ganze natürlich doch irgendwie auch mit Chemie zu tun.

Da stimmt die Chemie

Auch im Liebesleben spielt die Chemie eine große Rolle. Guter Sex oder lebenslange Treue – viel hängt von den Hormonen ab. Das sind Botenstoffe, die teilweise für die nonverbale Kommunikation (Verständigung ohne Worte) zuständig sind. Auf diesem Weg werden etwa Fruchtbarkeit und Paarungsbereitschaft signalisiert. Die Hormone, die so etwas können, nennt man Pheromone. Schon mal gehört?

altgriech. *phérein* = überbringen, bewirken
altgriech. *hormān* = erregen

Zack, verliebt! Es war nicht Cupido, es waren die Pheromone.

Physik im Alltag

lat. *physica* = Naturlehre

Die Physik beschäftigt sich, wie die Chemie, auch mit Materie, aber nicht mit ihren Veränderungen, sondern eher mit unveränderlichen Grundsubstanzen und ihrem Verhalten. Der berühmte Atomphysiker Ernest Rutherford (30.8.1871–19.10.1937) hatte dazu eine recht drastische Meinung:

Wissenschaft ist entweder Physik oder Briefmarkensammeln."

Proton: positiv geladenes Teilchen, das Bestandteil jeder Materie ist

Ausgerechnet Rutherford bekam jedoch 1908 den Nobelpreis für Chemie. Urknall und Universum sind Themen der Physik, in denen Sie bereits fit sind. Wenden Sie sich jetzt drei Teilbereichen dieser Wissenschaft zu, die Ihnen täglich begegnen.

Licht

Licht ist Energie, die sich als elektromagnetische Welle fortbewegt. Klar,
oder? Elektromagnetische Wellen – Sie
haben es geahnt – setzen sich aus
elektrischen und magnetischen Feldern
zusammen. Dazu gehören Radiowellen

*Die verschiedenen
Wellen und ihre Farb-
erscheinungen.*

oder auch die Röntgenstrahlung. Ob wir die Wellen sehen können oder
nicht, hängt von ihrer Länge ab. Das optische, also sichtbare Spektrum
elektromagnetischer Wellen liegt zwischen 400 und 770 Nanometern,
wobei ein Nanometer ein Milliardstel Meter ist.

Licht kann reflektiert oder gebrochen werden.
Trifft es auf eine glatte Oberfläche, wie z.B.
bei einem Spiegel, wird es reflektiert. Dabei
gilt Einfallswinkel gleich Ausfallswinkel. Das
ist bei der Brechung ganz anders. Denken
Sie nur daran, wie Ihr Bein aussieht, wenn
Sie es ins Wasser hängen. Es wirkt, als
hätte es einen Knick. Das liegt daran, dass
Licht, wenn es in eine durchsichtige Materie
eintritt, sofort die Richtung wechselt. Dazu
sagt man Lichtbrechung.

Wollen Sie jemanden zur Weißglut
bringen? Dann müssen Sie ihn auf
über 1300 Grad erhitzen. Zugegeben, das gilt nur für Metall. Wird es
erhitzt, verwandelt sich Wärmeenergie in Licht. Je heißer, desto höher
die Lichtausbeute.

Kraft

Kraft sorgt in erster Linie für Bewegung. Sie merken schon: In der
Physik bedeutet Kraft nicht unbedingt Stärke, denn diese könnte
auch rein geistig sein. Es geht um Mechanik, ein Teilgebiet der Physik,
die sich eben mit der Bewegung von Körpern auseinandersetzt. Die
Grundlagen lieferte uns Sir Isaac Newton, übrigens ein Verwaltungs-
beamter. Er stellte fest, dass ein Körper so lange in Ruhe oder gleich-
mäßiger Bewegung verharrt, bis eine Kraft auf ihn einwirkt. Damit
bestätigte er Galileo Galilei (15.2.1564–8.1.1642). Das zweite Newton-
sche Gesetz erklärt das Verhältnis von Masse, Kraft und Beschleunigung (je stärker die Kraft, desto größer die Beschleunigung, wenn die
Masse gleich ist; je kleiner die Masse, desto größer die Beschleunigung
bei gleicher Kraft). Das dritte Gesetz erklärt das Wechselwirkungsprin-
zip: Eine Kraft wirkt von Körper A auf Körper B. Die gleiche Kraft wirkt
dabei auf Körper A, nur in umgekehrter Richtung. So funktioniert

Isaac Newton

Galileo Galilei

auch der Raketenantrieb per Rückstoß. Dann gibt es natürlich noch die Fliehkraft, die Schwerkraft und andere Einflüsse, die diese wunderbar einfachen Gesetze einschränken. Belasten Sie sich nicht damit! Im Zweifelsfall können Sie immer noch mit der Relativitätstheorie angeben.

Relativitätstheorie

Die Relativitätstheorie ist relativ einfach. Sie besagt u. a., dass Bewegung, Ort und Geschwindigkeit relativ und vom Standpunkt des Betrachters abhängig sind. Damit befasst hat sich Albert Einstein (14. 3. 1879–18. 4. 1955), der herausfand, dass die Schwerkraft jede Masse gleich stark beschleunigt. Das widerspricht Newtons Gesetzen. Einstein entdeckte weiter, dass jede Masse Raum und Zeit (heute spricht man von Raumzeit, weil man beides als Einheit erkannt hat) krümmt. Alle Körper wollen da hin, wo die Zeit am langsamsten ist. Große Massen krümmen die Raumzeit am stärksten und ziehen deshalb – nicht aus eigener echter Kraft – Körper mit kleiner Masse, die in ihre Nähe kommen, an.

> **!**
> Das typische Bild zum Verdeutlichen der Relativitätstheorie: Legen Sie eine Melone auf eine Gummimatte. Sie drückt sie ein. Legen Sie eine Mandarine dazu. Sie wird auf die Melone zurollen, und zwar nicht, weil die große Frucht irgendwelche Anziehungskräfte hätte.

Wärme

Albert Einstein

Körper dehnen sich bei Erwärmung aus! Merken Sie sich, dass das für Flüssigkeiten in einem höheren Maß gilt als für feste Stoffe. Die Ausdehnung führt zu einer geringeren Dichte, weshalb selbst Eisberge auf Wasser schwimmen können.

Um Wärme von einem Objekt auf ein anderes zu übertragen, gibt es drei Möglichkeiten:

1. **Leitung:** Teilchen in Bewegung erzeugen Wärme. Bei der Wärmeleitung werden Teilchen durch Stöße in Bewegung versetzt. Die Wärme breitet sich langsam aus.
2. **Konvektion** (Wärmeströmung): Hier wird Wärme durch den Transport erwärmter Materie an einen bestimmten Ort gebracht. Durch die steigende Temperatur sinkt die Dichte, die Materie steigt und erwärmt eine höhere und kältere Region.
3. **Strahlung:** Alle heißen Körper strahlen Wärme ab. Diese wird reflektiert oder absorbiert. Ein gutes Beispiel sind Sonnenstrahlen. Wie sie Wärme übertragen, spüren Sie, wenn Sie einen Sonnenbrand haben.

Technik..

Es gibt mehrere Definitionen von Technik. Wie wäre es mit diesen beiden: Verfahren zur Erzielung einer Leistung *oder* Wissenschaftliches Verfahren zur Nutzung der Naturvorkommen? *Man unterscheidet Elektro-, Verkehrs-, Informations- und Kommunikationstechnik und Maschinenbau. Fest steht: Schon unsere Vorfahren vor zwei bis drei Millionen Jahren und Schimpansen benutzten Werkzeug. Der Rest ist Geschichte.*

Werkzeug

Es begann mit dem Faustkeil, einem behauenen Stein, mit dem man schneiden, schaben und hacken konnte. Heute füllen Werkzeuge ungezählte Regalmeter. Im Grunde gehören alle Hilfsmittel zu Werkzeug, die einen bei der Erledigung einer Arbeit unterstützen, die sie erleichtern. Immer gebräuchlicher wird das englische Wort für Werkzeug, *tool*, das allerdings in erster Linie für kleine Computerprogramme, also Hilfsmittel in Softwareform, verwendet wird.

Die frühesten Werkzeuge waren aus Feuerstein.

Was der Frau ihre Schuhe sind, ist dem Mann sein Werkzeug, sagt der Volksmund. Auf jeden Fall stellt sich die Frage: Was braucht der Mann wirklich? Versuch einer Antwort: Zollstock, Wasserwaage, Hammer, Säge, Bohrmaschine, Schraubenzieher, Zange.

Leatherman
Sie sollten den Unterschied zwischen Taschenmesser und Leatherman kennen. Das ist nämlich nicht nur ein Markenname. Beim Leatherman steht nicht das Messer im Mittelpunkt, sondern eine Kombizange, mit der man Gegenstände greifen oder auch Drähte abkneifen kann.

Elektronik

*Früher waren Radiogeräte holzver-
kleidet. Daher der Begriff „Braune
Ware".*

Der Elektronikmarkt ist unüberschaubar. Mühen Sie sich
also nicht damit ab, immer dem neusten Trend hinterher-
zujagen! Weisen Sie einfach auf die Kurzlebigkeit vieler
Geräte hin. Warum sollten Sie sich mit Faktenwissen darüber
belasten? Dass Sie ein Kenner sind, beweisen Sie damit,
dass Sie zwischen Weißer und Brauner Ware unterscheiden
können, wobei Weiße Ware Gebrauchselektronik bezeichnet,
z. B. Kaffeeautomaten oder Waschmaschinen. Braune Ware
hingegen ist Unterhaltungselektronik. So werden Elektroge-
räte bezeichnet, die Ihrer Unterhaltung dienen.

Der Begriff „Braune Ware" kommt noch aus der Zeit, als Fernseher und
Radios in Holzverkleidungen angeboten wurden. Hier ein paar Fakten,
mit denen Sie in jedem Gespräch mitmischen können:

Das klassische Radio hat ausgedient. Heute tönt Handy oder MP3-Player
in der Lautsprecher-Dockingstation (engl. *to dock* = koppeln). Apropos
MP3: Das ist ein Packverfahren für Tondateien, das die Datenmenge
ohne hörbaren Qualitätsverlust klein hält.

Warum wird Fernsehen eigentlich TV genannt? Klar, das steht für
Television. Seit März 1935 gibt es in Deutschland ein regelmäßiges
Fernsehprogramm, übrigens das erste der Welt, seit 1967 auch in Farbe.
Die massigen Röhrenbildschirme werden von flachen abgelöst. Hier
haben Sie Plasma- (Farben werden mithilfe eines Gases erzeugt), Flüs-
sigkristall- (auch LCD genannt) und – ganz neu – OLED-Bildschirme zur
Auswahl.

LCD (engl. *Liquid Crystal
Display*) funktioniert so,
dass ein Bild von Flüssig-
keitskristallen erzeugt
wird, die unter elektrische
Spannung gesetzt werden.
Bei OLED-Bildschirmen
(engl. *Organic Light
Emitting Diode*) werden
organische Leuchtdioden
verwendet.

Ein OLED-Bildschirm

HDTV (engl. *High Definition Television*) sagt nur, dass eine Sendung hochauflösend ausgestrahlt wird, bzw. dass ein Gerät eine hohe Auflösung wiedergeben kann. Und dann sollten Sie natürlich noch etwas zum digitalen Fernsehen sagen können. Moderne Empfangsgeräte können es ohne Zusatzgerät verarbeiten, alte analoge Geräte benötigen einen Receiver oder auch Decoder, der das digitale Signal entschlüsselt. Ist er nicht im Fernseher integriert, spricht man von einer Set-Top-Box. Wer Computerfähigkeiten, vor allem einen Internetanschluss für seine Flimmerkiste will, greift zum Smart- oder auch Hybrid-TV.

Gibt es eigentlich noch herkömmliche Mobiltelefone? Die meisten heißen heute Smartphones, weil sie zusätzliche Computerfunktionen haben. Diese können Sie ganz, wie es beliebt durch Apps (engl. *application* = Anwendung) aufstocken. Touchscreens (Steuerung über Berührung des Bildschirms) sind inzwischen Standard. Ein BlackBerry ist ein Smartphone u. a. zum Verschicken und Empfangen von E-Mails.
Wie elegant gehen Sie mit SMS-typischen Abkürzungen um? Es reicht, wenn Sie wenige gängige beherrschen. Sparsam verwendet sind sie praktisch, wenn sie gehäuft auftreten, wirkt es schnell albern.

Ein BlackBerry-Smartphone

asap = *as soon as possible* (engl. = so schnell wie möglich)
cu = *see you* (engl. für „Man sieht sich", also als Verabschiedung)
ihdl = Ich hab dich lieb
lol = *laugh out loud* (engl. = laut lachen). Thailänder benutzen stattdessen übrigens 555, weil die 5 nämlich wie „ha" ausgesprochen wird − hahaha.
MfG = Mit freundlichen Grüßen
mMn = meiner Meinung nach
rofl = *rolling on floor laughing* (engl. = vor Lachen auf dem Boden rollen)
thx = *thanks*, danke

Anzahl SMS in Deutschland

So viele SMS schreiben die Deutschen monatlich.

Steve Jobs 2010

Steve Jobs war viele Jahre Herz und Hirn der Firma Apple Inc. Geben Sie doch mal zum Besten, dass er mehrere Jahre für ein Jahresgehalt von einem Dollar arbeitete und Anfang 2011 dennoch geschätzt etwas über acht Milliarden besaß.

Eieiei, da soll einer durchblicken: iMac, iPhone, iPad, iPod, iTunes, iCloud ... Es reicht, wenn Sie wissen, dass es sich um Produkte der Firma Apple Inc. mit eigenem Betriebssystem handelt, zu denen es immer Konkurrenzprodukte anderer Hersteller gibt. Einer der Gründer und zwischen 1997 und 2011 Geschäftsführer war Steve Jobs (24.2.1955–5.10.2011).

Wii, Sie haben keine Spielkonsole? Stationäre Konsolen werden an den Fernseher geschlossen. Früher waren der Atari und Nintendo berühmt, heute teilen sich Playstation (Sony), Wii (Nintendo) und Xbox (Microsoft) den Markt.

Wenn das Bücherregal aus allen Nähten platzt, greift man heute zum E-Reader. Darauf lassen sich E-Books (elektronische Bücher) laden, speichern und natürlich lesen. Achtung, einige Anbieter haben eigene Buchformate, sodass Sie nur von ihnen elektronischen Lesestoff beziehen können! Viele Reader, also Lesegeräte, sind mit Sonderfunktionen ausgestattet, mit denen Sie beispielsweise handschriftliche Notizen verfassen können. Tablet-PCs und Smartphones lassen sich meist auch als E-Reader nutzen.

Tragbare Spielkonsolen mit eigenem Bildschirm heißen Handheld. Der Gameboy von Nintendo war einer der ersten.

Ein Rahmen, in dem wie von Geisterhand die Fotos wechseln, ist ein digitaler Bilderrahmen. Inzwischen haben sie aufgerüstet, taugen als kleiner Fernseher, E-Reader oder als Musik-Center.

Die immer wieder verkündete Weisheit, Akkus müssten immer vollständig geleert und dann auch wieder komplett geladen werden, stimmt nur für Nickel-Metallhydrid- (NiMH) und Nickel-Cadmium-Akkus (NiCd).

Wenn Sie einen digitalen Bilderrahmen an ihren Rechner anschließen, kann er alle dort gespeicherten Bilder nacheinander zeigen und sich mit Facebook verbinden.

Kamera

Oft ist von Pixelmonstern die Rede, und viele überbieten sich in der Höhe der Pixel. Brauchen Sie mehr als sechs Megapixel (sechs Millionen Pixel, also Bildpunkte)? Ab einer Auflösung von sechs Megapixeln ist der Unterschied nur noch bei starken Vergrößerungen wahrnehmbar. Viel wichtiger ist die interne Bildverarbeitung, wie schnelles Fokussieren (Scharfstellen) oder ein großer Bildsensor. Auf dem Sensor befinden sich Fotodioden, die einfallendes Licht in elektrische Signale umwandeln. Je mehr es davon gibt und je größer sie sind, desto besser wird das Ergebnis.

Connectivity
Heute ist es ganz wichtig, dass man Bilder von der Kamera direkt auf einen Computer übertragen, sie auf dem Fernseher oder per Beamer ansehen oder kabellos auf Facebook und Youtube online stellen kann. Diese Fähigkeit versteckt sich hinter dem Wort „Connectivity".

Zukunftsmusik: eine Lichtfeldkamera

Neuester Hit unter den Kameras sind sogenannte Lichtfeldkameras, auch als plenoptische Kameras bekannt. Sie fangen Lichtstrahlen vierdimensional ein und können so im Nachhinein sämtliches Licht und die volle Tiefenwirkung nutzen. Bei der Bildbearbeitung können Sie bestimmte Bildpunkte ansprechen und verarbeiten. So holen Sie Schärfe, Helligkeit und selbst 3D-Effekte nachträglich heraus.

Computer

Nennen Sie Ihren Computer Rechner? Dann liegen Sie gar nicht falsch, denn die Bezeichnung kommt aus dem Lateinischen (computare = zusammenrechnen). Inzwischen können die Apparate erheblich mehr und sind überall. Viele Menschen arbeiten täglich damit, ohne überhaupt das Grundlegende zu verstehen.

Linus Torvalds

Das Betriebssystem ist eine Programmgruppe, die dafür sorgt, dass der Rechner mit der Hardware (Speichermedien, Tastatur, Drucker, USB-Stick usw.) zurechtkommt und sämtliche Anwendungen ausführen kann. Die bekanntesten sind Windows vom Hersteller Microsoft, Mac OS vom Hersteller Apple und Linux von Programmierer Linus Torvalds (*28.12.1969) und unzähligen Kollegen. Android ist ein spezielles Betriebssystem für tragbare Geräte wie Handy, Smartphone, Netbook oder Tablet und basiert auf Linux.

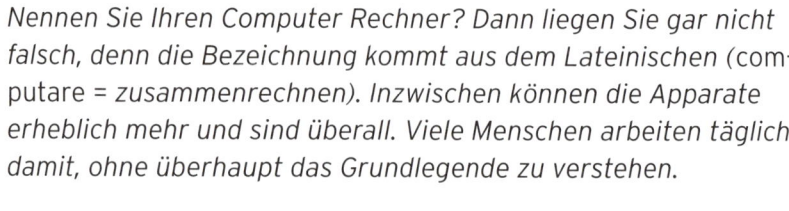

CDs halten nicht ewig.

Dachten Sie, dass Ihre Daten, Fotos oder Texte auf CDs und DVDs für die Ewigkeit gespeichert sind? Falsch! Sie halten nur etwa zehn Jahre, spezielle Langzeitmedien bis knapp 20 Jahre, dann droht der Datenverlust. Also immer mal wieder auf frische Rohlinge sichern!

Laptop, Netbook, Notebook – alles das Gleiche? Der oder das Laptop war der erste tragbare PC (Personal Computer im Gegensatz zum Großrechner). Das Notebook ist kleiner und leichter, das Netbook noch einmal kleiner und dazu konzipiert, ohne Modem ins Internet gehen zu können. Der Tablet-PC setzt sich im Mobilbereich durch. Er hat keine Tastatur mehr, sondern wird nur noch per Touchscreen bedient.

! Den ersten vollautomatischen und frei programmierbaren Computer baute Konrad Zuse (22.6.1910–18.12.1995).

Ein Touchscreen wird nur mit den Fingern (oder einem speziellen Stift) direkt auf dem Bildschirm bedient.

Ein PDA (*Personal Digital Assistant*) ist Ihr persönlicher Assistent zum Verwalten Ihrer Adressen, Termine und Aufgaben. Oder besser: Es war Ihr Assistent, denn der PDA ist vom Smartphone überholt worden.

Twittern Sie auch gern mal? Natürlich wissen Sie, dass das nichts damit zu tun hat, sich einen anzuzwitschern. Es dreht sich um soziale Netzwerke. Twitter ist die Plattform eines gleichnamigen Softwareherstellers. Nutzer können Textbeiträge mit einer Länge von bis zu 140 Zeichen einstellen.

Im deutschsprachigen Raum heißt das @-Zeichen übrigens Klammeraffe, in Italien Schnecke, die Tschechen sagen Rollmops dazu.

Facebook ist ein Netzwerk, das ursprünglich nur für Harvard-Studenten gedacht war, heute für jeden ab 13 Jahren zugänglich. Angemeldet sind über 600 Millionen Menschen. Mit anderen Nutzern kann man Informationen teilen, vom Lebenslauf bis zu seinen Vorlieben und Hobbys. Man kann sein ganzen Leben veröffentlichen, wenn man möchte. Erfinder Mark Zuckerberg (*14. 4. 1984) will ein Lebensarchiv all seiner Nutzer schaffen. Datenschützer kritisieren vor allem, dass private Nutzerdaten als öffentlich zugängliche Informationen genutzt und Datenschutzrichtlinien einfach aufgeweicht werden. Entscheiden Sie selbst, ob Sie diesen Hype mitmachen wollen!

Ein Tagebuch für ganz viele zum Mitlesen im Internet nennt sich Blog, eigentlich Weblog. Wenn Sie Spaß daran haben, überlegen Sie sich sehr gut, was Sie veröffentlichen, denn das Internet vergisst so schnell nichts.
Cloud-Computing – schwebt man damit auf Wolke 7 oder irrt man doch eher durch den Nebel? Darum geht es: Internetdienste übernehmen Aufgaben Ihres Rechners und erledigen diese im weltweiten Netz. Vorteil: Sie kommen von überall an Ihre Daten heran. Nachteil: Böse Buben mit guten Computerkenntnissen unter Umständen auch.

Wussten Sie, dass Ray Tomlinson (*1941) die allererste E-Mail 1971 an sich selbst schickte? Das Internet wurde gerade entwickelt, und er hatte die Idee für elektronische Post. Das @-Zeichen für die Adresse wählte er als Trennungszeichen, weil es in keinem Namen vorkommt.

Mark Zuckerberg

! Das Bundesministerium für Wirtschaft und Technologie (BMWi) investiert 50 Millionen Euro, mit denen von Ende 2011 – Ende 2014 sichere, ideenreiche und rechtskonforme Cloud-Computing-Lösungen entwickelt und getestet werden sollen.

Autos..

Sie haben keine Ahnung von Autos, und Ihr Gegenüber liegt Ihnen mit PS und Fahrwerkdetails in den Ohren? Sie zeigen sich auf Augenhöhe, wenn Sie behaupten, nicht zum Genfer Autosalon zu reisen, da das ja nur die drittgrößte Automesse sei. Sie bevorzugen natürlich die größte Automobilmesse der Welt, die IAA, ausgerichtet vom Verband der Automobilindustrie e. V. (VDA), die in geraden Jahren in Hannover (Nutzfahrzeuge) und in ungeraden in Frankfurt (Pkw) stattfindet.

Das Logo der IAA

Wenig Verbrauch, wenig Dreck

Zentrales Thema bei neuen Autos ist ihr Verbrauch und der CO_2-Ausstoß. Um beides zu reduzieren, gibt es neben Ökolinien, die mit wenig Benzin oder Diesel auskommen, weitere Alternativen.

Autos mit Gas anzutreiben ist keine neue Idee, wie dieses Modell auf einer Aufnahme von 1946 beweist.

Autogas, als LPG (engl. *liquefied petroleum gas*) im Handel, stößt bei der Verbrennung erheblich weniger Schadstoffe aus als Benzin oder Diesel. Hybridfahrzeuge (lat. hybrid = zusammengesetzt) kombinieren verschiedene Antriebsformen, also einen Elektromotor plus eine weitere Antriebsart. Davon haben Sie wahrscheinlich schon gehört. Aber wissen Sie auch, was ein Mild-, Voll-, Mikro- oder Plug-In-Hybrid ist? Merken Sie sich: Beim Mildhybrid dient der Elektromotor nur der Leistungssteigerung. Ein Vollhybrid kommt einige Zeit völlig ohne seinen Verbrennungsmotor aus. Vom Mikrohybrid spricht man, wenn eine Start-Stopp-Funktion, die den Motor z. B. im Leerlauf ausschaltet und durch Treten der Kupplung wieder anlässt, vorhanden ist. Außerdem lässt sich die Bremsenergie zurückgewinnen, um die Starter-Batterie zu laden. Ein Hybridfahrzeug braucht immer einen Energiespeicher. Lässt sich dieser am heimischen Stromnetz aufladen, haben Sie es mit einem Plug-In-Hybrid zu tun.

Wenn immer ein Elektromotor im Spiel ist, warum überhaupt noch einen anderen hinzufügen? Elektroautos, kurz E-Autos, gab es schließlich schon Ende des 19. Jahrhunderts. Das Problem war und ist die Speicherung des Stroms als Treibstoff. Die benötigten Batterien sind zu groß und zu schwer, wenn die Reichweite stimmen soll. Eine Lösung könnten in Zukunft ein Ausbau des Stromtankstellennetzes sowie sogenannte Quickdrop-Stationen sein, an denen leere Batterien gegen neue getauscht werden können.

Brennstoffzellenfahrzeuge schließlich gehören eigentlich auch zu den Elektroautos. Mithilfe einer chemischen Reaktion wird aus Wasserstoff und Sauerstoff (jedenfalls meistens) Strom erzeugt. In Kleinserie

Eine Rekonstruktion des ersten deutschen Elektroautos, des sogenannten Flocken Elektrowagen von 1888

sind bereits Fahrzeuge damit unterwegs. Weil aber die Herstellung und Lagerung von Wasserstoff problematisch ist, hat sich das Prinzip bisher noch nicht durchgesetzt.

Technische Neuheiten

Wie viele Sonderfunktionen wollen Sie in Ihrem Auto haben, und was davon ist Schnickschnack? Unterscheiden muss man dabei die Spielereien wie die Steuerung per Handy von dem wichtigen Bereich der Sicherheit. Ein Handy als Autoschlüssel (den Fingerabdruck als Autoschlüssel gibt es schon lange) ist nur der Anfang. In Zukunft sollen Sie Ihre Sitzheizung oder das Schiebedach schon einmal aus der Ferne mit dem Mobiltelefon steuern können. Knöpfe zum Einstellen von Radio oder Klimaanlage werden demnächst überflüssig. Auf einem Touchscreen können alle Schalter zentral bedient werden. Auf dem Bildschirm können Sie dann auch die Route verfolgen, E-Mails empfangen und im Internet surfen. Dabei den Blick auf die Straße nicht vergessen, denn den kann die moderne Technik noch nicht übernehmen!

Einparkhilfen sind nur ein Beispiel für technische Errungenschaften, die uns den Alltag angenehmer machen.

Und nun kommen wir zum Thema Sicherheit. Von 2008 bis 2011 gab es das EU-Förderprojekt namens HAVEit (*Highly Automated Vehicles for intelligent transport*), das sich mit dem Test von intelligenten Fahrerassistenzsystemen beschäftigte. Sie kennen so etwas von Einparkhilfen, die durch Piepgeräusche anzeigen, wenn sich das Fahrzeug z. B. anderen Autos nähert. Weitere Fahrerassistenzsysteme wie ein vibrierendes oder gegensteuerndes Lenkrad, sobald das Auto ohne zu blinken die Spur verlässt, sind zukünftig denkbar. Die automatische Kontrolle des toten Winkels und der automatische Abstandshalter wurden bereits umgesetzt. Ein elektronischer Kopilot, der die Straßen- und Verkehrssituation erfasst, auswertet und optimal reagiert, Sie also komplett ersetzt, scheint in greifbarer Nähe. Das gibt es zwar noch nicht in Serie, aber durchaus schon als Prototyp.

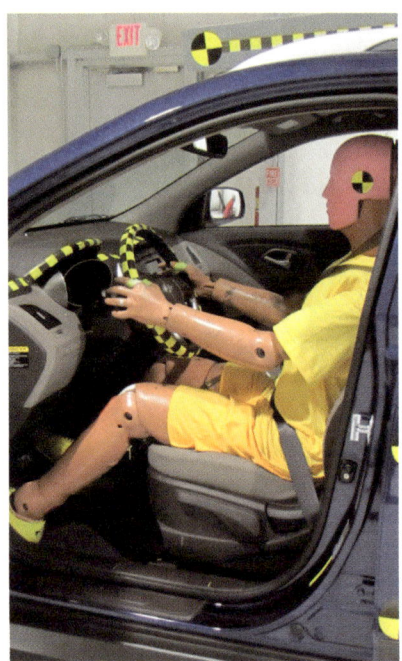

*Das ist nicht Ihr Brems-
assistent, sondern ein
Dummy.*

Und jetzt noch schnell ein paar Abkürzungen rund ums Auto, die Sie in gegebener Situation anbringen können:

- **AFL** (*Adaptive Forward Lightning*; engl. *adapt* = anpassen, *forward* = vorwärts, *lightning* = Blitz): Gemeint ist ein Schweinwerfersystem, das sich der gegebenen Situation anpassen, z. B. Kurven besser ausleuchten kann.
- **AGR**: Die Abgasrückführung sorgt dafür, dass Abgase wieder in den Motor, genauer gesagt in den Brennraum, zurücktransportiert werden. Das senkt den Schadstoffausstoß.
- **BAS**: Das ist der Bremsassistent. Sollten Sie einmal heftig auf die Bremse treten, erkennt der Assistent, dass es sich um eine Notsituation handelt und erhöht noch einmal die Bremskraft.
- **CARE** (*Crash Active Restraint Equipment*; engl. *crash* = Zusammenprall, *active* = aktiv, *to restrain* = zurückhalten, *equipment* = Ausstattung): Die deutsche Bezeichnung ist einfach: aktive Kopfstütze. Bei einem Unfall soll die Kopfstütze automatisch im Bruchteil einer Sekunde nach oben und vorn schnellen, um die Halswirbelsäule zu stützen.
- **DAC** (*Downhill Assist Control*): Hier sagt der englische Begriff, was gemeint ist, nämlich eine Kontrolle, die beim Bergabfahren assistiert. In jedem Rad messen Sensoren die Geschwindigkeit. Wer bergab zu flott unterwegs ist, wird automatisch gebremst.

Atomenergie...............................

Gerade noch wurde die Laufzeit für Atomkraftwerke verlängert, dann kam die Energiewende, die den Ausstieg bis zum Jahr 2022 beschloss. Warum? Auslöser war ein Erdbeben, das im japanischen Fukushima vier von sechs Reaktorblöcken zerstörte. Der Unfall zeigte einmal mehr, dass es keine absolute Sicherheit in Bezug auf Atomkraftwerke gibt. Ereignet sich ein Unfall, kann das verheerende Folgen haben. Damit Sie auf festem Boden unterwegs sind, sollten Sie wissen, wie Kernenergie überhaupt funktioniert.

Ein Atomreaktor birgt Gefahren.

Atomkerne werden in einer Kettenreaktion gespalten und setzen dabei Energie frei, die in Strom umgewandelt wird. Genauso funktionieren übrigens auch die meisten Kernwaffen. Genutzt werden Uran- und Plutoniumatome. Bei der Spaltung entstehen Nuklide, das sind Spaltprodukte, die innerhalb weniger Minuten oder auch – je nach Ausgangsstoff – erst in Hunderten von Jahren zerfallen. Sie können bei einem sogenannten Störfall in die Umwelt gelangen. Strontium ist z. B. so ein Spaltprodukt. Wird es vom Körper aufgenommen, lagert es sich dort an. Es gilt als stark krebserregend. Ein weiteres ist Cäsium, das noch über viele Jahre sehr stark strahlt.

Das zweite große Problem der Atomenergie – von der Umweltzerstörung durch den Uranabbau und das vermehrte Auftreten von Leukämie, also Blutkrebs, in der Nähe von Kernkraftwerken einmal abgesehen – ist der entstehende Müll.
Jedes Jahr fallen allein in deutschen Atomkraftwerken rund 400 Tonnen in höchstem Maße radioaktive Brennstäbe an. Diese strahlen noch Hunderte von Jahren und werden deswegen erst einmal zwischengelagert.

In solchen Waggons wird die gefährliche Last transportiert. Atommülltransporte führen jedes Mal zu Demonstrationen und Blockaden.

Erneuerbare Energien ....

Früher oder später geraten Sie in eine Debatte über erneuerbare Energien. Kein Problem, denn natürlich können Sie etwas dazu sagen!

Small Talk über Energie leicht gemacht

> **Es ist grundsätzlich natürlich positiv, wenn die Menschen ihren riesigen Energiehunger aus Quellen stillen, die nicht versiegen, trotzdem sollte das Energiesparen doch an erster Stelle stehen."**

Ein zu schwieriges Thema, um darüber zu plaudern, meinen Sie? Vielleicht auch nicht. Der Einstieg ins Thema „Erneuerbare Energien" ist schnell geschaffen. Geben Sie nebenstehenden Satz von sich, und warten Sie auf Reaktionen.

Kommt jetzt der Einwand, man müsse mit etwas, das unendlich vorhanden ist, doch wohl kaum sparsam umgehen, können Sie kontern. Leider gibt es nämlich auch im Bereich der regenerativen Energien Probleme: Felder, auf denen Nahrungspflanzen angebaut werden könnten, werden mit Fotovoltaikanlagen bepflastert. Nachwachsende Rohstoffe, die eigentlich einen anderen Zweck erfüllen, müssen zur Energieerzeugung herhalten. Aber fangen wir vorn an.

Alexandre Edmond Bequerel

Zu den erneuerbaren Energien zählen Solar-, Wind- und Bioenergie sowie Wasserkraft und Geothermie. Solarwärmeanlagen – Sie als Fachmann sagen „Solarthermie" – nutzen die Sonnenstrahlen, um das Brauchwasser oder das in der Heizungsanlage zu erhitzen. Die große Schwester ist die Fotovoltaikanlage (altgriech. *photós* = Licht, *Volt* = Bezeichnung für die elektrische Spannung), die das Sonnenlicht in Strom umwandelt. Entdeckt hat den sogenannten fotoelektrischen Effekt der französische Physiker Alexandre Edmond Becquerel (24.3.1820–11.5.1891), der feststellte, dass zwischen zwei Elektroden in einem Säurebad Strom fließt, wenn eine der beiden Elektroden dem Sonnenlicht ausgesetzt ist.

Fotovoltaikanlagen

*Windkraft-
anlagen*

Windenergieanlagen erzeugen Strom aus der Bewegungsenergie des Windes. Stehen Sie vor den Küsten im Wasser, nennt man sie Offshore-anlagen. Bioenergie stammt aus Biomasse. Dazu gehören z. B. Holz, Raps und andere Pflanzen, Biomüll, Klärschlamm oder -gas, Gülle und andere Rückstände aus Land- und Forstwirtschaft. Im Gegensatz zu Wind und Sonne ist Biomasse zu jeder Tages- und Jahreszeit verfügbar. Aber sie muss die Zeit haben, um nachzuwachsen.

Wenn der Anbau von Biomasse Wälder oder Feuchtgebiete verdrängt, damit Kraftstoff in Autos landen kann, ist das ökologisch nicht sinnvoll.

*Auch Baumwolle zählt als Naturfaser
zu den nachwachsenden Rohstoffen.*

Rund ein Fünftel der benötigten Strommenge weltweit kommt aus der Wasserkraft. Diese funktioniert so: Die Strömung setzt ein Turbinenrad in Gang, aus Bewegungsenergie wird Strom.

*Ein geothermisches
Kraftwerk in Island*

Bleibt noch die Geothermie, die Erdwärme. Je tiefer Sie bohren, desto
wärmer wird es. In diesem Zusammenhang ist meist von Wärmepum-
pen die Rede, die oberflächennah
arbeiten, also bis zu 400 Meter in
die Tiefe.

Das Stromnetz

Ob aus Wind, Sonne oder Wasser,
der erzeugte Strom muss zum
Verbraucher gelangen. Das Netz ist
auf die gut kontrollierbaren Mengen
ausgelegt, die Atom-, Wasser- oder
Kohlekraftwerke liefern. Beim Trans-
port ergeben sich verschiedene Schwierigkeiten. Wird durch Wind- und
Sonnenenergieanlagen zusätzlicher Strom eingespeist, können die
Leitungen überlastet werden und zusammenbrechen. Zudem befinden
sich beispielsweise Offshorewindparks im Norden, während Atomkraft-
werke im Süden sitzen. Entsprechende Transportleitungen fehlen. Diese
Zeiten sollen bald vorbei sein. *Smart Grid* heißt das Zauberwort; das
Stromnetz soll also besser werden! Okay, das erspart den Ausbau der
Verbindungen zwischen den Atomkraftwerken nicht, aber ein schlaues
Stromnetz ist trotzdem wünschenswert.

Sind intelligente Stromzähler vernetzt, können sie abgleichen, wann
welche Strommenge benötigt wird und in verbrauchsniedrigen Phasen

beispielsweise die Waschmaschine starten, die Sie
vorbereitet haben. Außerdem sollen einzelne kleine
Stromerzeuger, wie der Privathaushalt mit großer
Fotovoltaikanlage oder der Landwirt mit der Biogas-
anlage, zu virtuellen Kraftwerken vernetzt werden,
die wie ein großes Kraftwerk agieren können. Und
zuletzt: Zeitweise übermäßig vorhandener Strom
wird gespeichert, z. B. in einem Elektroauto.

*Intelligente Stromzähler oder Smart Meter
(100.000 sind bereits in Deutschland in Betrieb)
lesen alle paar Minuten den Verbrauch ab und
geben die Daten an die Stromversorger weiter.*

Glossar..

Blog: Blogs, auch Weblogs genannt, wie man sie im Internet mit jedem erdenklichen Inhalt finden kann, sind längst nicht nur Tagebücher zu schnöden Privatthemen, die ohnehin keinen interessieren. Verschiedene kostenlose Blog-Anbieter ermöglichen jedem, Texte, Bilder und andere Formate ansprechend zu präsentieren, mit anderen zu teilen und interaktiv zu diskutieren.

Castor: In Castoren, wie es eingedeutscht heißt, wird Atommüll aus Wiederaufbereitungsanlagen durch die Gegend gefahren und von Demonstranten aufgehalten. Das Wort kommt aus dem Englischen: *cask for storage and transport of radioactive material*, also frei übersetzt „Behälter zur Lagerung und zum Transport von radioaktivem Material".

CO_2-Bilanz: Die CO_2-Bilanz, auch CO_2-Fußabdruck genannt, ist ein Maß, mit dem man die Gesamtmenge an Kohlenstoffdioxid-Emissionen eines Produkts, Lands oder auch einer Person zu beschreiben versucht. Ein niedriger CO_2-Fußabdruck ist erstrebenswert, um die Umwelt zu schonen, also versucht man, den Kohlenstoffdioxid-Ausstoß auf verschiedenen Wegen zu verringern.

E-Book: kurz für *electronic book*. Nicht mehr auf Papier gedruckt, sondern auf sogenannten E-Book-Readern zu lesen, handelt es bei diesen Büchern um etwas Digitales. Der Buchinhalt liegt nicht mehr in Druckform vor, sondern kann im Internet gekauft, geliehen oder kostenlos besorgt und auf das Lesegerät geladen werden.

Gadget: Das steht für allen möglichen technischen Schnickschnack, den Sie wahrscheinlich nicht brauchen.

Geothermie: Unsere Erde speichert Wärme, diese Energie wird als Erdwärme, als geothermische Energie bezeichnet. Als regenerative Energiequelle kann Geothermie direkt und indirekt – beispielsweise mit einem geothermischen Kraftwerk – nutzbar gemacht werden.

Lumen, Lux, Candela: Heutzutage kaufen Sie ein Leuchtmittel nicht mehr nach Watt-Angaben. Auf den Packungen steht „Lux" oder „Lumen". Gut, dass Sie sich auskennen. Lux (lx) bezeichnet die Beleuch-

Eine Kerze z. B. besitzt 1 cd, eine 100-Watt-Lampe etwa 130 cd.

tungsstärke, z.B. helles Sonnenlicht im Sommer hat etwa 100.000 Lux, ein Büro dürfte mit rund 500 Lux beleuchtet sein. *Lumen* (lm; lat. für Licht) ist die Einheit für Lichtstrom, z.B. hat eine 100-Watt-Glühlampe 1500 Lumen. Candela (cd; engl. *candle* = Kerze) ist die Lichtstärke.

Mirpzahlen: Mirp rückwärts gelesen, ergibt prim. Was war noch mal eine Primzahl? Eine Zahl, die nur durch eins oder sich selbst teilbar ist. Eine Mirpzahl ist eine Zahl, die rückwärts gelesen eine andere Primzahl ergibt. Ein Beispiel ist die Zahl 13. Sie ist nur durch 13 oder eins teilbar, ergibt rückwärts 31, was wiederum nur durch 31 oder eins teilbar ist.

Nachwachsende Rohstoffe: Sie sind wichtig, damit sich die Ressourcen zur Energieerzeugung unserer Erde nicht erschöpfend verbrauchen. Es handelt sich dabei um organische Rohstoffe, die der Mensch land- und forstwirtschaftlich produzieren kann. Typisch Beispiele sind Holz und Naturfasern wie Flachs oder Hanf.

Periodensystem der Elemente: Als Kenner sprechen Sie natürlich nur vom PSE. Es stellt alle chemischen Elemente aufsteigend nach ihren Ordnungszahlen dar, die wiederum die Kernladung angeben. Jede Zeile entspricht einer Periode, eine Spalte einer Gruppe, z.B. Eisen-, Kupfer- sowie Zinkgruppe oder Edelgase.

Dieses Zeichen warnt vor radioaktiver Strahlung.

Radioaktiv: Das Wort kann mit „durch Strahlen (lat. *radius* = Strahl) wirkend" übersetzt werden. Geprägt hat diesen Begriff Marie Curie (7.11.1867– 4.7.1934), die 1903 den Nobelpreis für Physik und 1911 für Chemie bekam.

Smart Grid: Das ist die englische Bezeichnung für etwas, das auf Deutsch als intelligentes Stromnetz bezeichnet wird. Es geht darum, Energieversorgung effizienter und zuverlässiger zu machen, indem man die Vernetzung und Steuerung der Elektrizitätsnetzwerke verbessert.

Wiederaufbereitung: Das deutsche Wort wird dem englischen Recycling gleichgesetzt. In Bezug auf abgebrannte Brennelemente sollten Sie mehr darüber wissen. Werden diese zerkleinert und in Salpetersäure aufgelöst, wird schlagartig eine große Menge Radioaktivität frei, von der übrigens im Umkreis solcher Anlagen immer etwas in die Umwelt gerät. Beim Zerkleinern wird das hochgiftige Plutonium vom übrigen Atommüll getrennt, denn das lässt sich noch prima für die Herstellung von Kernwaffen verwenden.

WIRTSCHAFT UND FINANZEN

Als die Menschen in der Lage waren, Metall zu verarbeiten, wurden Münzen zur Tauschware, denn ihren Wert konnte man gut bestimmen, und sie waren lange haltbar. Hier ein Taler mit dem Porträt des Rex Romanorum Maximilian I. (1486–1519).

Finanzwelt

Finanzen und Wirtschaft greifen stark ineinander, das ist klar. Beide sind Dauerbrenner in Gesprächen sowohl am Stammtisch als auch beim feinen Empfang. Auch Sie haben etwas zum Thema beizutragen. Räumen Sie beispielsweise mit dem Irrtum auf, Geld sei als Tauschmittel erfunden worden. Stimmt nicht. Viel wahrscheinlicher ist, wie Wissenschaftler inzwischen vermuten, dass bestimmte Güter in möglichst großen Mengen gesammelt wurden, um Reichtum zu demonstrieren. Das war z. B. Vieh. Solche Prestigeobjekte wurden als Geschenke oder für die Zahlung von Abgaben verwendet und entwickelten sich erst dadurch zu Tauschmitteln. So ziemlich jede Ware, von Salz bis Waffen, wurde schon als Zahlungsmittel verwendet.

frz. *prestige* = Ansehen, Geltung

> **!**
>
> Im alten Rom wurden Münzen ganz in der Nähe des Tempels der römischen Göttin Juno geprägt. Sie trug den Beinamen *Moneta* (lat. Warnerin, Mahnerin). Das deutsche Wort „Münze" leitet sich ebenso von *Moneta* ab wie der englische Begriff *money* oder das französische *monnaie*.

Währung

Eigentlich wird der Begriff „Währung" falsch verwendet. Ist die Rede davon, dass auf einer Party Küsse als Währung für Getränke gültig sind, ist die Form des Zahlungsmittels gemeint. Eine Währung ist aber viel mehr, nämlich sozusagen die Verfassung eines Landes, die das Finanzwesen regelt. Dazu gehören Gesetze, vor allem das Notenbankgesetz, das Einheiten wie Euro, Franken oder Dollar und deren Stückelung oder auch Begrenzungen festlegt. Währungsunionen sind Zusammenschlüsse von mehreren Ländern, die sich eine Währung teilen. Es gibt sie beispielsweise in Afrika oder in der Karibik. Aber auch in Europa gab es sie schon vor dem Euro: die Lateinische Münzunion von 1865 bis 1926 (Mitglieder: Belgien, Frankreich, Griechenland, Italien,

Eine 1000-Leone-Note

Schweiz) oder die Skandinavische Münzunion von etwa 1873 bis 1924 (Dänemark, Schweden, später auch Norwegen).
Rund 160 Währungen gibt es auf der Welt. Niemand kennt sie alle. Sie machen eine gute Figur, wenn Sie ganz besonders exotische nennen können: z. B. den Leone, der in Sierra Leone benutzt wird. Mit dem Lari bezahlt man in Georgien, er teilt sich in 100 Tetri.

Ein georgischer 1-Lari-Schein

Eine konvertible Währung ist eine, die sowohl von den eigenen Lands-
leuten als auch von den Bewohnern anderer Länder unbeschränkt
umgetauscht werden darf. Der Wert der besagten
konvertiblen Mark, die in 100 Fening unterteilt ist, war
zunächst an die D-Mark und ist heute an den Euro
gekoppelt.

lat. *convertere* = umtauschen

Wussten Sie, dass man in Bosnien und Herzegowina mit der konvertiblen Mark bezahlt?

Wie viel ist eigentlich ein Antarctica Dollar wert?
Genau einen US-Dollar. Nur bezahlen können Sie damit
nicht, denn der auch Pinguin-Dollar genannte Schein ist ein Sammler-
stück, aus dessen Erlös Forschungsprojekte in der Antarktis finanziert
werden sollen.

Die blaue Mauritius kennt jeder, es handelt sich um eine Briefmarke, die nur in der geringen Auflage von 500 Stück mit dem Aufdruck *Post Office* in Um-lauf kam.
Die nächste Auflage bekam die Aufschrift *Post Paid*, was dazu führte, dass Sammler die erste Version für einen Druckfehler hielten und zum kostbaren Samm-lerstück erhoben. Der Druckfehler ist eine Legende, echte dagegen kommen auf Geldscheinen immer wieder vor, etwa auf allen Scheinen der konvertiblen Mark Bosniens und Herzegowinas, bei denen die kyril-

Sieht eigentlich ganz unauffällig aus, die blaue Mauritius.

lischen Buchstaben im Sicherheitsstreifen falsch sind. Auf dem philippi-
nischen 500-Peso-Schein wurden die Landkarten nicht korrekt abgebildet und die Farben des Blaunackenpapageis falsch wiedergegeben.

Ist Ihnen je aufgefallen, dass es die Brücken, die auf Euroscheinen abgebildet sind, nicht gibt? Entschuldigung, richtig müsste es heißen, dass
es sie nicht gab. Sie werden nämlich alle erst in einem Neubaugebiet in
der Nähe von Rotterdam gebaut.

Falschgeld

Kurantmünze: von frz. *courant* = gängig, gebräuchlich

Heutzutage sind Münzen unterwertig. Das heißt nicht, dass sie unter dem Wert liegen, den Sie verdient hätten, sondern dass sie nicht den Metallwert aufweisen, der angegeben ist. Vollwertige Münzen, also solche, deren Metallwert auch dem Nennwert entspricht, bezeichnet man auch als Kurantmünzen. Zu Anfangszeiten des Münzgelds waren sie Standard. Sie können sich vorstellen, dass Gauner getrickst und weniger wertvolles Material verwendet haben. Das war das erste Falschgeld. Heute sind Geldscheine das Fälschungsziel von Ganoven. Allerdings haben sie es schon deshalb schwer, weil die Noten aus reiner Baumwolle hergestellt werden, die nicht einfach im Handel zu erhalten ist.

Das feste Banknotenpapier aus Baumwolle hat in einigen Ländern ausgedient. Australien stellte zuerst Scheine aus Kunststoff her. Sie sind haltbarer, günstiger in der Produktion und sicherer.

Trotzdem gelingen immer wieder überzeugende Fälschungen. Den weltweit zweitgrößten Fund nachgemachter US-Dollar-Scheine machte die Kölner Polizei im Mai 2007. Sie verhaftete den Grafikdesigner Hans-Jürgen Kuhl (*1941), der Falschgeld hergestellt hatte. Auf dem Weg zur perfekten Dollar-Note entstanden allerdings zahlreiche Fehldrucke, will sagen: zu entsorgender Papiermüll. Müllsäcke mit falschen Geldscheinen führten zu Kuhls Entdeckung; man fand 16,5 Millionen falsche Dollar bei ihm.

Bargeldlos zahlen

Hand aufs Herz: Benutzen Sie noch viel Bargeld?

Der moderne Mensch zahlt lieber mit seiner Plastikkarte als mit Bargeld oder per Überweisung, sollte man meinen. In Deutschland war Bargeld 2008 jedenfalls noch *das* Zahlungsmittel. Und das scheint in anderen europäischen Ländern auch so zu sein. Ende 2008 waren ungefähr 760 Milliarden Euro nur in Scheinen im Umlauf. Als Bargeldumlauf bezeichnet man sämtliche Münzen und Scheine, abzüglich der Kassenbestände der Europäischen Zentralbank (EZB) und sämtlicher Banken.

Wo wir gerade beim Thema Bank sind: Buch- oder Giralgeld nennt man Beträge, die z. B. als Guthaben auf Konten lagern oder als Kreditsummen gewährt werden. Es geht also um Beträge, über die zwar verfügt werden kann, die aber nicht bar vorliegen.

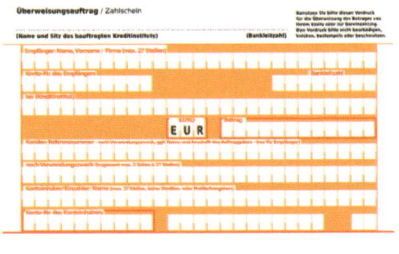

Der Sitz der Europäischen Zentralbank in Frankfurt am Main

Wenn auch der Spruch „Nur Bares ist Wahres" durchaus noch im privaten Einkauf seine Gültigkeit hat, läuft der große Zahlungsverkehr doch per Überweisungen ab. Früher benutzte man hauptsächlich diese Überweisungsformulare.

Aufgepasst, wenn es um Buchgeld geht! Es ist – im Gegensatz zu Bargeld – kein offizielles Zahlungsmittel. Das bedeutet nichts anderes, als dass ein Geschäftspartner eine Überweisung nicht akzeptieren muss.

Erledigen Sie Ihre Überweisungen auch schon online? Dann hantieren Sie ständig mit TANs und PINs. Was steckt eigentlich dahinter? Die persönliche Identifikationsnummer (PIN) und die Transaktionsnummer (TAN) sind Ihnen bestimmt ein Begriff. Kennen Sie aber auch den Unterschied zwischen dem statischen und dynamischen TAN-Verfahren? Statisch ist die klassische Variante, bei der Sie von einer TAN-Liste der Reihe nach die Nummern verwenden, oder auch die iTAN (indizierte Transaktionsnummer), bei der Ihnen die Reihenfolge, in der Sie die Nummern verwenden dürfen, von der Bank zur Erhöhung der Sicherheit vorgegeben wird. Unter dynamischen TAN-Verfahren versteht man solche, die mit zeitlich begrenzt gültigen Nummern arbeiten, z. B. mit mTAN (mobile Transaktionsnummer). Sie bekommen die Nummer per SMS auf Ihr Mobiltelefon und müssen Sie innerhalb weniger Minuten einsetzen, sonst wird sie ungültig.

Dieses kleine Gerät kann Ihnen neben Error auch eine jeweils passende TAN für Ihre Überweisung anzeigen.

Die böse Börse?

Börsengang, Börsencrash, Börsenplatz – vertraute Begriffe, die ständig in den Nachrichten auftauchen. Was ist eigentlich die Börse? Das ist eine öffentliche Anstalt, die mit Wertpapieren handelt. Man könnte sagen, dass sie Marktplätze darstellt, nur dass Händler, Käufer und auch Waren nicht direkt anwesend sind.

IPO (sprich EiPiO): = *Initial Public Offering*; frei übersetzt heißt das: das erste Mal, dass diese Aktie der Öffentlichkeit angeboten wird

Braucht ein kleines oder mittelständisches Unternehmen Geld, kann es an die Börse gehen, also Aktien, Anteile an seinem Betrieb, anbieten; man spricht vom Börsengang. Sie als Fachmann sprechen von IPO.

Jede Sekunde werden Kurse erneuert, interessierte Anleger sollten sich per Fernsehen oder Internet informieren. Zwar stehen auch in der Zeitung Kurse, die gedruckten Informationen dienen jedoch eher als Hintergrundwissen, denn sie sind zu schnell veraltet! Es gibt weltweit verschiedenste Börsenplätze, die sich teilweise auf bestimmte Wertpapiere bzw. Bereiche spezialisiert haben. Außerdem gibt es den Computerhandel.

Deutschlands bedeutendste Börse ist die in Frankfurt, sie ist eine der modernsten Börsen weltweit. Die älteste und auch größte Börse Europas sitzt in London, die größte weltweit ist die Wall Street.

Um eine Aktie oder andere Wertpapiere zu kaufen, müssen Sie zunächst ein Depot einrichten, dann geben Sie per Internet oder beim Sachbearbeiter Ihrer Bank eine Order auf.

Aktien

Bestimmt wissen Sie, dass man Aktien nicht „kauft". Der Fachbegriff lautet „zeichnen", weil man schriftlich (unterzeichnend) eine Stückzahl nennt, die man erwerben will. Man spricht auch von „Order aufgeben", also gewissermaßen bestellen. Es kann Ihnen nämlich passieren, dass die Nachfrage sehr groß ist und nicht genügend Anteile zur Verfügung stehen. Dann werden Aktien zugeteilt.

Hier noch ein paar weitere Fachbegriffe, damit kein Börsenfreak Sie in die Tasche stecken kann:

Der Kurs ist der Preis, der für einen Unternehmensanteil zu erzielen ist. Achtung, er entspricht nicht etwa dem Kapital des Unternehmens geteilt durch die Aktienanzahl!

Die Wall Street heißt eigentlich NYSE (engl. New York Stock Exchange = New Yorker Effektenbörse; Effekten sind handelbare Wertpapiere). Sie wird so genannt, weil sie an der Wall Street untergebracht ist.

Eine Aktie ist ein Wertpapier, das den Anteil am Grundkapital eines Unternehmens benennt. Neben einer Gewinnbeteiligung hat der Käufer mehrere Rechte, wie z. B. die Teilnahme an der Hauptversammlung. Hier ist eine der ersten Aktien der Siemens & Halske AG abgebildet, deren Umwandlung in eine Aktiengesellschaft 1897 erfolgte.

frz. *baisse* = Abnahme
frz. *hausse* = Steigerung

Wenn von einer Baisse die Rede ist, können Sie froh sein, wenn Sie kein Aktienbesitzer sind, denn die Kurse fallen. Insider nennen eine solche Phase auch einen Bären, weil die Bärentatze das Symbol fallender Kurse am Aktienmarkt ist. Das Gegenteil ist die Hausse. Sie wird auch Bullen-Phase genannt, denn die Hörner des Bullen zeigen von unten nach oben.

Vor dem Mann mit der Aktentasche befindet sich eine Hausse, also eine Bullen-Phase.

Auch KGV (Kursgewinnverhältnis) sagt Ihnen ab sofort etwas. Es handelt sich um das Verhältnis vom Aktienkurs zum Gewinn je Aktie. Ist der Wert gering, ist das gut, denn dann ist der Einsatz pro Euro Gewinn auch eher niedrig. Eine weitere Abkürzung ist WKN, die Wertpapierkennnummer. Das ist ein sechsstelliger Code, mit dem jedes Wertpapier identifiziert werden kann. Sie sind natürlich auf dem neusten Stand und wissen, dass die WKN zum alten Eisen gehört und von der ISIN abgelöst wurde.

ISIN: engl. *International Securities Identification Number* = Internationale Wertpapier-Identifikationsnummer

Bulle und Bär
Die beiden Tiere sollen bereits im 16. Jahrhundert als Motiv geprägt worden sein. In Spanien waren damals nicht Stierkämpfe, sondern solche zwischen Bullen und Bären äußerst beliebt. Als ein Spanier die zu jener Zeit bedeutende Börse in Amsterdam besuchte, erinnerte ihn das Gebaren der Händler an ebendiese Kämpfe. So kam die Börse zu ihren Symboltieren. Weil der Bär von oben nach unten schlägt und der Bulle von unten nach oben stößt, ergibt sich die Rollenverteilung von allein.

Bulle und Bär, wie man sie vor der Frankfurter Börse sehen kann.

Formen der Geldanlage............

Wenn Sie das Glück haben, zu denen zu gehören, die am Ende des Monats ein wenig Geld übrig haben, stellt sich die Frage, was man mit dem Überschuss Schönes anstellen könnte. Ihn einfach zu verjubeln, ist eine Möglichkeit, ihn anzulegen die andere.

Risikostreuung

Das Streuen eines Risikos, also das Verteilen und damit letztendlich Minimieren, findet in zwei Bereichen statt. Im Fonds ist das Risiko aufgrund seiner Zusammensetzung gestreut. Jeder Anleger sollte sein ganz privates Risiko zusätzlich verteilen, indem er neben stark risikobehafteten Aktien z.B. noch sichere Anleihen im Depot hat.

Neben Aktien können Sie Ihr Geld auch für andere Papiere an der Börse loswerden oder es doch lieber mit ihrer Hilfe vermehren, z.B. mit den Fonds. Eine Fondsgesellschaft verwaltet professionell das Geld vieler kleiner Anleger. Der große Vorteil dabei ist, dass Manager der Gesellschaft den Markt kennen, große Aktienunternehmen prüfen und analysieren und Fonds so zusammenstellen, dass etwaige Kursverluste einer einzelnen Aktie durch Gewinne anderer wieder ausgeglichen werden.

Sogenannte ETFs (engl. *exchange-traded funds* = börsengehandelte Fonds) werden auch als passiv gehandelte Fonds bezeichnet, weil kein Manager einer Fondsgesellschaft Aktien auswählt und zusammenstellt, sondern in den sogenannten Index investiert. Der Anleger ist beispielsweise vom Steigen oder Fallen des DAX abhängig. Der DAX ist der Deutsche Aktienindex, eine Art Preisstand. In jedem Land gibt es einen vergleichbaren Index, darüber hinaus z.B. den Rohstoff-, Renten- oder auch den Immobilienindex.

Der DAX-Kurs auf der Frankfurter Börse

Zertifikate könnten Sie auch locken. Dabei handelt es sich um Papiere für bestimmte Güter, z.B. Öl oder Gold, die meistens in Form von Aktiengruppen gehandelt werden. Eigentlich sind sie durchaus vergleichbar mit Fonds, aber Achtung! Fonds gelten als Sondervermögen. Das heißt, das Geld der Anleger ist bei Pleite einer Aktiengesellschaft geschützt. Bei einem Zertifikat handelt es sich um eine sogenannte Inhaberschuldverschreibung (IHS). Kann der Aussteller nicht zahlen, bleibt der Inhaber des Zertifikats auf der Strecke. Ein solches Papier sollten Sie nur von Firmen oder Firmengruppen mit sehr hoher Bonität (Kreditwürdigkeit) kaufen. Oder Sie greifen zu Zertifikaten mit Kapitalschutz. Die höhere Sicherheit bezahlen Sie hier mit einer geringeren Rendite (ital. *reddito* = Einkommen, Einnahme).

Finger weg von Optionsscheinen, sofern Sie kein alter Börsenhase sind. Sie gehören zu den spekulativen und damit extrem risikobehafteten Papieren. Mit einem solchen Schein erwerben Sie das Recht, innerhalb einer bestimmten Zeit – meist ein bis zwei Jahre – Aktien zu einem festgelegten Kurs zu kaufen. Steigt der Aktienkurs in dieser Frist, ist das gut für Sie, die Option hat einen hohen Wert. Was aber, wenn der Kurs sinkt? Dann kann so ein Schein am Ende der Laufzeit auch völlig wertlos sein, und Ihr Geld ist weg.

Geldregen wie im Märchen – Traum aller Börsianer

Besser sind Sie mit einer Anleihe bedient. Dafür erhalten Sie jährlich einen festen Zinssatz und am Ende der Laufzeit 100 Prozent Ihres Einsatzes zurück; Sie verleihen Ihr Geld also nur. Für einen Betrieb kann das attraktiver sein, als bei der Bank einen Kredit aufzunehmen. Anleihen, auch als Schuldverschreibung bekannt, werden auch an der Börse gehandelt und können vorzeitig mit Gewinn verkauft werden, wenn die Verzinsung der Anleihe höher ist als bankenübliche Zinssätze. Solche Anleihen gibt z.B. die Bundesrepublik Deutschland heraus, um an benötigtes Geld zu kommen. Täglich um elf Uhr findet im Rentensaal der Frankfurter Börse das sogenannte Fixing statt. Dann werden die Kurse aller Anleihen der Bundesrepublik bestimmt.

Abgesehen von der Börse gibt es natürlich auch noch Anlagemöglichkeiten. Als konservativ gelten solche, die keine tollen Gewinnchancen versprechen, aber auch kein Risiko bergen. Das Tagesgeldkonto ist so eine Anlageform, die mit echtem Tagesgeld aber nichts zu tun hat. Das Konto ist für die Anlage etwas größerer Summen gedacht, an die man immer ganz oder in Teilen herankommt. Der Zinssatz ist etwas höher als auf dem Sparbuch. Echtes Tagesgeld hingegen wird bei Vertragsabschluss auf das Konto gezahlt und ist am nächsten Tag zuzüglich Zinsen schon wieder fällig. Es gibt auch Varianten mit etwas längeren Laufzeiten, wie z.B. das terminierte Tagesgeld, bei dem der Rückzahlungstermin zwischen zwei und 30 Tagen liegt.
Wer mehr Zinsen haben möchte, wählt das Festgeld, das über 30 Tage angelegt wird. Wollen Sie früher als vereinbart an Ihr Geld, müssen Sie eine Strafe zahlen.

Wenn es nur einen sicheren und einfachen Weg gäbe, sein Geld zu vermehren!

Wirtschaft ....

*Finanzen und Wirtschaft sind nicht zu trennen, aber dasselbe
sind sie eben auch nicht. Man könnte sagen, dass finanzielle
Aspekte Teil der Wirtschaft sind. Das Fachwort für
Wirtschaft ist Ökonomie. Haben Sie es mit einem
Wirtschaftswissenschaftler, einem Ökonom, zu tun,
sollten Sie den Unterschied zwischen Betriebs- (BWL)
und Volkswirtschaft (VWL) kennen. BWL beschäftigt
sich mit einzelnen Unternehmen, VWL mit der Wirtschaft einer
ganzen Gesellschaft.*

altgriech. *oikonomia* =
Gesetze des Haushalts

Verblüffen können Sie, indem Sie kurz und eloquent die eine oder andere Wirtschaftstheorie skizzieren. Etwa so:

Milton Friedman

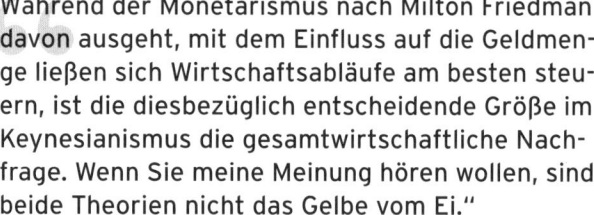
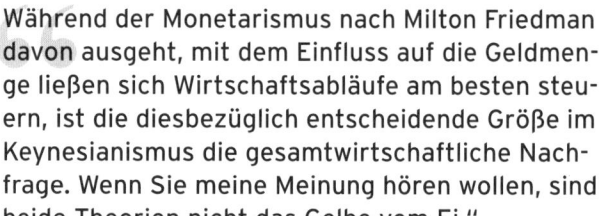

> **Während der Monetarismus nach Milton Friedman
> davon ausgeht, mit dem Einfluss auf die Geldmen-
> ge ließen sich Wirtschaftsabläufe am besten steu-
> ern, ist die diesbezüglich entscheidende Größe im
> Keynesianismus die gesamtwirtschaftliche Nach-
> frage. Wenn Sie meine Meinung hören wollen, sind
> beide Theorien nicht das Gelbe vom Ei."**

Was will man da noch entgegnen? Dass Keynesianismus übrigens nichts
mit dem englischen Wort *key* (Schlüssel) zu tun hat, sondern von einem
der wichtigsten Ökonomen des 20. Jahrhunderts − John Maynard
Keynes (5.6.1883−21.4.1946) − abgeleitet ist, wissen Sie natürlich auch!
Und dann erklären Sie, dass bisher noch keine Wirtschaftstheorie sämtliche auftretenden Fragen zufriedenstellend beantworten konnte und
jede ihre Kritiker hat.

John Maynard Keynes

Unter der Wirtschaftsordnung versteht man übrigens alle Regeln, die
für das wirtschaftliche Funktionieren einer Gesellschaft verantwortlich
sind. Bestimmt erinnern Sie sich aus der Schule an die Begriffe Plan-
und Marktwirtschaft. Zur Auffrischung: Bei der planwirtschaftlichen
Steuerung werden die Regeln von einer zentralen Stelle festgelegt, bei
der marktwirtschaftlichen dagegen entwickeln sich viele Regeln nach

Angebot und Nachfrage. Beide Ordnungen gibt es nur theoretisch und sind als Idealtypen entwickelt worden. In der Praxis existieren Mischformen, wie die soziale Marktwirtschaft. Der Staat greift zwar ein, versucht dies aber möglichst sparsam zu tun.

Die größten Wirtschaftsskandale

Ob AWL (Allgemeine Wirtschaftslehre) oder BWL, grundsätzlich haftet Wirtschaftsthemen etwas furchtbar Trockenes an. Anders sieht es mit Skandalen als Gesprächsthema aus. Auch wenn man schon einmal etwas davon gehört hat, man tratscht doch immer wieder gern darüber.

Jürgen Schneider mit seiner Frau auf Sylt

Geht es um Banken und Immobilien, fällt schnell der Name Jürgen Schneider (*30.4.1934), eigentlich Utz Jürgen Schneider. Der Diplom-Bauingenieur hatte während des Immobilienbooms ein Objekt saniert und mit großem Gewinn verkauft. Das wollte er wiederholen, hatte aber nicht genug Geld, um Immobilien in guter Lage zu kaufen. Also nahm er Kredite auf. Bei der Gewinnerwartung schummelte er allerdings ziemlich. Der Boom verebbte, die Werte für die Gebäude sanken, und Herr Schneider brauchte immer mehr Geld, um seine Verluste auszugleichen bzw. um neue Investitionen tätigen zu können. Wirklich skandalös an der Geschichte war nicht nur, dass der Baulöwe die Unterlagen, die er bei den Banken einreichen musste, geschönt hatte, sondern dass diese kaum überprüft wurden. Beispielsweise gab er die Fläche eines Geschäftshauses in der berühmten Frankfurter Einkaufsstraße Zeil mit 22.000 Quadratmetern an, obwohl es nur 9000 Quadratmeter aufwies, was auch auf dem Bauschild deutlich zu lesen war. Die Banker der Deutschen Bank, die ihr Büro unweit der Zeil hatten, bemerkten diesen Unterschied jedoch nicht.

❗ Peanuts

Im Zusammenhang mit den Betrügereien des Jürgen Schneider ließ der damalige Vorstandssprecher der Deutschen Bank, Hilmar Kopper, den fatalen Satz fallen, das seien doch nur Peanuts. Kleinkram also. Er meinte 50 Millionen D-Mark, die Schneider Handwerksbetrieben schuldete. Der Ausspruch – ein Skandal an sich – führte dazu, dass *Peanuts* zum Unwort des Jahres 1994 wurde.

Die eindrucksvolle Fassade der Zeilgalerie heute – unter dem Namen Les Facettes *war das Gebäude Jürgen Schneiders Prestigeobjekt.*

Klaus Esser während der Prozesse

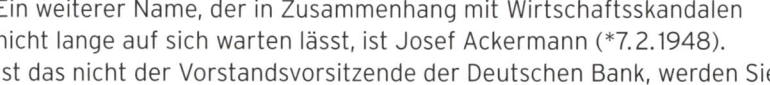

Josef Ackermann 2010

Ein weiterer Name, der in Zusammenhang mit Wirtschaftsskandalen nicht lange auf sich warten lässt, ist Josef Ackermann (*7.2.1948). Ist das nicht der Vorstandsvorsitzende der Deutschen Bank, werden Sie sich vielleicht fragen? Das ist er. Und auch bei diesem Skandal wird man das Gefühl nicht los, dass es Schuldige gibt, die gar nicht erst an den Pranger gestellt wurden. Die Rede ist von der Mannesmannaffäre.

Ackermann, der damalige Vorstandsvorsitzende von Mannesmann, Klaus Esser (*21.11.1947), der ehemalige Vorsitzende der IG Metall, Klaus Zwickel (*31.5.1939) sowie andere hohe Tiere wurden der Untreue bezichtigt, weil sie überzogene Prämien an Manager – nicht zuletzt an sich selbst – gezahlt und damit der Mannesmann AG erheblichen Schaden zugefügt hatten. Anscheinend war das aber nicht so schlimm, denn das Urteil lautete Freispruch. Damit war der Fall aber nicht erledigt, die Sache ging vor den Bundesgerichtshof. Dort wurde das Verfahren eingestellt, weil die Herren eine Summe von 5,8 Millionen Euro zum Teil ins Staatssäckel, zum Teil an gemeinnützige Einrichtungen zahlten. Ackermann kam mit 3,2 Millionen davon. Wäre er zur Höchststrafe verurteilt worden, wäre die Summe noch höher ausgefallen, und er wäre außerdem vorbestraft gewesen. So kann er aber weiter für die Deutsche Bank oder auch im Siemens-Vorstand tätig sein.

Skilling wurde verurteilt und inhaftiert.

Und zum Schluss noch eine Geschichte, die Anfang des 21. Jahrhunderts die USA erschütterte. Zwei kleine Gasunternehmen fusionierten zum Energiekonzern Enron, der sich innerhalb von rund zehn Jahren zu einem milliardenschweren Börsenunternehmen entwickelte. Der Mann an der Spitze war Jeffrey Skilling (*25.11.1953). Er sorgte dafür, dass die Firma sich mit immer mehr Geschäftsfeldern befasste, die aber in neue Unternehmen ausgelagert wurden, wenn sie keine Gewinne abwarfen. Und davon gab es viele. Hinzu kam eine undurchschaubare Finanzstruktur. 2001 musste Skilling rückwirkend erheblich geringere Gewinne verkünden, als er zuvor angegeben hatte. Der bewunderte Konzern endete in einer der größten Pleiten der US-Geschichte.

Das Logo des Energiekonzerns Enron

Wirtschaftskrisen und ihre Ursachen ....

In jüngster Zeit mag der Eindruck entstehen, die Welt rutsche von einer Wirtschaftskrise in die nächste. Aber selbst wenn es gerade keine Krise gibt – gejammert wird immer.

Staatspleiten in der Vergangenheit

Staatspleiten sind nichts Neues. 1340 erwischte es England. Grund war eine gescheiterte militärische Auseinandersetzung mit Frankreich um Ländereien und die Thronfolge, die Konsequenz der sogenannte

Auch Staaten können pleite gehen.

Hundertjährige Krieg, der sich bis 1453 hinzog. Die Napoleonischen Kriege Anfang des 19. Jahrhunderts trieben Österreich in den Bankrott. Bereits ein knappes Jahr später machte das Land schon wieder Schulden, um einen weiteren Krieg finanzieren zu können – mit dem gleichen Ergebnis: der Pleite. Spanien war schon 13-mal zahlungsunfähig, am häufigsten im 16. Jahrhundert. In den meisten Fällen benötigte der König zu viel Geld für das Militär. Ein aktuelleres Beispiel gefällig? Russland war 1998 – schon zum fünften Mal – pleite. Auslöser war der ein Jahr zuvor stark gesunkene Ölpreis, der die Staatseinnahmen purzeln ließ.

Die Hyperinflation der Weimarer Republik ab 1914 verursachte den Zusammenbruch der deutschen Wirtschaft. Aus dieser Zeit stammen die abgebildeten Banknoten, das sogenannte Inflationsgeld.

Was ist überhaupt eine Krise?

Das Wort „Krise" wird schnell in den Mund genommen. Tatsächlich ist schon vom Gespenst der Rezession oder vom wirtschaftlichen Abschwung die Rede, wenn das Bruttoinlandsprodukt ein halbes Jahr lang nicht so schnell wächst, wie die Weltwirtschaft es tut. Als noch schlimmer gilt die Krise, wenn dieser Abwärtstrend sehr lange anhält, wenn das Bruttosozialprodukt deutlich sinkt, die Arbeitslosigkeit dafür aber drastisch steigt. In so einem Fall spricht man von einer Depression.

lat. *deprimere* = niederdrücken

!

Wie konnte das nur kommen, fragt man sich, wenn auf einmal die Kurse fallen. Wie konnte das nur passieren, wenn ein Land oder gar die ganze Welt in der Krise steckt.

Das Bruttoinlandsprodukt (BIP) umfasst alle Waren und Dienstleistungen, die innerhalb eines Jahres in einem Land zum eigenen Verbrauch hergestellt werden. Das Bruttosozialprodukt (BSP), seit 1999 Bruttonationaleinkommen (BNE), geht vom BIP aus, zieht aber ins Ausland gezahlte Einkommen ab, und solche, die Inländer im Ausland erwirtschaften, werden dazugerechnet.

Ursachen und Entstehung einer Wirtschaftskrise

Fachleute unterscheiden zwischen endogenen und exogenen Ursachen. *Endogen* kommt aus dem Griechischen und bedeutet aus dem Inneren entstehend. Man meint also Ursachen, die in der Wirtschaft selbst liegen. Im Gegensatz dazu kommen *exogene* Auslöser, die nicht oder nur teilweise zu beeinflussen sind. Ein anschauliches Beispiel ist die Weltwirtschaftskrise 2008. Es begann mit einer Immobilienkrise in den USA. Die Preise für Häuser stiegen dort immer weiter, gleichzeitig bekamen immer mehr Privatleute Kredite, um sich ein Haus kaufen zu können, das sie sich eigentlich gar nicht leisten konnten.

griech. exo = außerhalb

Geld wächst leider nicht an Bäumen. Das vergisst man bei allzu großzügigen Krediten gern einmal.

Der Haken an diesen Krediten: Die Zinsen waren in den ersten Jahren extrem niedrig, sodass der Käufer glaubte, er könnte sie locker zahlen; in späteren Jahren stiegen sie aber stark an. Wer sich überhaupt ordentlich informiert hatte, wurde beruhigt. Er könnte die Finanzierung neu aufstellen, wenn der hohe Zinssatz fällig würde. Alles kein Problem – von wegen! Als die neuen Hausbesitzer ihre Kredite nicht mehr bedienen konnten, stellte sich heraus, dass US-Banken diese als sogenannte Schuldtitel in die ganze Welt verkauft hatten. Es kam zu massenhaften Zwangsvollstreckungen, die Schuldtitel waren nichts mehr wert und rissen Geldinstitute weltweit in ein dickes Minus. Die US-Investmentbank Lehman Brothers Inc. ist das wohl bekannteste Beispiel der Verlierer. Sie musste Insolvenz anmelden, beinahe 30.000 Menschen in aller Herren Länder verloren ihren Job. Eine Krise mit endogenen Ursachen, denn die Vergabe der Kredite an Menschen, die diese nicht zurückzahlen können, ist ebenso ein hausgemachtes Problem wie der Kauf solcher mit hohem Risiko behafteten Kredite durch andere Banken. Die ganze Misere hat aber auch einen exogenen Faktor: steigende Rohstoffpreise. Während man sich in den USA und Europa mit der Immobilienblase und ihren Folgen herumschlug, erlebten China und Indien ihren Aufschwung. Dieser ging allerdings mit einem großen Energiebedarf einher. Der Ölpreis schoss in die Höhe.

Große Mengen Öl werden nicht nur gebraucht, um Autos anzutreiben und Häuser zu beheizen, sondern auch in der Produktion anderer Waren, darunter Lebensmittel. Teures Öl, teure Waren, weniger Abnehmer. Der Boom in Indien und China führte also zu Wirtschaftskrisen in Europa und Amerika bzw. verstärkte sie.

Der Ölpreis hob im Zuge der Wirtschaftskrise ab.

Eurokrise

Die Wirtschaft in den Euroländern ging in die Knie, die Schulden wuchsen. Und es wurde deutlich: Die Währungsunion steht auf wackeligen Beinen. Experten sagen, die Wirtschafts- und Finanzpolitik der Länder, die sich zu einer solchen Union zusammenschließen, sollte möglichst abgestimmt und einheitlich sein, was bei den Euroländern nicht der Fall war. Hinzu kommt, dass Vereinbarungen, die im Stabilitätspakt – ein Pakt, der vor allem den Euro stabil halten soll – getroffen wurden, auf die leichte Schulter genommen wurden. So scherte man sich beispielsweise nicht darum, dass das Staatsdefizit nicht über einen bestimmten Prozentsatz bezogen auf das Bruttoinlandsprodukt steigen darf. Deutschland, Frankreich und Portugal durchbrachen als Erste diese sogenannte Schuldenobergrenze. Eine nicht besonders stabile Union und gigantische Schulden in diversen Mitgliedsländern führten also zur Krise der Währung.

Der Euro in schlechter Verfassung

In diesem Zusammenhang hören Sie immer wieder von der EZB, der Europäischen Zentralbank. Sie arbeitet mit den nationalen Zentralbanken zusammen und versucht, die Kaufkraft des Euros stabil zu halten. In erster Linie, indem sie Banken Geld leiht, damit diese flüssig (liquide) bleiben. Das ist wichtig, weil die Banken wiederum nur dann Geld in die Wirtschaft stecken können, wenn sie es haben. Ohne Kredite

an kleine oder mittelständische Unternehmen kann aber die Konjunktur nicht angekurbelt werden, die für die Beschäftigung und damit wiederum für eine erhöhte Nachfrage sorgen soll. Ein Instrument der EZB ist die Festlegung von Leitzinsen. Der Refinanzierungssatz ist z. B. der Zinssatz, den ein Kreditinstitut zahlen muss, wenn es von einem Geschäftstag auf den anderen Geld bei der EZB leiht. Er gilt gleichzeitig als Obergrenze für Tagesgeldzinsen, die Banken untereinander nehmen dürfen.

lat. *coniungere* = verbinden; im Sinne von Verbindung bestimmter Umstände von Angebot und Produktion

Inflation

In Krisenzeiten ist die Inflation nicht weit. Darunter versteht man eine Phase steigender Preise, der Wert des Geldes sinkt also. Logisch – wenn Sie für den Euro immer weniger bekommen, ist er nicht mehr viel wert. Wie kommt es zur Inflation, wo doch angeblich Angebot und Nachfrage den Preis regeln? Es gibt – wie so oft – mehrere Ursachen. Sind die Staatsschulden hoch, kann die Geldmenge erhöht werden, indem man einfach welches nachdruckt. Oder die Preise von Rohstoffen, Importwaren oder auch die Gehälter steigen. Das wirkt sich natürlich ebenfalls auf die Kaufkraft aus. Überspitzt dargestellt, ist die Folge, dass niemand mehr Geld, sondern jeder nur noch Sachwerte haben will – wie in der guten alten Zeit wird wieder getauscht. Das ist z. B. bei der sogenannten Hyperinflation (extrem schnelle Inflation mit monatlich stark steigenden Preisen) 1923 der Fall gewesen.

lat. *inflare* = aufblasen

Weil das Gefühl, dass alles teurer wird, durchaus verbreitet ist, gibt es einen Messwert, um die tatsächliche Inflationsrate festzustellen – den berühmten Warenkorb. Dieser enthält eine möglichst repräsentative Auswahl an Gütern, die jeder Privathaushalt eines Landes in einer festgelegten Zeit (z. B. vier Jahre) benötigt. Neben Lebensmitteln sind etwa Textilien, Energie oder auch Ausgaben für die Gesundheit in diesem Korb.

Deflation, das ständige Sinken der Preise, ist gefährlicher als eine Inflation! Bekommt ein Hersteller für seine Produkte nicht mehr so viel Geld wie kalkuliert, senkt er die Produktion. Das bedeutet Arbeitsplatzverlust bzw. sinkende Löhne. Wer Schulden hat, muss diese in voller Höhe zurückzahlen, während seine Sachwerte weiter an Wert verlieren. Mit Investitionen wartet man, weil die Preise weiter sinken könnten – ein Teufelskreis.

Karriereplanung ....

Wenn es einer in seinem Betätigungsfeld weit bringt, bewundert man seine großartige Karriere. Aber wie stellt man es am geschicktesten an, reich, berühmt und bei allen beliebt zu werden?

Der Begriff „Karriere" wird meistens falsch benutzt, denn im Grunde steht er nur für die berufliche Laufbahn, sei sie nun spektakulär oder eher wenig erfolgreich. Wer Karriere sagt, meint jedoch Aufstieg im Job, verbunden mit sozialem und finanziellem Aufstieg. Das wollen Sie auch? Hier sind die entscheidenden Fähigkeiten bzw. Bedingungen:

Wenn das keine Karriere ist: Der Handelsreisende King Camp Gillette (5.1.1855–9.7.1932) dachte sich Rasierklingen aus, die nicht mehr geschliffen werden mussten, sondern weggeworfen werden konnten. 1903 startete er die Produktion der patentierten Gillette-Rasierklingen und verkaufte gerade einmal 168 Stück. Im nächsten Jahr waren es bereits 123.000, 1917 dann 36 Millionen, die für die Soldaten des Ersten Weltkriegs von den USA bestellt wurden.

Bildung und Leistung: Eine gute Ausbildung und fleißiges Arbeiten helfen die Karriereleiter hinauf? Nicht unbedingt. Zumindest, was die Leistung angeht, bestätigen Fachleute das nur sehr begrenzt. Sie macht nur etwa zehn Prozent des Erfolgs aus.

Soziale und interkulturelle Kompetenz: Soziale Kompetenz sagen Sie natürlich nicht. Sie sprechen von *Soft Skills*. Gemeint sind Fähigkeiten im Umgang mit anderen Menschen. Können Sie sich gut in andere einfühlen? Sind Sie ein Teamplayer? Wenn Sie sich auch noch

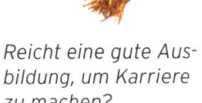

Reicht eine gute Ausbildung, um Karriere zu machen?

mit den Gepflogenheiten in anderen Ländern auskennen und sich diesen anpassen können, ist Ihre interkulturelle Kompetenz hoch. Wer über Soft Skills verfügt, dem fällt einiges leichter.

Hat Ihnen mal jemand gesagt, Sie hätten nicht genug *Volition*? Beweisen Sie ihm am besten das Gegenteil, indem Sie Ihren Willen durchsetzen.

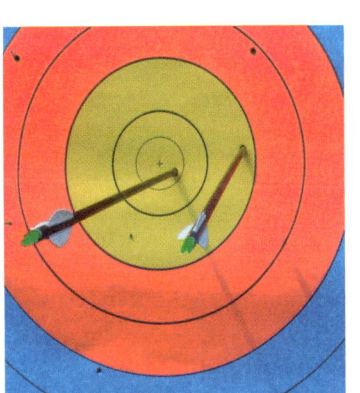

Wenn Sie wissen, was Sie wollen, erreichen Sie Ihr Ziel auch.

Multitasking ist, mehrere Aufgaben (engl. task) gleichzeitig zu erledigen. Bitte nicht übertreiben, denn sonst purzeln Sie aufgrund von Fehlern die Karriereleiter schnell wieder hinab. Manche Wissenschaftler behaupten sogar, niemand könne mehrere Dinge gleichzeitig tun!

Unverzichtbar bei Ihrem Aufstieg sind außerdem eine hohe Flexibilität, große Stresstoleranz und Multitasking.

Theodor Heuss (31.1.1884–12.12.1963) war der erste Bundespräsident der Bundesrepublik Deutschland. Wer aber weiß schon etwas über dessen Frau Elly Heuss-Knapp (25.1.1881–19.7.1952)? Sie war nicht nur in den 1930er-Jahren eine der erfolgreichsten Produzentinnen von Radiowerbung – z. B. für die Marken Nivea, Kaffee Hag und Kaloderma –, sondern hat auch den *Jingle* erfunden. Diese kurzen Tonfolgen sind eine Art akustisches Warenzeichen für Firmen oder Produkte.

Scheinkarriere

Wenn aus der Putzfrau eine Raumgestaltungsmanagerin wird, hört sich das zwar toll an, an der Tätigkeit selbst ändert sich aber nichts. Der Aufstieg bezieht sich lediglich auf den Namen. Neue Berufsbezeichnungen gehen teilweise mit der Modernisierung einer Ausbildung einher, werden zum Teil aber auch aus dem Englischen übernommen. So oder so: Sie können Eindruck schinden, wenn Sie wissen, was dahintersteckt.

Der Verfahrenstechnologe in der Mühlen- und Futtermittelwirtschaft hieß früher schlicht Müller.
Die tiermedizinische Fachangestellte darf das erledigen, wofür ehemals die Tierarzthelferin angestellt war.
Die Raumgestaltungsmanagerin wird übrigens auch schon mal als *Environment Improvement Technician* bezeichnet, also ein Umgebungsverbesserungstechniker oder eben eine Putzfrau. Klar, dass Sie auch nicht mehr

Mediengestalter mit Schwerpunkt Flexografie, kurz Flexografen genannt, stellen Stempel her.

Hausfrau sagen, sondern die schöne Bezeichnung *Domestic Engineer* vorziehen, wenn das streng genommen auch ein häuslicher Ingenieur wäre.
Den *Facility Manager* kennen Sie bestimmt. Früher wurde Hausmeister gesagt.

Der Lehrer heißt jetzt *Knowledge Manager* oder *Navigator*.
Der *Master of Welcome* ist der *Front Desk Manager*, also ein Meister des

engl. *knowledge* =
Wissen, Kenntnis

Begrüßens, der am Empfang sitzt. Wo ist nur die gute alte Empfangsdame geblieben?
Nichts geht über einen guten *Head of Verbal Communication*, den Kopf der verbalen Kommunikation. Nein, das ist kein Marketing-Chef, sondern die Sekretärin.
Ein *Consultant* ist der Übersetzung nach ein Berater. Ein *Space Consultant* berät Sie aber nicht etwa über das Weltall, sondern einfach über Räumlichkeiten. Man nennt ihn auch Immobilienmakler.
Fast schon kalter Kaffee ist der *Key Account Manager*. Als Wissender sagen Sie kurz KAM dazu. Gemeint ist eine Person, die den wichtigsten Kunden, den Schlüsselkunden betreut und die Beziehung zu ihm ausbaut. Fallen Sie jetzt bloß nicht darauf herein, zu glauben, *account* würde Kunde heißen. Das englische Wort steht für Konto, Bericht oder Rechenschaft.
Zum Schluss noch eine Berufsbezeichnung, mit der Sie die Lacher auf Ihrer Seite haben: *Vision Clearance Engineer*. Kommen Sie darauf, was ein Sehvermögens-Aufklärungs-Ingenieur macht? Richtig, er ist Fensterputzer.
Wohingegen ein *Non Profit Manager* nicht etwa ein Manager ist, der keinen Gewinn erwirtschaften muss. Es handelt sich überhaupt nicht um eine Berufsbezeichnung, sondern um den guten alten Ehrenamtler.

Hier sehen sie den Knowledge Manager Lämpel aus der Feder des Zeichners Wilhelm Busch.

Ihren Zeitungsausträger nennen Sie ab sofort kenntnisreich Media Distribution Officer (engl. = Medienverteilungsoffizier).

Große Unternehmen

Nicht selten ist ein großes Unternehmen untrennbar mit seinem Gründer bzw. dessen Nachkommen verbunden, Familienbetriebe mit Welterfolg. Die meisten kennen Sie bestimmt, z.B. Sixt ist Ihnen ein Begriff. Kennen Sie auch Martin Sixt? Dieser hat die Firma 1912 mit nur drei Autos gegründet. Ausschließlich englische Adelige und Amerikaner mieteten am Anfang Fahrzeuge mit oder ohne Fahrer.

Das Sixt-Logo

Joseph Hipp, der Betreiber einer Konditorei, stellte sein eigenes Zwiebackmehl her, um es seinen frisch geborenen Zwillingen in die Milch zu rühren, damit diese nicht verhungerten. Dieses Mehl war das erste Produkt der 1932 gegründeten Firma Hipp.

Und wie sieht es mit Claus Hipp (*22.10.1938) aus? Genau, das ist der Geschäftsführer des gleichnamigen Betriebs zur Babynahrungsherstellung. Seinen Vorfahr Joseph, der den Grundstein gelegt hat, kennt kaum noch jemand.

Es gibt auch noch einen gewissen Nikolaus Hipp, Maler und Musiker, der Jura studierte und eine Professur an einer Kunstakademie in Georgien innehat. Dieser preisgekrönte Künstler ist kein anderer als Claus Hipp selbst, Chef der Babynahrungsfirma.

> ❗ Bei Aldi einkaufen kann jeder. Sie aber können zum Besten geben, dass Karl Albrecht (*20.2.1920) und posthum Theodor Paul Albrecht (März 1922–24.7.2010) im November 2011 vom Handelsverband Deutschland für ihr Lebenswerk mit dem Deutschen Handelspreis ausgezeichnet worden sind.

Die Brüder Albrecht sind längst nicht die Einzigen, die es in der Wirtschaft gemeinsam zu etwas gebracht haben. Und die beiden, die aus dem Tante-Emma-Laden ihrer Mutter eine riesige Discounterkette gemacht haben, sind auch nicht die Einzigen, die sich nicht einigen konnten und das Unternehmen teilten. Bei den Albrechts waren Zigaretten der Streitpunkt; der eine wollte sie verkaufen, der andere nicht. Das Ergebnis war die Teilung in Aldi-Süd und Aldi-Nord.

Bei Werner Michael (*13.4.1949) und Lorenz Bahlsen kam es ebenfalls zur Trennung. Großvater Hermann (14.11.1859–6.11.1919) hatte nach seiner Ausbildung als Zuckereinkäufer in England 1889 die Hannoversche Cakesfabrik H. Bahlsen gegründet. Die dritte Bahlsen-Generation übernahm bereits ein Imperium. Aber es war von Uneinigkeit die Rede. Offiziell wurde die Teilung in die Sparten „süß" und „salzig" jedoch als einvernehmlich und vor allem positiv für das Unternehmen dargestellt. Fakt ist: Werner Michael Bahlsen kümmert sich um Keks & Co., Bruder Lorenz hat aus der Marke Bahlsen Picanterie die selbstständige Lorenz Snack World gemacht.

Die erste Aldi-Filiale stand in Essen.

Hermann Bahlsen benannte den Leibniz-Keks nach einer Persönlichkeit. Er wählte den Philosophen und Wissenschaftler Gottfried Wilhelm Leibniz (1.7.1646–14.11.1716), den berühmten Sohn der Stadt Hannover, in der sein Betrieb gegründet wurde. Tatsächlich hat Bahlsen den englischen Begriff *cakes* eingedeutscht und dafür gesorgt, dass dieses Wort in den Duden wandert.

Kekse oder cakes? Hauptsache lecker!

Persönlichkeiten der Wirtschaft

Wie Sie an den zuvor aufgeführten Beispielen gesehen haben, sind große Unternehmen kaum von den Persönlichkeiten der Wirtschaft zu trennen. Manche von ihnen wechseln die Betätigungsfelder, über andere lassen sich Geschichten erzählen, dass alle Zuhörer staunen. Wie etwa die der amerikanischen Legende Jim Beam. Der Bourbon-Whiskey ist auf den Namen des Begründers der Destillerie, des Deutschen Johannes Jakob Böhm (9.2.1760–1839) getauft, der sich selbst Jacob Beam nannte.

Ein Paradebeispiel für einen Unternehmer, der seine soziale Verantwortung nie vergessen hat, ist Heinz Nixdorf.

Heinz Nixdorf (9.4.1925–17.3.1986) gründete 1952 das Labor für Impulstechnik, aus dem 1968 die Nixdorf Computer AG wurde. Was weniger bekannt ist: Er rief auch zwei Stiftungen ins Leben, die aus seinem Nachlass finanziert wurden, die Stiftung Westfalen und die Heinz Nixdorf Stiftung. Beide fördern Bildung und Wissenschaft. Nixdorf starb übrigens an einem Herzinfarkt auf der weltgrößten Computermesse, der CeBIT in Hannover.

CeBIT: Centrum für Büroautomation, Informationstechnologie und Telekommunikation

Ein weiterer großer Kopf, über den Sie plaudern könnten, ist Max Grundig (7.5.1908–8.12.1989). Der Gründer des nach ihm benannten Elektronikimperiums bastelte schon mit 16 Jahren seinen ersten Rundfunkempfänger und verkaufte später Radios. Damit war er natürlich nicht der Einzige. Mit einem ziemlich pfiffigen Trick legte er 1946 den Grundstein zu seinem Erfolg. Nach dem Zweiten Weltkrieg wurden Herstellung und Verkauf von Radiogeräten von der Militärregierung streng reguliert. Die Branche kam nicht auf die Füße. Da brachte Grundig einen Bausatz, den sogenannten Heinzelmann auf den Markt, den er kess als Spielzeug deklarierte.

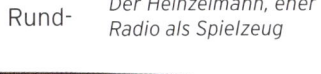

Der Heinzelmann, eher Radio als Spielzeug

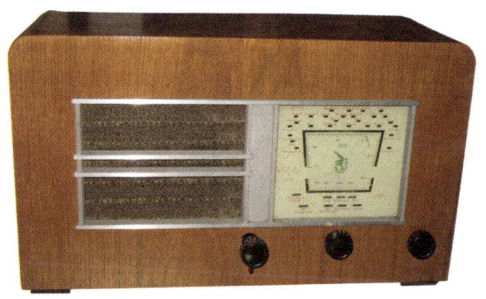

Bis zum Ende der 1970er-Jahre legte Grundig eine steile Karriere hin. Doch dann kamen billige Produkte aus Fernost. Außerdem setzte der Unternehmer auf das falsche Pferd und investierte in das System Video 2000, das sich gegen VHS nicht durchsetzen konnte. Der

VHS: Video Home System

bisherige Geschäftspartner Philipps übernahm die Aktienmehrheit und schließlich die Leitung des Konzerns. Grundig wurde nicht mehr gebraucht und suchte sich eine neue Aufgabe. Er kaufte das Kurhotel Bühlerhöhe und machte ein Luxushotel daraus.

Und jetzt noch etwas zum Tratschen, das Sie in Gesprächen ebenfalls gut anbringen können: Dritter Ehemann der Witwe Chantal Grundig war der ehemalige Leibarzt von Max Grundig, der als Chefarzt in der Max Grundig Klinik ganz nah bei der Bühlerhöhe arbeitete. Apropos Chantal Grundig: Sie genießt nicht gerade einen guten Ruf. Das liegt daran, dass ihr verstorbener Mann noch eine Art Heinzelmann-Coup gelandet hat. Als es mit der Firma bergab ging, gründete er eine Stiftung, die seiner Familie zugutekommen sollte. Diese wurde mit Philipps-Papieren (als Lohn für Grundig-Anteile) und einer über 20 Jahre garantierten Dividendenzahlung von 45 Millionen pro Jahr durch Philipps bezuschusst. Chantal Grundig ist die Vorsitzende dieser Stiftung.

Da Chantal Grundig den Grundig-Konzern mit dem Stiftungsvermögen nicht vor der 2003 eingetretenen Insolvenz rettete, wird sie häufig als eiskalte Witwe bezeichnet.

Mit 17 machte Beate Uhse den Pilotenschein. Außerdem legte sie Kunstflugprüfungen ab und arbeitete in mehreren Filmen als Stunt-Pilotin. Doch dafür wurde sie nicht bekannt.

Wie wäre es jetzt mal mit einer Unternehmerin? Eine spannende Frau, mit deren Namen noch heute gut verdient wird, ist Beate Uhse (25.10.1919–16.7.2001). Ihren beruflichen Aufstieg begann Beate Uhse mit dem Verkauf von Flugblättern, mit denen sie über natürliche Verhütungsmethoden aufklärte. Sie war alleinerziehende Mutter, da ihr erster Mann ein Jahr nach der Geburt des Sohnes gestorben war, und erkannte, dass ungewollte Schwangerschaften direkt nach dem Ende des Zweiten Weltkriegs ein ebenso großes wie überflüssiges Problem waren. 1948 heiratete sie zum zweiten Mal und begann, ihre Flugblätter nun auch professionell zu verschicken. 1962 eröffnete sie dann den ersten Sexshop der Welt, der aber damals nicht so hieß, sondern sich „Fachgeschäft für Ehehygiene" nannte. Der Rest ist bekannt: immer mehr Produkte, weitere Shops, schließlich der Börsengang. Aber kennen Sie auch die Beate Uhse Stiftung mit Sitz in Flensburg? Sie spendiert keine Kondome, sondern hilft ganz einfach Menschen, die in Not sind.

> **!**
>
> Wenn Sie Brühwürfel oder Flüssigwürze in die Hand nehmen, nennen Sie das doch mal „Madschi". Denn so spricht man den Erfinder Julius Maggi (9.10.1846–19.10.1912), Sohn eines Italieners, korrekt aus.

Glossar..

Abgeltungssteuer: Eigentlich könnte man sie Zinssteuer nennen, dann wüsste man zumindest auf Anhieb, wofür hier Steuern gezahlt werden, nämlich für Zinsen und andere Kapitalerträge. Früher wurde auf solche Einnahmen Einkommensteuer bezahlt, die je nach Steuerklasse und Gehalt unterschiedlich hoch war. Die Abgeltungssteuer in Deutschland beträgt seit 2009 für alle 25 Prozent zuzüglich Kirchensteuer und Solidaritätszuschlag, sodass Sie auf 28 Prozent kommen können.

Aktienindex: Das ist der Wert, der die Entwicklung einer festgelegten Gruppe von Aktien misst. Der deutsche Aktienindex ist der DAX, in dem die 30 umsatzstärksten an der Frankfurter Börse gelisteten Unternehmen enthalten sind, der Nikkei 225 ist der bekannteste japanische Index. Besserwisser kennen auch den Index, der die 50 weltweit größten Unternehmen umfasst, den Dow Jones Global Titans oder den CDAX, der alle deutschen Aktiengesellschaften widerspiegelt.

Benchmark: Der Begriff kommt aus dem Englischen und lässt sich als Vergleichsmaßstab übersetzen. Ein Aktienindex ist also gewissermaßen ein *Benchmark*.

Bruttoinlandsprodukt: Alle Waren und Dienstleistungen, die innerhalb eines Jahres in einem Land zum eigenen Verbrauch hergestellt werden.

Derivate: Der Begriff kann Ihnen in den verschiedensten Zusammenhängen über den Weg laufen, denn er bedeutet lediglich „Abkömmling". Im Bereich der Wirtschaft ist er nicht sehr genau umrissen. Merken Sie sich am besten nur, dass es um Geschäfte geht, deren Wert an Kurse, Preise oder eine Kursentwicklung gekoppelt ist. Im Vorfeld wird festgelegt, welche Zahlungsmittel in der Zukunft ausgetauscht oder welche Käufe oder Verkäufe zu welchen Konditionen getätigt werden.

lat. derivare = ableiten

Erst ganz langsam begreifen die Herren der Schöpfung, dass ihre Karriere durch die Auszeit nicht zwingend gefährdet ist.

Elternzeit: Wenn Männer nach der Geburt ihres Kindes zu Hause bleiben, haben sie Anspruch auf das Elterngeld (zwei Drittel des letzten Einkommens, max. 1800 Euro, Stand 2011). Noch immer wird das zum größten Teil nur von Müttern beansprucht.

Eurobonds: Staatsanleihen kennen Sie. Ein Staat braucht Geld, leiht es sich von Anlegern und zahlt dafür Zinsen. Doch wer gibt schon gern jemandem Geld, der bereits hoch verschuldet ist? Eben. Wenn sich doch einer bereiterklärt, will er dafür natürlich entsprechend hohe Zinsen. Bei Eurobonds sollen nun alle Euroländer für ausgegebene Anleihen geradestehen, nach dem Prinzip „Alle für einen". Der Sinn dahinter ist, dass sich der Zinssatz einpendelt, zum Vorteil für die, die hohe Zinsen zahlen müssten, zum Nachteil für die mit besserer wirtschaftlicher Situation.

engl. bond = Schuldschein

Haushaltskonsolidierung: Das bedeutet, dass der Haushalt gesichert oder gefestigt werden soll. Gemeint ist aber eigentlich, dass Schulden abgebaut und weniger Kredite neu aufgenommen werden sollen, damit es am Ende irgendwann einen ausgeglichenen Haushalt gibt.

Kosolidierung: lat. con = zusammen, solidare = festigen

Konjunkturprogramm: Die Konjunktur könnte man sehr vereinfacht als Wirtschaft bezeichnen. Die Programme, von denen Sie täglich in den Nachrichten hören, dienen dazu, eine ins Stocken geratene Wirtschaft anzukurbeln. Steuersenkungen und Geldgeschenke sind klassische Mittel, die europäische Länder und auch die USA gern anwenden. Ein berühmtes Programm war die sogenannte Abwrackprämie, zuerst Umweltprämie genannt, die Autokäufern 2500 Euro schenkte, wenn diese ihren alten Wagen verschrotten ließen und einen neuen kauften.

Leitwährung: Der Leithammel sagt an, wie der Hase läuft, und so ist es auch mit der Leitwährung. Jedenfalls ungefähr. Es handelt sich um eine Währung mit weltweit großer Bedeutung, die von Ländern auch als finanzielle Reserve gekauft wird. Darum könnte Ihnen auch der Ausdruck „Reservewährung" begegnen.

Noch steht an erster Stelle der Leitwährungen der US-Dollar, doch das war nicht immer so und wird möglicherweise auch nicht so bleiben.

Früher hatte das Pfund Sterling diese Position der Leitwährung inne, aktuell sehen Experten den chinesischen Yuan oder Gold als Favoriten für eine zukünftige Leitwährung an.

Münzregal: Als Regal bezeichnete man früher ein königliches Vorrecht. In diesem Fall geht es um die Hoheit, Münzen prägen und ausgeben zu dürfen. Auch heute ist dieser Begriff noch üblich, geregelt wird das Ganze durch das Münzgesetz. Wenn Sie jetzt glauben, dass ein Land wie etwa Deutschland seine Münzen ausschließlich selbst prägt und seine Scheine nur selbst druckt, dann liegen Sie falsch. Heutzutage wird der Druckauftrag für deutsche Euroscheine weltweit ausgeschrieben. Frankreich und die Niederlande bekamen kürzlich den Zuschlag, während die Bundesdruckerei nahezu leer ausging.

Ratingagentur: Im Zusammenhang mit Wirtschafts- und Eurokrise dürften einige Parteien bereits eine erhebliche Wut auf diese Agenturen haben, die die Kreditwürdigkeit ganzer Länder einstufen und damit

engl. *rating* = Bewertung

drastische Konsequenzen auslösen. Sie sind bestimmt nicht allein, wenn Sie nicht auf Anhieb wissen, wie diese dubiosen Agenturen genau funktionieren. Vereinfacht gesagt, vergeben sie Zensuren, und zwar nicht nur für Staaten, sondern auch für Firmen und Finanzprodukte.

Die Geschichte der Ratingagenturen reicht weit zurück in die Zeit, als das Eisenbahnnetz in den USA immer weiter ausgebaut wurde. Das kostete eine Menge Geld, das nicht nur von Banken zur Verfügung gestellt werden konnte. Woher aber sollten private Investoren wissen, welcher Bahngesellschaft sie ihr Geld anvertrauen konnten? Da kamen die Agenturen ins Spiel, die wie Pilze aus dem Boden schossen. Heute muss sich jedes US-Unternehmen, das an die amerikanische Börse will, von mindestens zwei Agenturen bewerten lassen. Dafür zugelassen

Moody's Analytics

sind – wie überraschend – die genannten drei. Diese werten Zahlen und Brancheneinschätzungen aus und überprüfen die Betriebsleitung. Einer Schulnote 1 entspricht ein AAA. Wer nicht kreditwürdig ist, kassiert ein D. Wird ein Land heruntergestuft, hat das oft Auswirkungen auf seine Unternehmen, darunter Banken. Wenn diese schwerer Kredite bekommen, können sie auch weniger Kredite vergeben. Die Wirtschaft wird gebremst.

Die größten drei Ratingagenturen sind Standard & Poor's, Moody's und Fitch Ratings. Sie verdienen ihr Geld damit, Auskünfte über die Bonität zu erteilen (s. auch Schufa, S. 134).

Rettungsschirm: Wenn es Schulden regnet, soll der EU-Rettungsschirm die gemeinsame Währung ins Trockene bringen. Gemeint ist die Gesamtheit der dafür nötigen Maßnahmen.

In der Thora, dem heiligen Buch der Juden, steht, dass man den siebten Tag heiligen soll. Das ist aber nicht alles. Dort liest man auch, man solle nur sechs Jahre seine Felder bestellen, danach aber ein Jahr Pause machen und dem Herrn einen Sabbat feiern. Und das lassen nicht nur Landwirte für sich gelten, sondern auch Business-Menschen.

Sabbatical: Kein religiöser Ritus, sondern eine berufliche Auszeit. Der Sabbat ist der biblische Ruhetag, bei den Juden der Samstag, bei den Christen der Sonntag.

Schufa: Ein Schufa-Eintrag lässt jeden erschaudern. Aber wofür steht Schufa gleich noch? Genau: Schutzgemeinschaft für allgemeine Kreditsicherheit. Finanziert wird sie von Firmen, die Kredite vergeben, dafür bekommen diese Auskünfte über die Kreditwürdigkeit potenzieller Kunden.

Start-up: Früher war mit *Start-up* schlicht Existenz- oder Firmengründung gemeint. Auf Englisch klingt es aber schicker! Ist die Neugründung gar nicht so neu, sondern wird nur ein Betriebsteil *outgesourct* (ausgliedern), dann spricht man nicht von Start-up, sondern von *Spin-out* oder *Spin-off*.

Wirtschaftsweise: Wenn die fünf Wirtschaftsweisen einen Kommentar abgeben, wissen alle, dass er Hand und Fuß besitzt. Stellen Sie sich bitte keine weisen alten Männer mit langen Bärten vor. Der offizielle Name lautet „Sachverständigenrat" zur Begutachtung der gesamtwirtschaftlichen Entwicklung. Ins Leben gerufen wurde er 1963, um eben die gesamtwirtschaftliche Entwicklung Deutschlands unter die Lupe zu nehmen und die Politiker zu beraten, die in diesem Ressort tätig sind. Der Rat hat zwar einen Mitarbeiterstab, besteht selbst aber nur aus fünf Menschen, die auf Vorschlag der Bundesregierung vom Bundespräsidenten für fünf Jahre bestimmt werden.

Dieser junge Start-up-Unternehmer träumt von einer goldenen Zukunft.

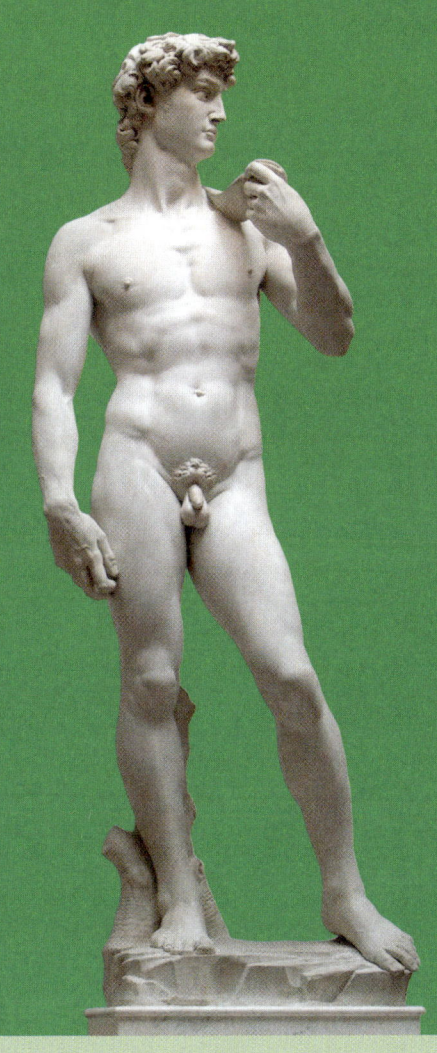

KUNST UND KULTUR

Bildende Kunst

!

Der Begriff „Kunst" wird heute für die sogenannten Schönen Künste verwendet. Das ist
die Bildende Kunst, vor allem mit Grafik/Male-
rei, Bildhauerei und Architektur. Dann gibt es
die Musik, die Literatur und die Darstellende
Kunst mit Theater, Tanz und Film. Die Oper ist
streng genommen eine eigene Gattung, der
man nachsagt, sie vereine alle Künste in sich.

*Bildende Kunst hat mit Bildung so
viel zu tu, wie jede andere Kunstform auch. Sie befinden sich hier auf
glattem Parkett, denn es finden sich
immer selbst ernannte Kunstkenner,
die auf alle anderen von oben her-
abschauen. Keine Angst, gerade auf
diesem Gebiet sind Fakten nicht alles!
Mit ein paar klugen Sätzen behalten
Sie Oberwasser.*

*Allegorische Darstellung
der Künste*

Viele Menschen unterteilen die Kunst nicht nach den Gattungen
der Schönen Künste, sondern nach der Phase, in der sie entstanden ist. Machen Sie sich mit den entsprechenden Epochen – von
Barock bis Jugendstil – vertraut. Sie finden sie im Glossar.

Unter den Bildenden Künsten sind diejenigen zusammengefasst,
die etwas optisch Wahrnehmbares und Bleibendes schaffen. Auch
eine Theateraufführung oder einen Tanz können Sie sehen, nur
sind diese eben vergänglich.

Malerei

Ölmalerei, Seidenmalerei, abstrakte Malerei, heute auch digitale Malerei – das Feld ist riesig. Am besten kommen Sie zurecht, wenn Sie die
wichtigsten Richtungen, Werke und Maler kennen.

Die Mona Lisa

!

Eines der berühmtesten Bilder der Welt ist die zwischen 1503 und 1506
gemalte Mona Lisa von Leonardo da Vinci (15.4.1452–2.5.1519). Im
August 1911 wurde das Gemälde, das im Original *La Gioconda* (ital. = die
Heitere) heißt, aus dem Louvre gestohlen. In den Monaten danach sollen
sechs Amerikaner je 300.000 Dollar gezahlt haben, um das Kunstwerk zu
bekommen, munkelt man. Alle sechs bekamen eine Mona Lisa – nur keiner
das Original. Das kehrte über einen Kunsthändler in den Louvre zurück.

Die Geschichte der Kunst ....

Es begann mit Höhlenmalereien – die bedeutendsten finden Sie in der Höhle von Lascaux in der französischen Dordogne, in der Höhle von Altamira in Spanien oder auch in der sogenannten Apollo-11-Höhle im Süden Namibias, wo sich einige der ältesten noch existierenden Zeichnungen der Menschheit befinden. Sie sind vermutlich um die 27.000 Jahre alt. Den Namen bekam diese Höhle von einem Archäologen, der am Tag der Entdeckung die Nachricht von der Rückkehr der Mondmission erhalten hatte.

Die Darstellung eines Rinds in der Höhle von Lascaux

ital. *al fresco* = ins Frische

Auch von der Antike bis in die ersten Jahrhunderte nach Christus wurde viel auf Wände gemalt, dann allerdings nicht mehr in Höhlen, sondern in Gebäuden. Als Begriff für Wandmalerei im Allgemeinen hat sich „Fresko" eingebürgert.
Im Grunde ist das nicht richtig, denn bei einem Fresko handelt es sich nur um ein in einer bestimmten Technik auf die Wand gemaltes Bild. Farbpigmente werden in Wasser gelöst und direkt auf den frischen Putz aufgebracht, sodass er sich mit der Farbe verbinden kann.

lat. *maiusculus* = etwas größer

Im Mittelalter war vor allem die Buchmalerei in Mode, die in erster Linie religiöse Bücher schmückte. Typisch waren Miniaturen, die Text illustriert haben, sowie Initialen, also besonders prächtig gestaltete Anfangsbuchstaben oder auch *Majuskeln*, Großbuchstaben, die zur Gliederung des Textes optisch hervorgehoben wurden.

Ein berühmtes Fresko: der Judaskuss von Giotto di Bondone (1266–1337)

Neue Materialien und Techniken kennzeichnen die weitere Entwicklung der Malerei. Ein besonders wichtiger Schritt war die Verwendung der sogenannten Zentralperspektive, die räumliche Eindrücke so wiedergibt,

frz. *en plein air* =
unter freiem Himmel

Die Zeit der Moderne ist davon geprägt, dass die Maler hinaus ins Freie gingen, um dort ihre Skizzen zu machen. Claude Monets (14.11.1849– 5.12.1926) Gemälde Impression, Sonnenaufgang *ist ein typisches Beispiel der* Pleinair-, *also der Freiluftmalerei.*

wie das Auge sie wahrnimmt. Sollte ein selbst ernannter Kunstkenner behaupten, das perspektivische Malen sei in der Renaissance entstanden, wissen Sie es natürlich besser: Schon in der Höhlenmalerei oder auf Wandfresken aus der Zeit um Christi Geburt wurde durchaus perspektivisch gemalt. In der Renaissance wurde diese Technik lediglich neu belebt und verbessert. Auch die Landschaftsmalerei gewann an Bedeutung. Darüber hinaus traten in der Moderne verstärkt abstrakte Motive auf.

Perspektive

Ob auf Papier oder Leinwand: Wenn Sie ein Bild zeichnen, stehen Ihnen nur zwei Dimensionen zur Verfügung, während unsere optische Wahrnehmung jedoch dreidimensional ist. Technische Tricks können dennoch einen räumlichen Eindruck entstehen lassen. Bevor die Perspektive in die Malerei zurückkehrte, wurden bedeutende Personen größer gezeichnet als andere.

Verschiedene Stile.....................

In der Malerei gibt es unzählige Stilrichtungen und Mischformen. Kaum einer kennt sie alle. Merken Sie sich darum einfach einige der bedeutendsten.

Dass abstrakte Malerei nicht gegenständlich ist, sondern Formen und Farben kombiniert, wie sie in der Natur nicht vorkommen, ist bekannt. Sie entstand Anfang des 20. Jahrhunderts. Wassily Kandinsky (16.12.1866–13.12.1944), Lehrer an der berühmten Weimarer Kunstschule Bauhaus, oder der Maler und Lyriker Karl Otto Götz sind deren Vertreter (*22.2.1914).

Ein typischer Kandinsky

Es ist auch immer gut, etwas über den Dadaismus zum Besten geben zu können, der gleichzeitig – übrigens etwa zur selben Zeit wie die abstrakte Malerei – in der Bildenden Kunst und in der Literatur aufgetaucht ist. Nennen Sie diese Richtung ruhig „Antikunst", denn die Macher protestierten damit gegen alles: die Gesellschaft, geltende Werte und die Kunst selbst.

lat. *expressio* = Ausdruck

Etwas über Expressionismus und Impressionismus zu wissen, ist Pflicht. Im Expressionismus geht es, wie das Wort schon sagt, darum, dem Betrachter einen bestimmten Ausdruck zu vermitteln. Gewissermaßen steckt dahinter: Was will uns der Künstler damit sagen? Auf eine naturgetreue oder besonders schöne Darstellung kommt es dabei weniger an. Berühmte Vertreter: Edvard Munch (12.12.1863–23.1.1944), der das berühmte Gemälde *Der Schrei* geschaffen hat, Paul Klee (18.12.1879–29.6.1940), Franz Marc (8.2.1880–4.3.1916), der im Ersten Weltkrieg fiel, für den er sich freiwillig gemeldet hatte, Paula Modersohn-Becker (8.2.1876–20.11.1907).

Franz Marc erkennt man an den blauen Tieren.

Auch Berthe Morisot (14.1.1841–2.3.1895), eine französische Malerin, rechnet man dem Impressionismus zu.

Die Skulptur Capricorn *wurde von Max Ernst erschaffen.*

Beim Impressionismus spielt das Licht die tragende Rolle. Nicht klare Linien und Perspektive sollen den Eindruck wiedergeben,

lat. impressio = Eindruck

den der Maler in der Natur gewonnen hat, sondern der Einsatz von Farbe. Typisch sind Bilder, die von Weitem eine Landschaft zeigen und erst von Nahem verraten, dass es auf ihnen kaum Striche, sondern nur Tupfer gibt. Berühmte Vertreter: Paul Cézanne (19.1.1839–22.10.1906), der in mehreren Stilrichtungen zu Hause war, Claude Monet (14.11.1840–5.12.1926), Max Liebermann (20.7.1847–8.2.1935).

Der Surrealismus wird um 1920 angesiedelt. Auch hier sagt das Wort schon, womit Sie es zu tun haben: mit etwas, das über der Wirklichkeit steht. So jedenfalls haben es die Vertreter dieser Richtung gesehen und versuchten, Traumhaftes und Unterbewusstes in ihre Werke einzubeziehen. Berühmte Vertreter:

frz. sur = über, real = wirklich

Max Ernst (2.4.1891–1.4.1976) hat den Surrealismus aus dem Dadaismus entwickelt. Ebenfalls bedeutend ist René Magritte (21.11.1898–15.8.1967).

Vom Manierismus haben Sie bestimmt schon gehört. Der entsprechende Stil in der Malerei wurde vor allem im 16. Jahrhundert geprägt. Er ist dadurch gekennzeichnet, dass die Werke gekünstelt und immer irgendwie übertrieben wirken, eben maniert, unnatürlich. Berühmter Vertreter ist El Greco (um 1541–7.4.1614), der eigentlich Domínikos Theotokópoulos hieß.

Sehen Sie sich einmal naive Malerei an, und Sie werden rasch darauf kommen, wie sie auch noch bezeichnet wird: Laienmalerei. Tatsächlich handelt es sich bei den Urhebern oft um Menschen, die keine künstlerische Ausbildung genossen haben und daher auch keine Techniken beherrschen. Sie malen einfach darauf los, und das ist im doppelten Sinn gemeint, denn die Bilder sind einfach gehalten, meist ohne Perspektive oder Schatten. Berühmte Vertreter sind Adalbert Trillhaase (7.1.1858–12.5.1936), der in Deutschland als bekanntester Vertreter

Documenta

Lieben Sie zeitgenössische Kunst? Die weltweit größte Ausstellung zeitgenössischer Kunst findet seit 1955 alle vier bis fünf Jahre in Kassel statt. Regelmäßiger Teilnehmer war der Aktionskünstler Joseph Beuys (12.5.1921–23.1.1986).

dieser Richtung gilt, Camille Bombois (3.1.1883–11.6.1970), französischer Gelegenheitsarbeiter und Teilnehmer der ersten Documenta (Ausstellung moderner Kunst) in Kassel.

Zum Schluss noch ein paar Worte über Pop-Art. Klar, da fällt Ihnen gleich Andy Warhol (6.8.1928–22.2.87) ein. Geben Sie ruhig ein bisschen an, indem Sie erzählen, dass er auch Verleger, Filmemacher und Musikproduzent war und dass seine Drucke zur genuinen, also unverfälschten Pop-Art zählen. Und was ist nun Pop-Art? Es handelt sich um eine Richtung, die nach dem Zweiten Weltkrieg entstanden ist. Sie wendet sich bewusst gegen übermäßig intellektuell geprägte Kunst, man könnte auch sagen, sie richtet sich gegen vergeistigte Kunst. Als Gegenpol stellte man Alltagsmotive in klaren Farben und oft sehr groß dar. David Hockney (*9.7.1937) rechnete sich selbst übrigens nicht der Pop-Art zu, wird aber häufig mit ihr assoziiert.

Andy Warhol

Maler, Werke, Musen

Viele Maler haben Sie jetzt – zumindest theoretisch – schon kennengelernt. Merken Sie sich am besten noch einige eher skurrile Details über die Künstler und ihre Werke.
Edouard Manet (23.1.1832–30.4.1883), französischer Impressionist, sorgte mit seinem Gemälde *Le Bain* für einen Skandal, denn er malte eine völlig nackte Frau.

frz. *l'origine du monde* = der Ursprung der Welt

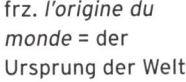

Wo wir schon einmal bei Skandalen der Malerei sind, kommen wir am besten zu *dem* Skandal schlechthin: Das Bild *L'Origine du monde* von Gustave Courbet (10.6.1819–31.12.1877) zeigt fotorealistisch – dafür wurde Courbet bekannt – einen weiblichen Akt. Der Ursprung der Welt, der weibliche Schoß, ist so naturgetreu gemalt, dass Sie jedes Haar erkennen können. Das konnte aber auch nur im 19. Jahrhundert ein Skandal sein, denken Sie? Falsch, noch 2008 wurde das Werk im New York Metropolitan Museum of Art, einem der bedeutendsten Museen der Welt, nur in einem separaten Raum gezeigt. Zutritt ausschließlich für Personen ab 18 Jahren!

> *Das eigentlich Verwerfliche an dem Gemälde* Le Bain, *auch* Das Frühstück im Grünen *genannt, war, dass Manet nicht, wie damals üblich, Nacktheit in einem religiösen Zusammenhang, sondern in einer Alltagssituation zeigte.*

frz. *enfant terrible* = ein wilder, unangepasst-provozierender Mensch

Pikantes gibt es auch über den Schriftsteller und Expressionisten Oskar Kokoschka (1.3.1886–22.2.1980) zu berichten. Der als *enfant terrible* geltende Maler lernte 1912 Alma Mahler (31.8.1879–11.12.1964) kennen. Er verliebte sich in die Tochter eines Landschaftsmalers und einer Sängerin, die seine Geliebte und sein beliebtestes Modell wurde. Als sie drei Jahre später von ihm schwanger wurde und das Kind abtreiben ließ, meldete er sich als Freiwilliger für den Ersten Weltkrieg. Als sie dann auch noch einen anderen heiratete, ließ er sich eine Puppe anfertigen, eine lebensgroße Kopie von Alma. Er soll diese als Trost in Auftrag gegebene Nachbildung seiner Geliebten in einer zügellosen Orgie geköpft haben.

Noch mehr über Alma Mahler: Mit 17 hatte sie einen heißen Flirt mit dem Maler Gustav Klimt (14.7.1862–6.2.1918), ihrer ersten großen Liebe, 1902 heiratete sie den Dirigenten und Operndirektor Gustav Mahler (7.7.1860–18.5.1911). 1910 begann sie eine Affäre mit dem Architekten Walter Gropius (18.5.1883–5.7.1969), den sie vier Jahre nach Mahlers Tod ehelichte. Die Affäre mit Kokoschka lag zwischen dem Tod ihres ersten Mannes und der zweiten Heirat. Während der zweiten Ehe wurde sie von dem Lyriker Franz Werfel (10.9.1890– 26.8.1945) schwanger, einem weiteren Ehemann. Der Schriftsteller Erich Maria Remarque (22.6.1898–25.9.1970; berühmtestes Werk: *Im Westen nichts Neues*) wurde ihr Saufkumpan. Thomas Mann (6.6.1875–12.8.1955) bezeichnete sie schließlich als *La Grande Veuve*, als Große Witwe.

Über Pablo Picasso sagt man, dass er ein ziemlicher Macho war. Von ihm soll das Zitat stammen: „Frauen sind Göttinnen oder Fußabtreter."

Einer der ganz Großen: Michelangelo, der vollständig Michelangelo di Lodovico Buonarroti Simoni (6.3.1475–18.2.1564) hieß, war ein Multitalent. Er malte, arbeitete als Architekt, Bildhauer und Dichter. Sein wohl berühmtestes Bild, *Der Schöpfer erschafft Adam*, ist ein Deckenfresko in der Sixtinischen Kapelle im Vatikan.

Pablo Picasso (25.10.1881–8.4.1973) wurde vor allem mit seinem rund 3,5 mal 7,5 Meter großen Gemälde *Guernica* bekannt, das er nach dem Angriff auf die spanische Stadt Gernika schuf. Auch seine 1949 für den Weltfriedenskongress gemalte Taube, die zum Symbol für Frieden wurde, trug zu seiner Prominenz bei.

Wenn Sie das Aquarell eines Feldhasen sehen, können Sie davon ausgehen, dass Sie ein Bild von Albrecht Dürer (21.5.1471–6.4.1528) vor sich haben. Noch berühmter ist die Pinselzeichnung *Betende Hände*, die um 1508 entstand.

Bildhauerei ....

Man könnte es so ausdrücken: Wenn Sie etwas Dreidimensionales ab-
bilden wollen, Ihnen die Möglichkeiten, Perspektive auf flachem Unter-
grund darzustellen, aber nicht genügen, dann hauen Sie das
Bild aus festem Material heraus. Ganz so einfach ist es aber
doch nicht. Zwar schaffen Bildhauer Kunstwerke aus Holz,
Stein oder anderen Materialien, die als dreidimensionale
Bilder durchgehen könnten – nicht alle nehmen dafür aber
etwas weg, andere fügen lieber etwas hinzu. Genau deshalb
unterteilt man diese Kunstform auch in subtraktiv und additiv.
Diese Begriffe kennen Sie bestimmt noch aus dem Mathema-
tikunterricht. Subtraktion heißt Abziehen, Addition bedeutet
Zusammenzählen. So ist es auch in der Kunst. Wenn Sie von
einem Ausgangsmaterial etwas wegschneiden, abschaben
oder mit Hammer und Meißel abschlagen, ist das subtraktive
Bildhauerei. Additive Bildhauerei lässt aus z.B. Gips oder Ton
etwas entstehen, indem Material hinzugefügt wird.

Ähnlich wie in der Malerei sind auch in dieser Sparte Werke
bekannt, die 35.000 und mehr Jahre alt sind, also aus der
Altsteinzeit stammen. Die beiden wichtigsten Funde bestehen
aus Elfenbein, das von Mammuts stammen muss. Es handelt
sich beispielsweise um den *Löwenmenschen*, eine Skulptur, die 1939 in
der Schwäbischen Alb entdeckt wurde. Es ist Ihnen natürlich bekannt,
dass Jahre später immer weitere Stückchen der Figur gefunden wurden,
bis sie 2010 vollständig war.

Die Venus vom Hohlefels
*stammt ebenfalls aus der
Schwäbischen Alb. 2008
wurde die üppige Frauen-
figur, die keinen richtigen
Kopf hat, bei Ausgrabun-
gen sichergestellt.*

Was Sie über Bildhauerei unbedingt wissen sollten

Ein souveräner Auftritt trotz völliger Ahnungslosigkeit ist in diesem
Teilbereich der Kunst besonders schwierig oder besonders leicht, da
andere entweder gar nichts oder sehr viel wissen. Die Bildhauerei ist
eine Nische. Wer sich speziell dafür interessiert, kennt sich meist auch
gut aus. Sie können aber z.B. von der Berliner Bildhauerschule (etwa
1820–1920) plaudern. Nein, das ist kein Institut, an dem man mit Gips
und Werkzeug hantiert, sondern eine bestimmte Richtung dieser Kunst.
Ihre Vertreter haben zwar zum großen Teil in Berlin studiert oder

Einer der Schüler Johann Gottfried Schadows war Christian Daniel Rauch (2.1.1777–3.12.1857), seinerzeit einer der gefragtesten Bildhauer Europas. Hier seine Kranzwerfende Viktoria.

zumindest gearbeitet, andere aber haben ihr Handwerk in Rom erlernt. Merken Sie sich: Die Berliner Bildhauerschule steht für naturgetreue, oft pompöse Skulpturen. Ein typisches Motiv waren wohlhabende Bürger oder Gelehrte in aufrechter Haltung, möglichst mit einem Buch oder einem anderen Symbol für Bildung. Sie sind auf der sicheren Seite, wenn Sie wissen, dass die Berliner Schule im gesamten 19. Jahrhundert richtungsweisend für die Kunst in Europa und darüber hinaus gewesen ist. Hier noch drei wichtige Vertreter: Johann Gottfried Schadow (20.5.1764–27.1.1850) gilt als Begründer. Sie kennen ein Werk von ihm, nämlich die *Quadriga* (vierspänniger Streitwagen) auf dem Brandenburger Tor in Berlin. Zudem sei Reinhold Begas (15.7.1831–3.8.1911) genannt, der Schüler von Christian Daniel Rauch war. Er hatte die Oberaufsicht über die von Kaiser Wilhelm II. (27.1.1859–4.6.1941) in Auftrag gegebene Prachtstraße, die von über 30 Skulpturen gesäumt war.

In der Kunst haben sich Menschen immer von Regeln und Richtungen ihrer Vorgänger befreit. So ist es auch in der Bildhauerei. Während im 18. und 19. Jahrhundert noch Modelle aus Materialien gemacht wurden, die sich leicht bearbeiten ließen, z.B. aus Wachs, entstand im 20. Jahrhundert das *Direct Carving*. Das heißt, es wird auf ein Modell verzichtet und direkt das Originalmaterial bearbeitet. Das ist häufig bei Holzarbeiten anzutreffen.

Berühmte Bildhauer

Ein paar interessante Details über Berühmtheiten und deren Arbeit zu wissen, ist in jeder Unterhaltung ein Pluspunkt. Lernen Sie darum im Folgenden einige kennen:
Der Grieche Phidias (um 500–432 v. Chr.) sagt Ihnen im Zusammenhang mit den Weltwundern etwas. Er schuf die gigantische Zeusstatue

in Olympia. Leider blieb sie nicht erhalten. Aber das Parthenon auf der Akropolis in Athen, an dem er ebenfalls mitgearbeitet hat, können Sie noch heute besichtigen.

griech. *parthenon* = Gemach der Jungfrau

Donato di Niccolò di Betto Bardi – behalten Sie die gebräuchliche Kurzform Donatello im Kopf – (um 1386–13.12.1466) hat u. a. das Grabmal für Papst Johannes XXIII. (um 1370–22.12.1419; bekannt als Gegenpapst, aber das ist eine andere Geschichte) erstellt. Wirklich bedeutend ist er vor allem, weil er die erste frei stehende Aktstatue erschaffen haben soll.

> **!** Schon mal etwas von den Cosmaten gehört? Das ist eine Bezeichnung für eine Gruppe von italienischen Kunsthandwerkern. Bei den meisten davon handelt es sich um Künstlerfamilien, die sich *Cosmas* oder *Cosmatus* nannten. Sie waren von etwa 1100 bis ins frühe 14. Jh. tätig. Nicht nur in Italien finden sich noch heute ihre Spuren, sondern auch in England, z. B. in der Westminster Abbey.

Michelangelo (6.3.1475–18.2.1564; wissen Sie noch seinen vollständigen Namen? Sie finden ihn auf Seite 142. Er muss an dieser Stelle unbedingt noch einmal erwähnt werden, denn seine David-Skulptur ist weltbekannt.

Die Bildhauerin Camille Claudel (8.12.1864–19.10.1943) hinterlässt zwar nicht gerade das spektakulärste künstlerische Werk, für eine unterhaltsame Plauderei gibt sie jedoch einiges her. Schon mit 17 Jahren scharte sie einen Kreis junger Bildhauerinnen um sich. Ihr Lehrer war der bekannte Bildhauer und Zeichner Auguste Rodin (12.11.1840–17.11.1917), mit dem sie eine komplizierte Affäre begann.

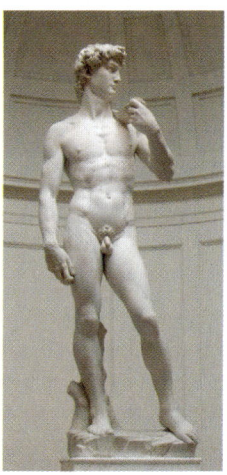

Zwischendurch verband sie auch mit dem Komponisten Claude Debussy (22.8.1862–25.3.1918) eine Romanze. Nach der Trennung von Rodin 1893 verlor sie jeden Halt, hauste unter unwürdigen Bedingungen und litt an psychischen Störungen. Mit Gewalt wurde sie am 10.3.1913 von ihrer Mutter, die keine Beziehung zu ihrer Tochter aufbauen konnte, in eine psychiatrische Einrichtung eingewiesen und erlangte nie wieder die Freiheit zurück.

Rodin bildete den Kopf Camille Claudels 1886 in dieser Form ab.

Das Original der David-Skulptur (hier abgebildet) steht in der Akademie der Künste in Florenz. Sollten Sie einmal den Palast der Signoria (so etwas wie ein altes Rathaus) in Florenz besuchen, entdecken Sie davor eine Kopie des David.

❗ Wollen Sie richtig Eindruck machen? Dann erwähnen Sie doch, dass Barlachs Holzfigur *Lesender Klosterschüler* in dem Roman *Sansibar oder der letzte Grund* von Alfred Andersch (4.2.1914–21.2.1980) zentrales Thema ist.

Ernst Barlach (2.1.1870–24.10.1938) sollten Sie unbedingt kennen, denn er war nicht nur Bildhauer, sondern auch Maler und Schriftsteller. Sein Stil liegt zwischen Realismus und Expressionismus.

Glänzen Sie auch mit einem unter Laien weniger bekannten Namen. Henry Moore (30.7.1898–31.8.1986), einer der großen Bildhauer Englands des 20. Jahrhunderts, ist bekannt für seine überdimensionalen Skulpturen und besonders für die Verwendung von durchbrochenem oder ausgehöhltem Stein.

Wenn man eine Skulptur von Henry Moore sieht, könnte man zunächst denken, es handle sich um Gestein, das über die Jahrhunderte natürlich verwittert ist.

Henry Moore

❗ **Plastik und Skulptur**
Ist eine Plastik eine Skulptur? Nein! Hier der Unterschied: Die Plastik (griech. *plastikē* = geformt) ist die additiv entstandene Figur, also z.B. eine aus Ton hergestellte. Die Skulptur (lat. *sculpere* = schnitzen) dagegen wird subtraktiv hervorgearbeitet, also z.B. aus Stein gehauen.

Architektur ....

Ja, auch Architektur ist Kunst, auch wenn man es längst nicht immer auf Anhieb sieht. Das Wort „Architektur" bedeutet seinem Ursprung nach so etwas wie Baumeister, der die Übersicht auf einer Baustelle hat. Daraus hat sich als Wortsinn die Planung und theoretische Beschäftigung mit Bauwerken aller Art entwickelt.

altgriech. *archi* = Haupt, *tékton* = Zimmermann

Baustile und ihre Merkmale

Die verschiedenen Baustile werden entsprechend der Epoche benannt, in der sie entstanden sind. Wenn bisher jemand „Ist das nicht eine tolle Jugendstil-Fassade?" gesagt hat oder „Also, diese Kirche ist ja ein Paradebeispiel für die Gotik!", Hand aufs Herz: Haben Sie dann zustimmend genickt, ohne auch nur einen Schimmer davon zu haben, woran man die entsprechenden Richtungen jetzt erkennen soll? Das wird nun anders, wenn Sie weiterlesen.

Die Romanik dauerte grob von 900–1250. Man nannte sie auch Vorgotik, weil sie – Sie ahnen es – die Phase vor der Gotik war. Der romanische Stil lehnt sich an die Bauweise römischer Gebäude an. Sie erkennen ihn an Rundbögen, Säulen und Pfeilern, wie sie eben in der römischen Antike typisch waren. Klare und eher schlichte Formen sind mit einem insgesamt massigen Baukörper kombiniert. Meist finden Sie tonnenförmige Gewölbe. Das Beispiel schlechthin ist der Speyerer Dom, auch Marien- oder Kaiserdom zu Speyer genannt. Er wurde 1106 fertiggestellt und ist die größte erhaltene romanische Kirche der Welt.

Der Kaiserdom zu Speyer

Der Übergang zur Gotik, die von ungefähr 1250–1520 dauerte, war fließend. Fenster und Portale hatten keine Rundbögen mehr, sondern bekamen Spitzbögen. Das war nicht nur eine neue optische Wirkung, man war dadurch auch in der Lage, höhere Fenster zu bauen, sodass erheblich mehr Licht nach innen dringen konnte. Und da haben Sie ein weiteres Erkennungsmerkmal: Ist eine Kirche sehr hell und wirkt luftig, handelt es sich wahrscheinlich um eine gotische. Das liegt an den neuen Deckenkonstruktionen und Streben,

die dazu führten, dass man mit weniger massiven Wänden auskam. Eine ganz typische Deckenform ist das Rippengewölbe, das im Gegensatz zu der runden Tonnenform den spitzen Fensterbögen entspricht. Ein weiteres Erkennungsmerkmal sind bunte Fenster. Ein weltweit berühmtes Beispiel gotischer Baukunst ist der Kölner Dom, dessen Bau 1248 begonnen hat.

lat. capitellum = Köpfchen

Kapitell

Beim Betrachten von Säulen loben Menschen, die Ahnung von Architektur haben, oft die besonders reich verzierten oder für einen bestimmten Stil typischen Kapitelle. Es handelt sich dabei um den Kopf einer Säule, der geschwungen, mit Blumen oder Ornamenten verziert oder auch recht schmucklos ausfallen kann.

Es folgte für etwa 100 Jahre, also bis 1620, die Renaissance, die viele Elemente der Gotik behielt. Sie wollte aber weniger plump sein. Sie machte harmonische Formen mit vielen Säulen, Kapitellen und Bogengängen zu ihrem Markenzeichen. Beispiele sind der Petersdom in Rom und Anbauten des Louvre (ehemaliger französischer Königspalast und heutiges Museum) in Paris.

frz. renaissance = Wiedergeburt

Schloss Belvedere in Wien

Von 1620 bis ca. 1770 dauerte die Zeit des Barock. Bestimmt haben Sie gleich Bilder von verspielten, prächtigen, beinahe schon überladenen Bauwerken mit viel Gold und Farbe vor Augen. Genau das ist typisch an diesem Baustil. Sie finden ihn am Schloss Belvedere in Wien oder an der Dresdner Frauenkirche.

Der Rokoko wird auch als Spätbarock bezeichnet. Was Verspieltheit und Verzierungen anging, hat man noch eins draufgesetzt. Dafür legte man keinen Wert mehr auf Symmetrie und ausladende Formen. Die Stilelemente wurden stattdessen kleiner und filigraner. Sie sollten leicht wirken und bekamen häufig Blumenranken als Rahmen. Zu sehen sind Inneneinrichtungen im Stil des Rokoko in den Schlössern *Schönbrunn* in Wien und *Sanssouci* in Potsdam.

Sanssouci: frz. sans = ohne, souci = Sorge

Von 1770 bis 1830 beherrschte der Klassizismus die Architektur. Es gab wieder einmal eine Rückbesinnung auf die Bauwerke der Antike, griechische Tempelanlagen wurden als Vorbilder genutzt. Sie finden diesen Stil selten bei Kirchen, sondern hauptsächlich bei weltlichen repräsentativen Gebäuden. Der Baukörper selbst ist meist ein Block, der mit Säulen, Pilastern (Pfeilern) und Simsen verziert ist.

Der Brasilianer Oscar Niemeyer (*15.12.1907) entwarf sämtliche öffentliche Gebäude der am Reißbrett geplanten Stadt Brasília, die nach Rio de Janeiro Hauptstadt wurde. Rechnen Sie damit, dass Architekturkenner das wissen. Aber ob diese auch ahnen, dass Niemeyer 76 Jahre verheiratet war und kurz vor seinem 99. Geburtstag zum zweiten Mal die Ehe einging? Mit 103 Jahren schrieb er seinen ersten Song, an seinem 104. Geburtstag brachte er gerade eine weitere Ausgabe seiner Kulturzeitschrift auf den Markt.

Bei allen Jugendstilgebäuden, die im 19. und 20. Jahrhundert entstanden und über eine ungeheure gestalterische Bandbreite verfügen, spielte die Verwendung von Glas, Eisen und Stahl eine große Rolle. Außerdem sahen die Architekten ihre Bauwerke neuerdings als Ganzes, das auch funktional und von vornherein bis ins kleinste Detail geplant und abgestimmt sein sollte. Ein Vertreter des Jugendstils, der jedoch seine ganz eigene Spielart davon schuf, war Antoni Gaudí (25.6.1852–10.6.1926).

In Barcelona begegnen Ihnen viele Häuser Gaudís, die oft mit bunten Mosaiken dekoriert sind. Sie fallen durch ihre weichen runden Formen auf. Hier das Casa Milà.

Natürlich darf der Bauhausstil nicht unerwähnt bleiben, einer der erfolgreichsten Architekturstile des 20. Jahrhunderts überhaupt. Gegründet wurde das Bauhaus, eine Schule für Kunst und Architektur in Weimar, von Walter Gropius (18.5.1883–5.7.1969). Der Stil, der sich dort entwickelte, war klar, schnörkellos und äußerst praktisch, dabei aber auf schöne Formen bedacht. Ziel war, Technik, Handwerk und Kunst zu einer gleichberechtigten und harmonischen Einheit zu verbinden.

Form follows function

Ein Leitsatz für Architektur und Design, der zuerst von Bauhaus-Künstlern umgesetzt wurde, lautet *Form follows function* (engl. = die Form folgt der Funktion). Dabei steht der Nutzwert im Mittelpunkt, die Gestaltung soll sich daraus ableiten. Benutzen Sie diesen Leitsatz, wenn das nächste Mal von sachlichen Möbeln oder Gebäuden die Rede ist. Man wird Sie für einen Experten halten.

Architekten und Bauwerke ....

Das Auditorium Building *in Chicago: Sullivans Partner bei dem Bau war Dankmar Adler (3.7.1844–16.4.1900), ein deutschstämmiger Architekt und langjähriger Kompagnon.*

In jedem Fachgebiet, also auch in jedem Abschnitt dieses Buches, gibt es Unmengen von Fakten, Wissen, das sich niemand komplett aneignen kann. Um ein wenig mitreden zu können, reicht es, von einigen der wichtigsten oder skurrilsten Vertretern gehört zu haben.

Fangen wir mit demjenigen an, der *Form follows function* von sich gegeben hat: Louis Henry Sullivan (3.9.1856–14.4.1924). Sollte ihn jemand als Urheber des Satzes nennen, können Sie zu bedenken geben, dass er ihn bereits von anderen gehört hatte. Daran gehalten hat er sich übrigens auch nicht konsequent, sondern gern seinen ursprünglich schlichten Entwürfen pompöse Ornamente verpasst. Bezeichnen Sie ihn getrost als den Erfinder von Hochhäusern, denn diesbezüglich war er auf jeden Fall federführend. Ein Beispiel ist das *Auditorium Building*, das Hörsaalgebäude in Chicago, in dem vor der Universität die Oper ihr Zuhause hatte.

Wussten Sie, dass Karl Friedrich Schinkel auch als Zeichner und Bühnenbildner sehr erfolgreich war?

Einer der ersten Wolkenkratzer Deutschlands war das sogenannte *Dreischeibenhaus*, das Wahrzeichen von Düsseldorf. Der Bau, der tatsächlich aus drei schmalen Scheiben besteht, gilt als Symbol für das Wirtschaftswunder und steht unter Denkmalschutz. Szenen des Tom-Tykwer-Filmes *Cloud Atlas* wurden dort gedreht, u.a. mit Oscar-Preisträgerin Halle Berry (*14.8.1966).

Von Karl Friedrich Schinkel (13.3.1781–9.10.1841) haben Sie vielleicht schon gehört.
In Italien und Frankreich hat sich Karl Friedrich Schinkel Anregungen geholt und sich dadurch künstlerisch weiterentwickelt. Zurück in Preußen wurde

Auch das Schloss Charlottenburg (siehe Foto) und die Hauptwache in Dresden stammen von Schinkel.

er unter König Friedrich Wilhelm III. (3. 8. 1770–7. 6. 1840) zum bedeutendsten Architekten seiner Zeit. Wenn Sie jemand nach Schinkel fragt, sagen Sie, dass Sie seine Vielseitigkeit so an ihm schätzen. Berlin wäre nicht Berlin ohne ihn. Beispiele seiner Bauwerke sind das Schauspielhaus am Berliner Gendarmenmarkt und die Schlossbrücke in Berlin-Mitte, am Ende der Prachtstraße „Unter den Linden".

Ein weiterer wichtiger Vertreter ist Daniel Libeskind (*12. 5. 1946). Der in Polen geborene US-Amerikaner gilt längst als Star unter den Architekten. In seinen Werken finden sich zahlreiche Symbole. Das trifft auf seine bereits bestehenden Bauten und auch auf seine Pläne zu.

Die Eröffnung des Jüdischen Museums fand ausgerechnet am 11. September in Berlin statt. An ebendiesem Tag stürzte das *World Trade Center* in sich zusammen, jenes Bauwerk, dessen Entstehen er als Student in New York hautnah verfolgt hatte. Ohne große Referenzliste setzte er sich mit seinem Entwurf für *Ground Zero* gegen die Weltelite der Architekten durch: David Childs (*1941), der z. B. für die Ankunftshalle des John-F.-Kennedy-Flughafens verantwortlich ist, Sir Norman Foster (*1. 6. 1935), der das Reichstagsgebäude in Berlin zum jetzigen Bundestag umgebaut hat, der preisgekrönte Peter Eisenman (*11. 8. 1932), Architekt des Holocaustmahnmals in Berlin (offizieller Titel: Denkmal für die ermordeten Juden Europas), und Richard Meier (*12. 10. 1934), der für seine lichtdurchfluteten Bauwerke berühmt ist, etwa das *Paul Getty Center* in Los Angeles oder das SiemensForum in München.

Daniel Libeskind zählt das Jüdische Museum in Berlin und das Imperial War Museum North *zu seinen Werken, dazu ein englisches Militärmuseum mit spektakulärer Aluminiumverschalung. Noch viel symbolträchtiger ist seine Baustelle am* Ground Zero *(der Platz, auf dem das am 11. 9. 2001 eingestürzte* World Trade Center *stand). Erst ein einziges öffentliches Gebäude hatte er entworfen, nämlich das Jüdische Museum in Berlin.*

Zuletzt noch ein paar Worte zu einem Mann, der eher als Aktionskünstler und vor allem als Regimekritiker in den Medien ist: der Chinese Ai Weiwei (*28. 8. 1957). Sie zeigen, dass Sie auf dem neuesten Stand sind, wenn Sie auch von seinen Architekturprojekten sprechen. Das wohl bekannteste ist das „Vogelnest" genannte Nationalstadion in Peking, das für die Olympischen Spiele 2008 errichtet wurde. Ai Weiwei gestaltete es als künstlerischer Berater mit.

Ai Weiwei auf der Documenta

Fotografie ·······································

Wenn Sie die Geschichte der Fotografie näher betrachten, stellen Sie fest, dass schon vor Christi Geburt die Grundsteine für die Entwicklung der Fotografie gelegt wurden. Außerdem treffen Sie einen alten Bekannten wieder, der in diesem Buch schon erwähnt wurde: Leonardo da Vinci. Im Folgenden ein paar Sätze zur Geschichte dieser Kunstsparte.

Grundlage der Fotografie ist die *Camera obscura*, der Übersetzung nach also eine Dunkelkammer. Tritt durch ein winziges Loch in einer Wand Licht in diese Kammer, erscheint auf der gegenüberliegenden Wand ein auf dem Kopf stehendes Abbild dessen, was draußen ist. Leonardo da Vinci (15.4.1452–2.5.1519) hat als Erster dieses Prinzip begriffen, war aber noch nicht in der Lage, das Abbild festzuhalten. Das gelang erst Ende des 18. Jahrhunderts mithilfe fortgeschrittener Chemiekenntnisse. Merken Sie sich am besten folgenden Namen: Joseph Nicéphore Nièpce (7.3.1765–5.7.1833). Von ihm stammt das älteste erhaltene Foto, von dem man annimmt, dass es auch das erste entstandene mit langer Lebensdauer ist. Es zeigt den Blick aus seinem Arbeitszimmer.

Ein frühes Werk des Piktorialismus: Clarence H. Whites (8.4.1871– 7.7.1925) Regentropfen

Zurück zum künstlerischen Aspekt der Fotografie. Dieser ist noch recht jung, denn zunächst sah man das Fotografieren als Handwerk an. Immer mehr Maler nutzten es, um einen besonders attraktiven optischen Moment festzuhalten und davon dann in Ruhe ein Bild abzeichnen zu können. Schriftsteller ließen sich auf Rechercheisen von Fotografen begleiten, deren Bilder ihnen später Erinnerungen und Eindrücke zurückbrachten. Es reicht, wenn Sie über diese Entwicklung zwei Dinge wissen: Der Piktorialismus, der um 1900 entstand, ist eine Strömung, die für die Anerkennung der Fotografie als Kunstform kämpft. Man versuchte, Landschafts- und Porträtmalern Konkurrenz zu machen. Mitte des 20. Jahrhunderts wurden Fotoausstellungen populär und brachten endgültig genau diese Anerkennung.

Fotografen

Einer der ersten Kunstfotografen ist Alfred Stieglitz (1.1.1864–13.7.1946). Als Galerist stellte er sowohl Fotos als auch Malereien von Picasso, Matisse oder Cézanne aus, was für die damalige Zeit revolutionär war. Mit seinen eigenen Aufnahmen dokumentierte er den gesellschaftlichen Wandel, ganz besonders in New York. Er legte dabei Wert darauf, ohne Tricks auszukommen, und dennoch besonders weiche Bilder zu machen. Das erreichte er, indem er beispielsweise im Schneegestöber oder bei Regen arbeitete. Behalten Sie über Stieglitz im Kopf, dass er der Vater des berühmten Clubs *Photo-Secession* war, der das Ziel hatte, die Fotografie als künstlerisches Ausdrucksmittel salonfähig zu machen. Klar, Helmut Newton (31.10.1920–23.1.2004) kennen Sie. Geboren wurde er übrigens in Berlin als Helmut Neustädter. Sie wissen wahrscheinlich, dass er vor allem als Akt- und Modefotograf

1970 sprang June Newton für ihren Mann ein, weil er mit der Grippe das Bett hüten musste. 2010 präsentierte sie ihre erste Retrospektive. Ihre Stärke: Porträts. Dafür bekam sie Promis wie Billy Wilder (22.6.1906–27.4.2002), Roman Polanski (*18.8.1933) und Niki de Saint Phalle (29.10.1930–21.5.2002) vor die Kamera.

und in der Werbung seine großen Erfolge feierte und stets die Kritik aushalten musste, er wäre sexistisch. Was allerdings längst nicht jeder weiß, ist, dass seine Frau, die aus Australien stammende ehemalige Schauspielerin June Newton (*3.6.1923), unter dem Künstlernamen Alice Springs ebenfalls als Fotografin anerkannt ist.

Retrospektive:
lat. *retro* = zurück,
spectare = blicken

Ebenso bekannt wie umstritten ist die vielseitig begabte Leni Riefenstahl (22.8.1902–8.9.2003), die eigentlich Helene Bertha Amalia Riefenstahl hieß. Sie studierte Malerei, wurde aber eine so gute Tänzerin, dass der berühmte Regisseur, Intendant und Gründer einer Schauspielschule Max Reinhardt (9.9.1873–31.10.1943) sie ans Theater holte. Was sie tat, tat sie mit großem Erfolg, ob als Schauspielerin oder Filmregisseurin und schließlich als Fotografin. Zwei Meilensteine in diesem Bereich: ihre Fotos von den Nuba, verschiedene Volksgruppen im Sudan, und die Unterwasserfotografie. Riefenstahl machte erst

Besser, Sie wissen, wovon die Rede ist, wenn jemand von einer großartigen Retrospektive spricht. Das Wort ist schnell erklärt. Gemeint ist aber nicht einfach nur ein Rückblick, sondern eine möglichst umfassende Präsentation. Das kann entweder das Lebenswerk eines Künstlers oder auch die wichtigsten Werke einer Epoche oder Stilrichtung beinhalten.

mit 71 Jahren ihren Tauchschein. Warum sie umstritten war, wissen Sie wahrscheinlich. Sie drehte Filme für das Reichspropagandaministerium, war begeisterte Anhängerin Adolf Hitlers (20.4.1889–30.4.1945) und zu seinen engsten Vertrauten.

Bleiben wir bei den Frauen. Ihr Wissen über Eve Arnold (21.4.1912–4.1.2012) zeichnet Sie als echten Kenner der Fotografie aus. Sie war die erste Frau, die von der Agentur *Magnum Photos* aufgenommen wurde, einer Agentur, die vor allem durch Berichterstattung aus Krisengebieten und ihren Kampf um das Urheberrecht für Fotografen bekannt ist. Einen Namen hat sie sich außerdem gemacht, weil sie Prominente vor der Linse hatte: Marilyn Monroe (1.6.1926–5.8.1962), Joan Crawford (23.3.1905–10.5.1977), Marlene Dietrich (27.12.1901–6.5.1992), Queen Elisabeth II. (*21.4.1926) und diverse Ehefrauen von US-Präsidenten. Deutlich spannender ist, dass der Bürgerrechtler Malcolm X (19.5.1925–21.2.1965) sie auswählte, um ihn auf seinen Reisen zu begleiten. Im April 2010, einen Tag nach ihrem 98. Geburtstag, wurde sie mit dem *Lifetime Achievement Award* für ihr Lebenswerk ausgezeichnet.

Malcolm X hieß eigentlich Malcolm Little.

Merken Sie sich, dass es Annie Leibovitz war, die John Lennon nur wenige Stunden vor seiner Ermordung ablichtete.

Kennen Sie die Bilder, auf denen Demi Moore (*11.11.1962) sehr nackt und sehr schwanger ist und das von Whoopi Goldberg (*13.11.1955), auf dem sie in einer Wanne voller Milch liegt? Sie stammen von Annie Leibovitz (*2.10.1949), einer der bestbezahlten Fotografen überhaupt. Da hat es schon ziemlich überrascht, als 2009 herauskam, dass sie hoch verschuldet ist. Pikantes Detail zum Tratschen: Leibovitz musste Kredite über 24 Millionen Dollar aufnehmen, um andere Kredite zu bedienen, ihre Steuern und Schulden zu bezahlen. Als Sicherheiten dienten ihre Häuser und die Negative ihrer berühmten Bilder – beides drohte sie zu verlieren.

David Hockney kennen Sie schon von der Pop-Art, mit der ihn andere – er selbst nicht – immer wieder in Verbindung brachten. Er ist zweifellos einer der wichtigen Fotografen des 20. Jahrhunderts. Warum? Mit seinen Polaroidcollagen schuf er eine ganz eigene Richtung. Geben Sie, wenn das Gespräch auf Hockney kommt, zum Besten, dass er schon 2005 das Ende der Fotografie erklärte und sich aus dieser Kunst zurückzog. Seither ist er, was er immer sein wollte: Maler.

Peter Lindbergh (*23.11.1944) wird gern Star-fotograf genannt, darum müssen Sie etwas mit ihm anfangen können. Er ist für seine ausdrucksstarken Schwarz-Weiß-Fotografien berühmt.

Nun noch zwei Fotografen, die dem Namen nach nicht sehr bekannt sein dürften, ob-wohl sich jeder als Spezialist einen solchen gemacht hat. Schon von Garry Winogrand (14.1.1928–19.3.1984) gehört? Er begründete die Straßenfotografie. Darunter versteht man Bilder, die im öffentlichen Raum entstehen, auf der Straße oder auch in Restaurants, Einkaufszentren usw. Gezeigt werden unbekannte Men-schen, und zwar auf keinen Fall gestellt oder geplant in einer Pose, sondern gewissermaßen als Schnappschuss.

Die Geschichte, wie Peter Lindbergh zu seinem Namen kam, ist unter-haltsam: Ursprünglich hieß der in Duisburg aufgewachsene Lindbergh Peter Brodbeck. Als er professioneller Fotograf wurde, gab es dummerweise schon einen Kollegen mit gleichem Namen, der noch dazu einen üblen Ruf hatte. Um nicht ständig mit ihm verwechselt zu werden und unter dem schlechten Image zu leiden, wählte er seinen Künstlernamen.

Schnappschuss

Was es ist, weiß jeder: ein Foto, das ungeplant ein-fach so aufgenommen wurde. Längst nicht jeder weiß allerdings, dass der Begriff aus der Sprache der Jäger übernommen wurde. Diese sprechen dann von einem Schnappschuss, wenn sie ohne sorgfältiges Zielen einen Schuss abfeuern.

Der zweite ist Carl Warner, Erfinder der *foodscapes*. Das ist ein Kunst-wort, das sich aus dem englischen *food* (Nahrung, Essen) und *landscapes* (Landschaften) zusammensetzt. Und genau das macht er: Warner baut aus Lebensmitteln Landschaften auf, fotografiert diese und komponiert am Computer daraus Bilder, die wie Gemälde aussehen. Was auf den ersten Blick wie eine Bucht im Sonnenuntergang wirkt, ist erst auf den zweiten Blick als Meer aus Lachs, Hügel aus Brot oder Kartoffeln und Dillbäume zu erkennen.

Berühmte Fotos

Es gibt Bilder, die einfach kennt jeder. Die wenigsten aber kennen die Geschichte dahinter. Sie sind hiermit jedoch bestens informiert:

Jeder kennt das Porträt, auf dem Albert Einstein (14. 3. 1879–18. 4. 1955) dem Fotografen die Zunge herausstreckt. Aber was hat es damit auf sich? Einstein war als eher öffentlichkeitsscheuer Mensch bekannt. An seinem 72. Geburtstag ließen ihn die Journalisten trotz mehrfacher Aufforderung nicht in Ruhe, sondern baten ihn im Gegenteil noch um eine Geburtstagspose. Da streckte er ihnen die Zunge heraus. Pressefotograf Arthur Sasse drückte ab.

Einstein ließ den Ausschnitt des auf seinem Geburtstag entstandenen Bilds – auf dem Original ist er nicht allein zu sehen – vergrößern und vervielfältigen und verschickte das Zungenbild als Grußkarte an Freunde. Seiner Meinung nach gab es seine politische Haltung perfekt wieder.

Männer in der Mittagspause sind an sich nicht spektakulär. Wenn sie aber rund 250 Meter über der Stadt New York auf einem Stahlträger sitzen, schon. Charles Clyde Ebbets (1905–14. 7. 1978) schoss sein berühmtestes Foto während des Baus des Rockefellercenters im 69. Stock.

Wer kennt Conrad Schumann (28. 3. 1942–20. 6. 1998)? Gesehen hat ihn fast jeder. Er ist der bekannteste Republikflüchtling. Seinen Sprung am 15. 8. 1961 über eine Rolle Stacheldraht nach Westberlin hielt Peter Leibing fest.

Drei Feuerwehrleute hissen am 11. 9. 2001 die amerikanische Flagge vor vollkommen unwirklich aussehenden Trümmern des World Trade Centers. Ebenfalls ein Foto, das in die Geschichte eingehen wird. Geschossen hat es Thomas E. Franklin (*1966).

James Dean (8. 2. 1931–30. 9. 1955) in den verregneten Straßen von New York, den Mantelkragen hochgeschlagen, eine Zigarette im Mundwinkel. Das 1955 entstandene Foto von Dennis Stock (24. 7. 1928–11. 1. 2010) zeigte den Filmschönling, wie ihn alle sahen. Es wurde zu einem der am häufigsten vervielfältigten Bilder des 20. Jahrhunderts.

Musik......................................

Musik ist etwas Wunderbares. Es gibt wohl niemanden, der nicht von ihr begeistert ist. Das Problem an der Sache: Einmal haben Sie es mit einem Opernfan, dann mit einem Jazzkenner zu tun. Verbal immer mitzuhalten, ist nicht so einfach. Mit ein paar Grundlagen und vielen lustigen oder skurrilen Geschichten gelingt es Ihnen trotzdem, zu einem immer gern gesehenen Gesprächspartner zu werden.

Einige Begriffe und Personen aus der Musikgeschichte

Pythagoras (um 570–510 v. Chr.) bringen Sie eher mit Mathematik in Verbindung, genauer mit der Geometrie, der Lehre von Winkeln, Ebenen, Abständen und dergleichen? Da liegen Sie richtig! Darüber hinaus beschäftigte er sich allerdings mit Tönen und fand heraus, dass die Teilung einer Saite in der Mitte einen Ton genau um eine Oktave höher klingen lässt. Wahrscheinlich wird das niemand wissen, weshalb Sie damit punkten können.

Gregorianische Gesänge sind im 21. Jahrhundert wieder ziemlich angesagt. Vielleicht, weil die Gregorianik (10.–15. Jh.) dominant war, als Wiege der Abendländischen Musik gilt. Benannt ist sie nach Papst Gregor I. (um 540–12.3.604).

Gregor der Große diktiert die Gregorianischen Choräle. Es handelt sich um liturgische (religiösrituelle) Gesänge der katholischen Kirche in lateinischer Sprache.

Klassische Musik

Wenn von klassischer Musik die Rede ist, ist oft gar nicht klassische Musik gemeint. Streng genommen gilt diese Bezeichnung nämlich nur für Musik der Epoche zwischen 1750 und 1820. Die Klassik unterscheidet sich musikalisch deutlich vom Pomp des Barock. Das Gefühl wurde mehr in den Mittelpunkt gerückt, große Orchester kamen in Mode. Umgangssprachlich wird der Begriff „klassische Musik" oft für die sogenannte E-Musik (ernste Musik) verwendet. Man unterteilt weiter in U-Musik (unterhaltende Musik) und F-Musik (funktionale Musik), z.B. für den Film.

Hier noch schnell ein paar Fachwörter aus der klassisch-ernsten Musik.

- *Lied:* vertontes Gedicht aus mehreren Strophen
- *Arie:* meist sehr gefühlvolles Gesangsstück, das eine Person allein singt, oft Teil einer Oper
- *Motette:* Ursprünglich sind Motetten in der Kirchenmusik Stücke, die von mehreren Stimmen ohne instrumentale Begleitung gesungen werden.
- *Madrigal:* Das Madrigal, dessen Wortherkunft nicht geklärt ist, kann als weltliches Gegenstück zur Motette gelten. Mehrere Stimmen singen Texte, die einmal nichts mit der Kirche zu tun haben.
- *Fuge:* Wenn Sie nicht Musik studiert haben, haben Sie kaum eine Chance, eine Fuge vollständig zu begreifen. Behalten Sie einfach, dass es sich um ein spezielles Prinzip zum Komponieren handelt. Wenn ein Leitinstrument zunächst ein musikalisches Thema vorstellt und dieses Thema dann in Variationen ständig wiederkehrt, könnte es sich um eine Fuge handeln.
- *Sonate:* Es gibt mehrere Sätze, also gewissermaßen Strophen, es wird nicht gesungen, und die Sonate kann von einem Solisten oder mehreren Musikern gespielt werden. Typische Komponisten:

Wolfgang Amadeus Mozart
(27.1.1756–5.12.1791)

Ludwig van Beethoven
(17.12.1770–26.3.1827)

Frédéric Chopin
(22.2. oder 1.3.1810–
17.10.1849)

Mozart-Effekt

Eine US-Psychologin hat 1993 angeblich herausgefunden, dass das Hören von Mozarts Musik die Intelligenz zumindest kurzfristig steigert. In der Folge wurden in einigen US-Bundesstaaten Mozart-CDs an werdende Mütter verteilt. Alles Blödsinn, fanden Wiener Forscher heraus, die diesbezüglich 39 Studien auswerteten.

Oper und Operette.....................

Auf den Punkt gebracht: Eine Oper ist ein Theaterstück, in dem alle Texte mehr oder weniger gesungen werden. In der Operette, der kleinen Schwester sozusagen, wird durchaus auch gesprochen. Meist haben Sie es hier mit einer eher heiter-leichten Handlung zu tun. Die Vorstufe zur Oper waren sogenannte Intermedien, besser bekannt als Intermezzos, die zwischen den Akten gezeigt wurden. Meist hatten sie eine eigenständige Handlung. Geboren wurde die Oper Anfang des 17. Jahrhunderts.

Claudio Monteverdi (ca. 1567–29.11.1643) komponierte mit L'Orfeo (Orpheus) eine der ersten Opern.

Einige Opern und ihre Komponisten sollten Ihnen geläufig sein, z.B. Richard Wagner (22.5.1813–13.2.1883) – Komponist, Dichter und Dirigent. Es gibt noch heute einen Richard-Wagner-Verband, eine Deutsche Richard-Wagner-Gesellschaft und natürlich die Bayreuther Festspiele. Wagner ließ von 1873 bis 1876 in Bayreuth ein Festspielhaus bauen. Typisch für seine Opern ist, dass die Musik den gesamten Akt über nicht aufhört und dass bestimmten Personen, Themen oder Gefühlslagen ein musikalisches Thema

Komische Oper

Ebenfalls Anfang des 17. Jahrhunderts hat sich in Frankreich die Richtung der *Opéra comique* entwickelt. Das waren einfache Komödien mit eingearbeiteten Musikstücken. Bitte im Kopf behalten: Sie muss nicht komisch sein, sondern ist durchaus häufig sentimentalkitschig. Ganz im Gegensatz zur italienischen *opera buffa*, der wirklich humorvollen Oper.

zugeordnet war. Für ihn spiegelte die Oper die gesamte menschliche Existenz wider. Einige Werke: *Der Ring des Nibelungen*, bestehend aus *Das Rheingold*, *Die Walküre*, *Siegfried* und *Götterdämmerung* oder auch *Der fliegende Holländer*.

Erheblich weniger schwere Kost als Wagner hat Giuseppe Verdi (vermutlich 10.10.1813–27.1.1901) produziert. In der ersten Hälfte des 19. Jahrhunderts wurde er noch ausgepfiffen, dann aber startete er durch.

Auch Italiener und ein weiterer Klassiker ist Giacomo Puccini (22.12.1858 – 29.11.1924). Seinen Durchbruch hatte er mit der Oper *Manon Lescaut*, die den meisten nicht als Erstes einfallen wird. Was aber wirklich jeder kennt, ist *La Bohème*, *Tosca* und *Madame Butterfly*. Letztere sorgte bei der Uraufführung nicht direkt für Begeisterung und musste deswegen komplett überarbeitet werden.

Giuseppe Verdi schuf einen Kassenschlager nach dem anderen: Rigoletto, La Traviata, Ein Maskenball oder auch Aida.

Wenn Sie zu einem Komponisten oder einer Oper gerade kein bisschen parat haben, lenken Sie das Gespräch auf neue Musiktheaterwerke. Dann können Sie Alban Berg (9. 2. 1885–24. 12. 1935) ins Spiel bringen, über den sie im nächsten Abschnitt noch etwas erfahren. Seine *Lulu*, in der es um eine Frau geht, die einen Mord begeht und dann selbst Opfer von Jack the Ripper wird, konnte er nicht mehr beenden.

Alban Bergs (links) Oper Wozzek *setzt das Drama* Woyzeck *von Georg Büchner (17. 10. 1813–19. 2. 37, rechts) um.*

Zeitgenössische Musik

Die kleinen Unstimmigkeiten bei der Verwendung des Begriffes „klassische Musik" kennen Sie ja. Richtig kompliziert wird es, wenn es um ernste Musik des 20. und 21. Jahrhunderts geht. Diese wird dann häufig als zeitgenössische Musik bezeichnet. Der Deutsche Musikrat e. V. (Dachverband des Musiklebens in Deutschland) prägt den Begriff von der Kunstmusik der Gegenwart. Durchaus gebräuchlich ist aber auch die Bezeichnung „Neue Musik".
Wichtigstes Merkmal ist die Abkehr von der Tonalität. Aber was ist das eigentlich? Die Tonalität ist sozusagen ein festgelegter Klangrahmen in Dur oder Moll, der aus zwölf Halbtönen besteht. Die Abkehr von alten Ordnungen bzw. die Hinwendung zur Verwendung aller Töne in neuartiger Zusammenstellung nahm in der ersten Hälfte des 20. Jahrhunderts in der Zwölftonmusik ihren Anfang.

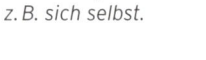

Schönberg malte auch, z. B. sich selbst.

Diese Namen sollten Sie kennen: Arnold Schönberg (13. 9. 1874–13. 7. 1951), selbst ernannter Entwickler der Zwölftontechnik, Alban Berg (9. 2. 1885– 24. 12. 1935), Schüler Schönbergs, und Anton Webern (3. 12. 1883–15. 9. 1945), der im Gegensatz zu den anderen beiden extrem kurze Stücke verfasste. Die Weiterentwicklung der Zwölftonmusik führte zur seriellen Musik, bei der auch mit Lautstärke, Dauer von Tönen oder Klangfarben experimentiert wurde.

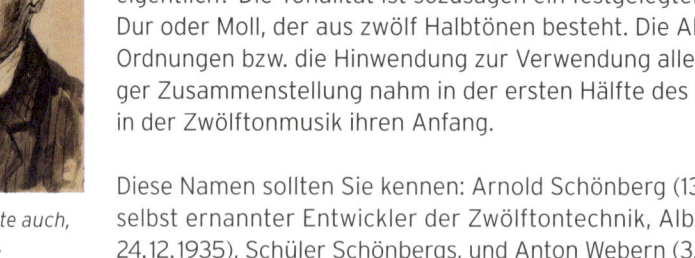

Wenn es um Neue Musik geht, müssen Sie den Namen Karlheinz Stockhausen (22. 8. 1928–5. 12. 2007) parat haben. Einige nennen ihn den wichtigsten Komponisten der Nachkriegszeit, andere Elektronikpionier, wieder andere Techno-Papa. Fakt ist, dass er die serielle und die elektronische Musik vorangetrieben hat.

Karlheinz Stockhausen

Rock und Pop......................................

Dabei haben Sie es mit einem Gebiet zu tun, das Sie gar nicht komplett überschauen können. Es kann passieren, dass Sie ausgerechnet die Band, von der Ihr Gesprächspartner schwärmt, nicht kennen. Rüsten Sie sich deshalb mit Grundwissen über die Großen der Musik aus, das Sie immer anbringen können.

Wenn Sie keine Ahnung von Jazz haben, merken Sie sich nur, dass afrikanische Sklaven ihre eigene Musik mit in die Vereinigten Staaten brachten. Ihre Nachkommen verknüpften diese schnell mit den Harmonien der Weißen, so entstand der Jazz. Für ungeübte Ohren klingt es vielleicht, als läge dieser Musik kein tieferes Prinzip zugrunde. Nicht umsonst heißt es über das Spielen von Jazzmusik: „Wer zuerst fertig ist, hat gewonnen." Sie wissen es natürlich besser. Es handelt sich eben im Wesentlichen um improvisierte Musik, für die ganz andere Regeln gelten, nämlich nicht so viele! Die Künstler bringen ihre eigenen Erfahrungen und vor allem Emotionen spontan ein. Kein Konzert ist wie das andere. Wenn Sie jetzt noch beiläufig fallen lassen, dass das *Call-and-Response-System* ganz typisch für den Jazz ist, bei dem die Musiker mit ihrem Instrument auf den jeweils anderen reagieren, stehen Sie ziemlich gut da. Sie sollten auch wissen, dass sich die Klassiker – wie der New Orleans, der Chicago, der Dixieland Jazz oder auch der Swing – von den neuen Richtungen – wie Nu oder Acid Jazz oder auch Jazz-Rap – deutlich unterscheiden. Nu Jazz beispielsweise ist elektronische Musik. Klar, dass sich das ganz anders anhört als handgemachter, also nur mit richtigen Instrumenten gespielter Jazz zu seiner Entstehungszeit.

Drei Namen sollten Sie kennen: Louis Armstrong (4.8.1901–6.7.1971) hat den Jazz gewissermaßen revolutioniert. Der Sänger und Trompeter rückte den Solisten in den Vordergrund. Außerdem ist er für den sogenannten Scat-Gesang bekannt, bei dem er einzelne Silben und Laute rhythmisch so zusammenfügte, dass sie wie Instrumente klangen.

Bestimmt haben Sie schon gehört, dass Armstrong „Satchmo" genannt wurde. Woher kommt der Spitzname eigentlich? Von seinen wulstigen Lippen und dem großen Mund (engl. satchel = Schulmappe, Tasche; mouth = Mund)

Goodman war vor allem für sein Klarinettenspiel bekannt. Und er war der erste Jazzmusiker, der mit seiner Big Band in der New Yorker Carnegie Hall, dem noch heute wichtigsten amerikanischen Konzerthaus, aufgetreten ist.

Benny, eigentlich Benjamin David, Goodman (30.5.1909–13.6.1986), nennen Sie ihn bitte *King of Swing*, denn er war der unumstrittene König des Swing, was die wohl populärste Richtung des Jazz ist. Zur Zeit der Weltwirtschaftskrise gründeten Solisten gemeinsam Big Bands, um über die Runden zu kommen – so ist der Swing entstanden.

Die nach ihm benannte Big Band von Count Basie (eigentlich William Allen Basie; 21.8.1904–26.4.1984), das Count Basie Orchestra, gehört ebenfalls zu den ganz großen Nummern. Er leitete es übrigens beinahe 50 Jahre lang. Und dann sollten Sie noch wissen, dass diese Truppe die Improvisation, die im Swing eher eine untergeordnete Rolle spielt, wieder stärker in den Vordergrund gebracht hat.

Count Basie hatte seine eigene Big Band.

Rock 'n' Roll

Wer über Musik spricht, kommt um den Rock 'n' Roll nicht herum. Entstanden ist die Musik in den 1950ern und 1960ern aus Boogie-Woogie, Gospel, Country und Rhythm and Blues. Rock 'n' Roll ist nicht nur der Name einer Musik und eines Lebensgefühls, sondern auch eines bestimmten Tanzstils. Rock 'n' Roll verstand sich zudem als freches Aufbegehren gegen eine spießige, reglementierte Gesellschaft.

> **!** Natürlich entsteht eine Musikrichtung immer durch eine langsame Entwicklung. Im Falle des Rock 'n' Roll gibt es aber so etwas wie einen offiziellen Start. Der war am 12.4.1954, als Bill Haley (6.7.1925–9.2.1981) mit seiner Band *The Comets* das Lied *Rock around the clock* im Studio aufnahm.

Vertreter dieser Musik und des Hüftwackelns ist, na klar, Elvis Aaron Presley (8.1.1935–16.8.1977).

Mit bis heute weit mehr als 1,6 Milliarden verkauften Tonträgern kann man ihn getrost als den *King of Rock 'n' Roll* bezeichnen. Zwar erregte sein Beckenkreisen Aufsehen, doch deutlich frecher war eigentlich Jerry Lee Lewis (*29.9.1935), Beiname *The Killer*, der immer für einen Skandal gut war – er heiratete z.B. seine 13-jährige Cousine. Oder auch Little Richard (eigentlich Richard Wayne Penniman; *5.12.1932), der mit *Tutti Frutti* berühmt wurde. Sie können zum Gespräch beitragen, dass er die Rolling Stones als Vorgruppe und Jimi Hendrix (27.11.1942–18.9.1970) als Bandmitglied engagiert hat und später in Fernsehserien wie *Miami Vice* oder *Baywatch* auftrat.

Elvis – der King of Rock 'n' Roll

Musikalische Giganten im Rock und Pop

Zwei große Namen sind eben schon gefallen: Jimi Hendrix und Rolling Stones.

Ist von den Rolling Stones die Rede, kommt – abhängig von Ihrem Alter natürlich – die Frage, ob Sie Stones- oder Beatles-Fan waren. Tatsächlich gelten diese beiden Bands als Gegensätze. Wer die einen gut findet, kann die anderen eigentlich gar nicht mögen. Wieso? Die Rolling Stones sind bekannt für harte, raue Musik, die Beatles für netten Pop. Originalbesetzung Stones: Mick Jagger (*26.7.1943), der 2011 eine neue Band, SuperHeavy, gegründet hat, Keith Richards (*18.12.1943), der angeblich Spuren der

> James Marshall, besser bekannt als Jimi Hendrix (27.11.1942–18.9.1970), ist berühmt für die harten Töne, die er seiner elektrischen Gitarre entlockt hat – Rückkopplungen und Frequenzüberschneidungen, die den Verstärker zum Jaulen brachten, inklusive.

Asche seines Vaters mit Kokain geschnupft haben soll, Brian Jones (28.2.1942–3.7.1969), der nach dem Ausschluss aus der Band verunglückt ist oder womöglich ermordet wurde, Dick Taylor (*28.1.1943), heute bei der Band The Pretty Things, Ian Stewart (18.7.1938–12.12.1985), der wegen seines Aussehens aus der Band flog,

Mick Jagger und Keith Richards 1972

Wussten Sie, dass Jimi Hendrix' erste Gitarre eine Ukulele mit nur einer Saite war, die sein Vater ihm geschenkt hat?

163

und Tony Chapman, nur rund ein halbes Jahr Stones-Mitglied. Heute bestehen die Rolling Stones aus Mick Jagger, Keith Richards, Ron Wood (*1.6.1947) und Charlie Watts (*2.6.1941), der Dick Taylor am Schlagzeug abgelöst hatte.

Die Beatles waren John Lennon (9.10.1940–8.12.1980), Paul McCartney (*18.6.1942), George Harrison (25.11.1943–29.11.2001) und Ringo Starr (*7.7.1940).
Die Rivalität der Beatles und der Rolling Stones existierte übrigens nur unter den Fans. Die Beatles besorgten den Stones ihren ersten Manager und Plattenvertrag, und auch sonst haben sich die Bands immer gegenseitig unterstützt.

Unglaublich, dass es die Beatles nur zehn Jahre gegeben hat, denn noch heute halten sie unzählige musikalische Rekorde. Außerdem ist ihr Einfluss auf die Popmusik bis heute riesig. Der von ihnen begründete Beat ist der erste eigene englische Rockstil. Alle Musikrichtungen und Künstler, die nach ihnen kamen, waren von ihnen mehr oder weniger stark inspiriert.

Rockfestivals früher und heute

Eine Legende unter den Musikfestivals ist definitiv Woodstock (15.–18.8.1969). Den meisten ist davon nicht im Gedächtnis geblieben, dass 32 Musiker für *Peace, Love and Happiness* (Frieden, Liebe und Fröhlichkeit) sangen, sondern dass rund zehnmal so viele Menschen wie geplant kamen, das Gelände verwüsteten und sich im Schlamm wälzten. Die negative Seite waren der Drogentod und der Unfalltod zweier Besucher. Im Ort Woodstock, wo Bob Dylan (eigentlich Robert Allen Zimmerman; *24.5.1941) wohnte, fand das Ereignis allerdings gar nicht statt. Dort wollte man das Open-Air-Festival nicht ausrichten. Trotzdem stürmten viele Dylans Haus, weswegen er schon frühzeitig nach New York floh. Auch von Protesten gegen Krieg und Kommerz kann nicht die Rede sein. Die Idee stammte nämlich von einem Produzenten, der damit sein Musikstudio in Woodstock finanzieren wollte.

*Bob Dylan zusammen mit der Sängerin Joan Baez (*9.1.1941)*

Fängt auch mit W an und ist nicht weniger wild, im Gegenteil: Das Wacken Open Air ist eins der größten, wenn nicht das größte Heavy Metal Festival überhaupt. Es findet in dem kleinen Ort Wacken in Schleswig-Holstein statt und wird traditionell vom Musikzug der Freiwilligen Feuerwehr Wacken eröffnet. Haare schüttelnde Rocker und eine Feuerwehrkapelle, das funktioniert nun schon seit 1990. Tickets für das drei Tage dauernde Spektakel, bei dem inzwischen über 100 Bands auftreten, sind meist schon Monate vorher ausverkauft.

Darstellende Kunst..................

Mit Musik kennen Sie sich jetzt aus. Die vielen genannten Sänger zählt man auch zu den darstellenden Künstlern. In diesem Abschnitt geht es um andere Sparten dieser Kunstrichtung, um Theater, Tanz und Film.

Theater

Der Vorhang hebt sich, das Geschehen beginnt, ein Konflikt oder eine Verwechslung bahnt sich an, das Publikum fiebert mit oder lacht, der Vorhang fällt. Das ist Theater. Ausschließlich? Nein, das ist nur eine Sparte, nämlich das Sprechtheater. Musicals, Operetten oder Opern gehören zum Musiktheater. Darüber hinaus gibt es Figurentheater, bei dem keine Schauspieler oder Sänger agieren, sondern Puppen wie etwa Marionetten. Und dann wäre da noch das Tanztheater.

Wenn Sie mit Theaterkennern unterwegs sind, sollten Sie den Dramaturgen vom Intendanten unterscheiden und sagen können, was ein Spielleiter zu tun hat. Der Dramaturg unserer Tage hat mit der Umsetzung eines Stückes nicht mehr viel zu tun. Vielmehr ist er in die Öffentlichkeitsarbeit eingebunden und gestaltet maßgeblich den Spielplan, sucht also die Stücke aus, um dem Theater Profil zu verleihen und sich gegenüber der Konkurrenz abzusetzen. Früher arbeitete er selbst an Texten, einige schrieben sogar ganze Stücke, wie z. B. Johann Wolfgang von Goethe (28. 8. 1749–22. 3. 1832) oder Bertolt Brecht (10. 2. 1898–14. 8. 1956). Der Intendant ist der Geschäftsführer des Hauses; der Spielleiter, der nicht nur auf französisch Regisseur heißt, leitet die Schauspieler an und gibt dem Stück seinen ganz eigenen Charakter.

Noch schnell ein paar Schauspieler, deren Namen Ihnen etwas sagen sollten bzw. die

Performance

Natürlich kennen Sie sich nicht nur mit dem klassischen Theater aus, sondern auch mit moderneren Erscheinungen, z. B. der *Performance*. Das englische Wort bedeutet nichts anderes als Aufführung. In der Kunst ist aber eine Gegenrichtung zum vermeintlich starren Theater gemeint, die in den 1960er-Jahren entstanden ist. Wichtige Merkmale: Eine Performance ist nicht eingeübt und immer wieder reproduzierbar, sondern zu großen Teilen improvisiert und jedes Mal anders. Sie kann auf offener Straße, im Museum oder an jedem anderen Ort stattfinden.

Katharina und Anna Thalbach spielen auch zusammen.

man im Gespräch ganz beiläufig erwähnen kann, um sich als Kenner der Theaterszene auszuweisen.

Ganz bekannt ist der Thalbach-Clan. Katharina Thalbach (*19.1.1954) ist auf der Bühne ein Ereignis. Ihr Vater war Regisseur, die Mutter Schauspielerin; auch Thalbachs Tochter Anna (*1.6.1973) ist Schauspielerin. Erwähnen Sie Katharinas Vielseitigkeit. Sie ist mit dem Film *Die Blechtrommel* bekannt geworden und war auch in Til Schweigers (*19.12.1963) *Kokowääh* zu sehen. Am Theater spielte sie die Betty aus der *Dreigroschenoper* oder auch die Titelrolle in *Frau Jenny Treibel*. Außerdem führt sie selbst Regie und spricht mit ihrer markant-kratzigen Stimme Hörbücher.

Wer die Buhlschaft im *Jedermann* spielt, gehört an sich schon zur Elite. Birgit Minichmayr (*3.4.1977) übernahm die Rolle bei den Salzburger Festspielen. In der *Dreigroschenoper* hat sie unter der Regie von Klaus Maria Brandauer (*22.6.1943) gearbeitet.

Zwar ist Nicole Heesters (*14.2.1937) auch immer wieder im Fernsehen zu sehen, ihre Auszeichnungen aber bekam sie für ihre Theaterrollen, z. B. den Rolf-Mares-Preis für *Vita und Virginia*, aufgeführt in den Hamburger Kammerspielen, oder den Goldenen Vorhang in Berlin.

*Birgit Minichmayr spielte auch unter Tom Tykwer (*23.5.1965) im Film* Das Parfum *und heimste schon zahlreiche Preise ein.*

Der Name Hörbiger ist untrennbar mit Theater und Film verbunden. Vermutlich kennen Sie Christiane Hörbiger (*13.10.1938). Aber wissen Sie auch, dass deren Schwester Maresa Hörbiger (*29.1.1945) die interessantere Kandidatin ist, wenn es um das Theater geht? 2005 wurde sie vom österreichischen Bundespräsidenten zur Kammerschauspielerin ernannt.

Kammerschauspieler oder Kammersänger, was ist das eigentlich? Es handelt sich um Ehrentitel, die für besondere Leistungen verliehen werden. Den Kammerschauspieler gibt es in Österreich seit 1926. Zum Kammersänger kann man auch in Hamburg, Bayern oder Berlin gekürt werden.

Maresa und Christiane Hörbiger

Tanz

In diesem Abschnitt müssen Sie im Grunde nur zwei Bereiche kennen: das Ballett und das Tanztheater. Das Ballett ist gewissermaßen die klassische Form. Eine Handlung wird musikalisch und tänzerisch dargestellt. Auch beim Tanztheater, das sich etwa seit der zweiten Hälfte des 20. Jahrhunderts entwickelt hat, kann es Handlungen geben. Es ist aber auch möglich, dass nur Emotionen dargestellt werden. Ein weiterer großer Unterschied: Während das Ballett sehr künstlich und streng an klassische Schritte gebunden ist, darf im Tanztheater mit sämtlichen Möglichkeiten der Bewegung experimentiert werden.

Große Namen des Balletts

Berühmte Ballettstücke, die immer wieder aufgeführt werden, sind *Der Nußknacker* und *Schwanensee* von Pjotr Iljitsch Tschaikowski (7. 5. 1840–6. 11. 1893) – Sie dürfen Peter Tschaikowski sagen –, sowie *Giselle* nach Théophile Gautier (30. 8. 1811–23. 10. 1873).

Unbestritten einer der größten Namen der heutigen Ballettszene ist John Neumeier (*24. 2. 1942). Er machte sich vor allem als Choreograf einen Namen und leitet seit 1973 das Hamburg Ballett.

Eine schillernde Figur ist Mikhail Baryshnikov (*27. 1. 1948), der als Solist am berühmten Kirow-Ballett in Sankt Petersburg tanzte. Er beantragte 1974 Asyl in den USA, ließ sich dort nieder und nahm Schauspielunterricht. Sie kennen ihn vielleicht aus der Serie *Sex and the City*.

Tschaikowski, wie ihn der Maler Nikolay Kuznetsov (1911–1995) verewigte

Zum Schluss noch ein etwas weniger bekannter Name, mit dem Sie auftrumpfen können: Sonia Santiago (*1. 11. 1966). Lassen Sie in den nächsten Small Talk einfließen, dass die Dame sehr viele Solorollen tanzte, die speziell für sie geschrieben wurden. Natürlich können Sie auch berichten, dass sie als Ballettmeisterin tätig ist und an der Seite des israelischen Tänzers und Choreografen Lior Lev (*1969) arbeitete.

> **!** John Neumeier ist im Jahr 2003 von Jacques Chirac (*29. 11. 1932) zum Ritter der Ehrenlegion ernannt worden. Er ist außerdem Ehrenbürger Hamburgs und Intendant des 2011 gegründeten Bundesjugendballetts.

Große Namen des Tanztheaters

Der Name dieser Sparte ist ohne Zweifel Pina Bausch (eigentlich
Philippina Bausch, 27.7.1940–30.6.2009), denn sie hat das Genre des
Tanztheaters bekannt gemacht und in Wuppertal auch ein eigenes
Tanztheater geleitet.

Es lohnt sich, eine weitere Dame zu kennen, die die Tanzszene Österreichs auf den Kopf gestellt hat: Editta Braun (*1958). Ihre Arbeit ist
von der Mischung der verschiedenen Gattungen geprägt. Sie lässt
Schriftsteller, Schauspieler, natürlich Tänzer, aber auch Licht- oder
Videokünstler in der Editta Braun Company gemeinsam agieren.

Eine der ältesten und gleichzeitig erfolgreichsten Tanztheater-Gruppen
ist die 1971 gegründete Truppe Pilobolus. Die Amerikaner tanzten schon
bei der Oscarverleihung und in Thomas Gottschalks (*18.5.1950) letzter
Sendung von *Wetten dass …?*.

*Mit einem Kine-
matografen wird
ein Film gezeigt.*

Film

Nomen est omen. Auf die Erfinder des Films, die Brüder
Lumière trifft das durchaus zu. Denn ihr Name bedeutet
Licht, und sie haben die Lichtspielhäuser ins Leben gerufen. Ihr Cinématographe war ein Kasten, der sowohl Filme
aufnehmen als auch abspielen konnte. Die erste öffentliche Vorführung damit fand am 28.12.1895 statt. Damals
handelte es sich um Kurzfilme ohne Ton. Apropos: Wenn
Sie es mit echten Cineasten (als Cineasten bezeichnen
sich vermeintliche Filmkenner, wobei das Wort eigentlich
Filmschaffende meint; wer Kino liebt, ist cinephile) zu
tun haben, ist es immer gut, ein paar berühmte Stumm-
filme nennen zu können. Da wäre *Quo vadis?* von Enrico

Unter selbst ernannten Filmfachleuten ist es sehr beliebt, Zitate aus berühmten Streifen wiederzugeben: „Hasta la vista, Baby" aus *Terminator*,
was übrigens nichts anderes heißt als „Auf Wiedersehen, Schatz". Oder
dieses aus *Casablanca*: „Play it again, Sam." Nur kommt das Zitat in dieser
Form gar nicht vor. Ingrid Bergman (29.8.1915–29.8.1982) sagt: „Play
it once, Sam, for old time's sake", und Humphrey Bogart (25.12.1899–
14.1.1957) sagt: „Play it for me" sowie schlicht: „Play it".

Guazzoni (18. 9.1876–24. 9.1949) aus dem Jahr 1913. Oder *Das Cabinet des Dr. Caligari* von Robert Wiene (27. 4.1873–16. 6.1938) aus dem Jahr 1919. Und auch diese Titel sollten Sie schon gehört haben: *Nosferatu – eine Symphonie des Grauens* von Friedrich Wilhelm Murnau (28.12.1888– 11. 3.1931) von 1921 oder *Goldrausch* von Charles Chaplin (16. 4.1889– 5.12.1977) aus dem Jahr 1925.

Charlie Chaplin als Tramp

Die weltweit erfolgreichsten Filme

Nicht nur für Plauderrunden im Kinofoyer, sondern auch für zukünftige Kandidaten für Quizshows interessant, sind die Ranglisten der erfolgreichsten Filme. Aber Achtung, was heißt schon erfolgreich? Meist werden für solche Hitlisten nicht die Besucherzahlen, sondern die Einspielergebnisse gezählt. Da die Eintrittspreise steigen, verzerrt das die Ranks. Hier die weltweit kommerziell erfolgreichsten Filme und ihre Regisseure:

- *Avatar* von James Cameron (*16. 8.1954)
- *Titanic* von James Cameron
- *Der Herr der Ringe – die Rückkehr des Königs* von Peter Jackson (*31.10.1961)
- *Fluch der Karibik II* von Gore Verbinski (eigentlich Gregor Verbinski, *16. 3.1964)
- *Batman – The Dark Knight* von Christopher Nolan (*30. 7.1970)
- *Harry Potter und der Stein der Weisen* von Chris Columbus (*10. 9.1958)
- *Fluch der Karibik III* von Gore Verbinski
- *Harry Potter und der Orden des Phoenix* von David Yates (*30.11.1963)
- *Harry Potter und der Halbblutprinz* von David Yates
- *Der Herr der Ringe – die zwei Türme* von Peter Jackson

Autorenkino

Unter Autorenkino verstehen die meisten Menschen etwas Gegensätzliches zu leichter Unterhaltung, also Filme mit z. B. künstlerischem oder psychologischem Anspruch. Im Grunde handelt es sich allerdings nur um einen Film, bei dem der Regisseur nicht vom Produzenten (der das Geld auf den Tisch legt) beeinflusst wird, sondern wirklich – wie ein Romanautor – die Geschichte so erzählt, wie er sie haben will. Oft schreibt er auch das Drehbuch selbst.

Zwei Beispiele für Autorenfilmer: Der spanische Regisseur und Drehbuchschreiber Pedro Almodóvar (*24.9.1949) wurde mit *Frauen am Rande des Nervenzusammenbruchs* berühmt. Ebenfalls sehr bekannt von ihm: *Alles über meine Mutter.* Ein weiterer Vertreter ist Tom Tykwer (*23.5.1965), der seinen Durchbruch mit *Lola rennt* hatte.

Pedro Almodóvar

Oscar-Schauspieler

Schauspieler gibt es wie Sand am Meer, gute und schlechte. Merken Sie sich einfach einige, die einen Oscar gewonnen haben, und loben Sie deren Vielseitigkeit und darstellerische Tiefe. So schlecht können sie nicht sein, und niemand wird sich trauen, Ihnen zu widersprechen. Darüber hinaus retten Sie sich am besten mit kleinen Skandal-Geschichten, die für perfekte Unterhaltung sorgen. 1927 wurde die *Academy of Motion Picture Arts and Sciences Los Angeles-Hollywood* (Akademie der Filmkünste und -wissenschaften) gegründet. Seit 1929 verleiht sie jährlich den Filmpreis, z.B. in den Kategorien Film, Regie, Drehbuch, Haupt- und Nebendarsteller, Schnitt, Kostüm, Maske, Filmmusik.

Tom Tykwer

Den goldenen Kerl mit dem Schwert, der auf einer Filmrolle steht, kennt jeder. Wussten Sie aber, dass die Oscarfigur von dem Filmarchitekten Cedric Gibbons (23.3.1893–26.7.1960) entworfen wurde, der auch die Bühnenbilder für *Der Zauberer von Oz* oder *Ein Amerikaner in Paris* schuf? Er ist 4 kg schwer und mit 24-karätigem Gold überzogen. Woher der Name kommt, ist nicht geklärt. Eine Angestellte der Academy soll ihn geprägt haben, die fand, dass die goldene Skulptur ihrem Onkel Oscar ähnlich sah.

Weibliche Rekordhalterin in Sachen Hauptdarsteller-Oscar ist Katharine Hepburn (12.5.1907–29.6.2003) mit vier Auszeichnungen und zwölf Nominierungen. Für den besten männlichen Hauptdarsteller ist Jack Nicholson (*22.4.1937) dreimal und damit am häufigsten ausgezeichnet worden.

Übrigens gibt es eine Studie, die besagt, dass Schauspielerinnen, die als beste Hauptdarstellerin ausgezeichnet wurden, besonders scheidungsgefährdet sind. Beispiele sind Kate Winslet, Sandra Bullock (*26.7.1964) oder auch Halle Berry (*14.8.1966). Für Männer, die in der Königsklasse abgeräumt haben, gilt das nicht. Niemals ausgezeichnet und dann auch noch während der traditionellen Schweigeminute für verstorbene Filmgrößen vergessen, wurde Farrah Fawcett (eigentlich Mary Farrah Leni Fawcett, 2.2.1947–25.6.2009).

*Kate Winslet (*5.10.1975) hat für Der Vorleser den begehrten Oscar in der Königsklasse, nämlich als beste Hauptdarstellerin bekommen, war aber 2007 schon fünfmal nominiert. Damit hält sie den Rekord als jüngste Schauspielerin mit derartig vielen Nominierungen.*

Sie als Kenner sprechen nicht von der Goldenen Himbeere, sondern natürlich vom Razzie Award (engl. Golden Raspberry Award).

Seit 1981 gibt es ein Pendant zum Oscar, nämlich den Gegenpreis die Goldene Himbeere. Die ungeliebte Trophäe wird am Abend vor den Oscars verliehen. Die wenigsten nehmen sie selbst in Empfang. Ganz anders die Oscar-Gewinnerinnen Halle Berry und Sandra Bullock. Zur schlechtesten Schauspielerin des Jahrhunderts wurde Madonna (eigentlich Madonna Louise Ciccone *16.8.1958), zum schlechtesten Schauspieler aller Zeiten wurde Sylvester Stallone (*6.7.1946) gekürt.

frz. pendant = Gegenstück

Skandalfiguren des Films

Wie Sie wissen, machen Schauspieler nicht nur mit ihrem beruflichen Können Schlagzeilen sondern auch, manchmal sogar eher, mit ihren Skandalen. Wohl kaum einer verdient die Bezeichnung „Skandalschauspieler" so wie Klaus Kinski (18.10.1926–23.11.1991). Er war bekannt für seine Pöbeleien und Wutausbrüche. Das Theater- oder Talkshow-Publikum beschimpfte er ebenso wie Moderatoren oder Journalisten. Sein liebstes Opfer war sein Regisseur Werner Herzog (*5.9.1942), mit dem er oft zusammen gearbeitet hat. Herzog soll teilweise bewaffnet hinter der Kamera gestanden haben, um Kinski in Schach zu halten.

Eine Karikatur von Klaus Kinski

Sacha Baron Cohen hält in seiner Rolle Ali G eine Rede an der Harvard University.

Ganz anders skandalös kommt Sacha Noam Baron Cohen (*13.10.1971) daher. Der britische Komiker nimmt als Möchtegernrapper Ali G, kasachischer Reporter Borat oder Modekenner Brüno Branchen und Vorurteile auf die Schippe. Einige finden das lustig, andere rassistisch und vulgär.

Und dann wären da noch diese Herren: Ben Becker (*19.12.1964) ist bekannt für seine Ausfälle – einmal erklärte er beispielsweise Franz Beckenbauer (*11.9.1945) für tot – und Drogenexzesse sowie für seine Begeisterung für die kriminellen Hell's Angels. Inzwischen behauptet er, er habe das alles hinter sich gelassen und liest schon mal auf dem Katholikentag aus der Bibel.

Ganz anders Charlie Sheen (eigentlich Carlos Irwin Estévez; *3.9.1965). Sein Motto scheint zu lauten: Je oller, desto doller. Mit Filmen wie *Platoon* oder *Wall Street* hatte er großen Erfolg. Leider erlangte der bestbezahlte Seriendarsteller aber auch durch seine Drogenorgien und seine Brutalität Berühmtheit. Einer Ehefrau schoss er in den Arm, eine andere bedrohte er mit dem Messer.

Literatur ·······································

Ohne Literatur gäbe es kein Theater und keinen Film, Bücher sowieso nicht. Rund 100.000 Neuerscheinungen, der Verleger oder Buchhändler spricht von Novitäten, gibt es im Jahr allein in Deutschland. Da ist bestimmt etwas für Sie dabei, worüber Sie plaudern können. Fragt man Sie nach einem Klassiker, nach einem Buch, das man gelesen haben muss, Sie ahnen aber nicht einmal, was der Inhalt sein könnte, antworten Sie einfach mit nebenstehendem Spruch, und Sie sind aus dem Schneider.

> **Das hebe ich mir noch auf für eine Zeit der Muße, in der ich das Werk so richtig genießen kann."**

Literaturgattungen
·······································

Schriftsteller ist kein Lehrberuf, weshalb viele meinen, Schreiben und Veröffentlichen sei ganz einfach. Niemand kann bei so viel Literatur den Überblick behalten. Es reicht darum völlig, wenn Sie mit einigen Grundbegriffen vertraut sind, z. B. mit den wichtigsten Gattungen.

Der Roman ist zwischen dem 13. und 16. Jahrhundert entstanden. Es handelt sich immer um Fiktion, also etwas Erdachtes, und um einen recht langen Text.

Der Dichter René Karl Wilhelm Johann Josef Maria Rilke, besser bekannt als Rainer Maria Rilke (4.12.1875–29.12.1926), wurde von seiner Mutter bis zur Einschulung wie ein Mädchen hergerichtet. Er trug Kleidchen, Zöpfe und spielte mit Puppen.

Dagegen ist die Novelle nur kurz bis mittellang. Sie rankt sich um ein zentrales Thema oder Ereignis, das oft sehr ungewöhnlich ist.

Der Essay sollte Ihnen unbedingt vertraut sein, denn im Grunde ist es in schriftlicher Form, was Sie als eloquenter Zeitgenosse mündlich von sich geben: Gedanken zu einem (wissenschaftlichen) Thema, die sich durch Witz, Deutungen und Überlegungen auszeichnen.

frz. essayer = versuchen

Die Lyrik ist die dritte der literarischen Gattungen neben Epik und Drama. Im Allgemeinen werden die Begriffe „Gedicht" und „Poesie" synonym

verwendet. Eine berühmte Gedichtform ist z. B. das Sonett. Epik wird auch erzählende Literatur genannt. Dazu gehören beispielsweise der Roman oder die Novelle, insgesamt Literatur, die in Vers- oder Prosaform verfasst ist. Das Drama zeichnet sich vor allem durch die Dialoge aus, durch die die Handlung dargestellt wird. Weit gefasst gehören auch Theaterstücke oder Operntexte mit zum Drama.

griech. *anthología* = Sammlung von Blumen

Erzählt Ihnen jemand, er sei schon in einer Anthologie veröffentlicht worden, hat das nichts mit Blumen zu tun. In der Literatur ist davon die Rede, wenn es um Sammlungen von Texten geht, die meist ein gemeinsames Thema haben und von unterschiedlichen Autoren stammen.

Bestseller

Wann ist ein Buch ein Bestseller? Oder fangen wir noch früher an: Wann ist ein Buch überhaupt ein Buch und nicht nur eine Broschüre oder ein Heftchen? Die UNESCO hat festgelegt, dass das Werk mindestens 49 Seiten haben muss, um sich Buch nennen zu dürfen. Bestseller sind der Mode unterworfen. Jedes Jahr verkaufen sich andere Titel besonders häufig. Es gibt aber auch solche, die seit ihrem Erscheinen immer lieferbar geblieben sind und schon deshalb Rekordverkaufszahlen erreicht haben. Allen voran die Bibel, die bis heute geschätzt beinahe drei Milliarden Mal über den Ladentisch ging. Es folgen Zitate von Mao Zedong (26. 12. 1893–9. 9. 1976), *Das Manifest der Kommunistischen Partei*, Gedichte oder auch Artikel von Mao Zedong und der Koran. Erst auf Platz 8 ist mit Charles Dickens' (7. 2. 1812–9. 6. 1870) *Eine Geschichte aus zwei Städten* ein Roman zu finden. Es folgen auf Platz 9 *Scouting for boys*, ein Pfadfinderhandbuch von Robert Baden-Powell (22. 2. 1857–8. 1. 1941) und auf Platz 10 *Der Herr der Ringe* von John Ronald Reuel Tolkien (3. 1. 1892–2. 9. 1973). Neuere Literatur finden Sie auf Rang 19 mit *Der Alchimist* von Paulo Coelho (*24. 8. 1947) und Rang 21 mit *Sakrileg* von Dan Brown (*22. 6. 1964).

Der mächtige Ring aus Der Herr der Ringe

Preisträger

Wie in allen Kunstsparten gibt es auch in der Literatur Preise. Zwei wichtige, die international vergeben werden, sind der Nobelpreis für Literatur und der Friedenspreis des Deutschen Buchhandels.

Die letzten fünf Nobelpreisträger sind:
- 2007 Doris Lessing (*22.10.1919)
- 2008 Jean Marie Gustave Le Clézio (*13.4.1940)
- 2009 Herta Müller (*17.8.1953)
- 2010 Mario Vargas Llosa (*28.3.1936)
- 2011 Tomas Tranströmer (*15.4.1931)

Mit dem Friedenspreis des Deutschen Buchhandels werden – Sie ahnen es – Persönlichkeiten ausgezeichnet, die sich in besonderer Weise für den Frieden einsetzen. Über deren literarische Qualität sagt der Preis also eigentlich nichts. Es muss sich noch nicht einmal um Schriftsteller handeln, wie die Verleihung an den Bildhauer und Maler Anselm Kiefer (*8.3.1945) im Jahr 2008 beweist. Andere berühmte Preisträger: Martin Walser (*24.3.1927) und Siegfried Lenz (*17.3.1926).

Siegfried Lenz

Ein weiterer wichtiger Literaturpreis ist der Ingeborg-Bachmann-Preis. Er wird seit 1977 jährlich verliehen und ist mit 25.000 Euro dotiert. Im Rahmen einer mehrtägigen Veranstaltung bekommen Autoren die Möglichkeit, ihre bis dato unveröffentlichten Texte vorzutragen. Es muss sich um Prosa in deutscher Sprache handeln. Eine berühmte Preisträgerin des Ingeborg-Bachmann-Preises ist die deutsche Schriftstellerin Birgit Vanderbeke (*8.8.1956). 1990 erhielt sie die begehrte Auszeichnung für den Vortrag eines Auszugs aus ihrer Erzählung *Muschelessen*.

Birgit Vanderbeke 2011

Als der wichtigste Literaturpreis im deutschen Sprachraum gilt der Georg-Büchner-Preis, der jährlich in Darmstadt verliehen wird. Der Preis geht an Autoren, die sich durch ihre Arbeit um die deutsche Literatur verdient gemacht haben. 50.000 Euro winken dem Gewinner. Damit gehört der sogenannte Büchner-preis nicht nur zu den renommiertesten, sondern auch zu den höchstdotierten Literaturpreisen für Dichter deutscher Sprache.

Berühmte Preisträgerinnen des Georg-Büchner-Preises sind z. B. die österreichische Autorin Friederike Mayröcker (*20.12.1924), die die Auszeichnung 2001 erhielt, oder die deutsche Schriftstellerin Christa Wolf (18.3.1929–1.12.2011), deren Werk bereits 1980 ausgezeichnet wurde.

Christa Wolf

Friederike Mayröcker

Sprache ....

*Ohne Sprache keine Literatur. Aber die Sprache musste sich
natürlich erst entwickeln. Keine Angst, es wird jetzt nicht kompliziert, denn selbst Fachleute wissen nicht genau, wie
das vor sich ging. Sie können nur vermuten, dass vor
etwa 40.000 Jahren Menschen anfingen, Tierlaute
nachzuahmen, weil sie immer deutlicher merkten, dass
sie miteinander kommunizieren wollten.*

> **!**
>
> Mit einem Goethe-
> Zitat lässt sich immer
> glänzen. Bemühen
> Sie den alten Meister,
> wenn sich jemand
> über die schreckliche
> Ausdrucksweise der
> jungen Leute mokiert:
> „Ich hör' es gern, wenn
> die Jugend plappert:
> Das Neue klingt. Das
> Alte klappert."

Welches sind die muttersprachlich am meisten gesprochenen
Sprachen der Welt? Es gibt keine Studie, die darüber sicher
Auskunft gibt. Sie können aber davon ausgehen, dass Hoch-
chinesisch mit bis zu einer Milliarde Nutzern Spitzenreiter ist.
Es folgen Hindi mit vermutlich 370 Millionen und Englisch mit
350 Millionen Muttersprachlern. Deutsch ergattert mit etwa
110 Millionen ungefähr den elften Rang nach Bengali, das mit
etwa 200 Millionen auf dem neunten Platz liegen dürfte.

Jugendsprache
....

Klar, ein studierter Germanist drückt sich anders aus als jemand, der
nur eine einfache Schulbildung genossen hat. Junge Menschen sprechen
anders als ältere. Trotzdem gibt es keine eigene Jugendsprache, sondern viele verschiedene Szenesprachen.
Seit 2008 gibt es ein Jugendwort des Jahres. Mehr müssen Sie zu
diesem Thema eigentlich nicht wissen, denn der Jargon ändert sich täglich. Vielleicht ein paar Beispiele, die sich bereits einige Jahre halten:

*„Lass' mal 'n Burger
reinziehen!" So oder
so ähnlich könnte
sich ein Jugendlicher
ausdrücken.*

- alken = Alkohol trinken
- am Rad drehen = den Verstand verlieren, durchdrehen
- aufbrezeln = sich hübsch machen
- Burner = besonders tolles Ereignis, besonders guter Witz
- chillen = entspannen
- funzen = funktionieren
- für lau = kostenlos
- hardcore = heftig
- krass = besonders toll, richtig gut
- reinziehen = essen, trinken oder auch allgemein konsumieren
- verplant = wirr, durcheinander

Fernsehen ....

Ist das Fernsehen überhaupt geeignet, um mit Bildung zu bluf-
fen? Klar, denn über kaum ein anderes Thema wird so viel gere-
det wie über den kleinen Bruder des Kinos. Natürlich können Sie
auch zu diesem Thema etwas Schlaues beitragen.

Die Meilensteine

1928: Der ungarische Physiker Dénes von Mihály (7.7.1894–
29.8.1953) präsentiert auf der Berliner Funkausstellung den
sogenannten Telehor, das erste Fernsehgerät für private
Haushalte. Das Bild musste allerdings noch mit einer Lupe
betrachtet werden, so klein war es.

April 1935: In 13 öffentlichen Fernsehstellen in Berlin und
Potsdam kann das Versuchsprogramm des Fernsehsenders
Paul Nipkow – benannt nach Paul Julius Gottlieb Nipkow
(22.8.1860–24.8.1940), Erfinder der Nipkow-Scheibe, die
Farbbilder wiedergeben konnte – kostenlos angesehen wer-
den. Es gibt Wochenschauen, Kurz- und Spielfilme.
Nach Deutschland folgen 1936 Großbritannien, 1938 Frank-
reich, 1939 die UdSSR, 1941 die USA mit der regelmäßigen
Ausstrahlung von Fernsehprogrammen.

Juli 1939: Auf der Funkausstellung wird ein Prototyp des

Dénes von Mihály

sogenannten Einheits-Fernseh-Volksempfängers gezeigt.

1.7.1950: Der Nordwestdeutsche Rundfunk (NWDR) beginnt mit einer
Testphase. Dreimal wöchentlich sendet er ein zweistündiges Programm,
bestehend aus Wochenschauen und Spielfilmen. In der übrigen Zeit
läuft ein Testbild.
Am **25.12.1952** nimmt der NWDR offiziell das öffentliche Fernsehen in
Deutschland auf. Er strahlt täglich von 20 bis 22 Uhr Programm aus, die
erste Sendung ist die Tagesschau.
2.6.1953: Die siebenstündige Live-Übertragung der Krönungszeremo-
nie von Königin Elisabeth II. aus London geht als erstes großes TV-Er-
eignis in die Geschichte ein. 20 Millionen Zuschauer in Europa sehen zu.
1.11.1954: ARD geht auf Sendung.

Das ARD-Logo heute

1.4.1963: ZDF geht auf Sendung.
1967: Start des Farbfernsehens
Januar 1984: Start des Kabelfernsehens

!

Wenn Sie gerade nichts zu einem TV-Thema sagen können, fragen Sie Ihren Gesprächspartner, ob er das Fernsehen wirklich für so lohnend hält, dass man damit rund zehn Jahre seines Lebens verbringen sollte. So viel schaut nämlich der Durchschnitt.

1984: RTL geht auf Sendung und startet in Deutschland damit die Ära des Privatfernsehens, das sich ausschließlich durch Werbung finanziert.

1991: Mit Premiere startet der erste Pay-TV-Sender in Deutschland.

Mit 201 bis 223 Minuten (je nach Quelle) täglich liegen die Deutschen über dem Durchschnitt, was das tägliche Fernsehpensum betrifft. Zusätzlich gilt: je älter, desto länger. Mit über 310 Minuten täglich sollen übrigens die Serben den Spitzenplatz vor der Flimmerkiste halten, gefolgt von den Amerikanern mit rund 280 Minuten jeden Tag.

Wussten Sie, dass rund 3,7 Milliarden Menschen auf der Welt durchschnittlich drei Stunden und zwölf Minuten pro Tag fernsehen?

Nun noch ein paar Fakten, damit Sie immer etwas zu sagen haben: Die älteste und gleichzeitig meist gesehene Krimireihe im Deutschen Fernsehen ist der *Tatort*. Es begann mit der Folge *Taxi nach Leipzig*, die am 29.11.1970 über die Bildschirme flimmerte. Der Vorspann, Sie wissen schon, das Auge im Fadenkreuz und der rennende Mann, blieb seither unverändert. Es gibt zahlreiche Ermittlerteams, die fast jeden Sonntag einen Fall lösen. Zu den beliebtesten gehören u.a. Batic (Miro Nemec, *26.6.1954) und Leitmayr (Udo Wachtveitl, *21.10.1958).

Udo Wachtveitl und Miroslav Nemec

Als Mutter der Talkshows gilt – zumindest für Deutschland – die Bremer Sendung *3nach9*, die am 19.11.1974 startete, Mutter der Castingshows im Bereich Gesang ist *Popstars*.

!

Mit *Popstars* im Jahr 2000 hat die Casting-Schwemme nicht erst begonnen. Talentshows gab es danach unzählbare, doch die ersten waren es nicht. In Deutschland gab es bereits 1953 *Wer will, der kann – die Talentprobe für jedermann* mit Peter Frankenfeld (31.5.1913–4.1.1979). In den 1980er-Jahren schwappte aus Amerika die *Gong Show* nach Europa. Wer sich nicht vor der Jury behaupten konnte, wurde ausgegongt. Heute ersetzt ein *Buzzer* (engl. für Summer) den Gong von damals.

Glossar..

Abstrakte Kunst: Abstrakte Kunst meint bei Weitem nicht nur abstrakte Malerei. Der Gedanke, absolute Kunstwerke zu schaffen, ist in verschiedener Ausprägung auch in beispielsweise Musik und Dichtkunst vertreten. Stark vereinfacht, geht es dieser Richtung, die sich um die Jahrhundertwende (19. auf 20. Jh.) verbreitete, darum, sich von der Abbildung oder Interpretation der realen Welt zu entfernen. Man abstrahiert vom Gegenstand, anstatt ihn – wie beispielsweise ein Fotoapparat – einfach wiederzugeben.

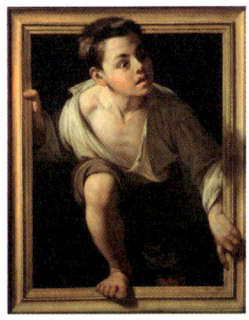

Pere Borrell del Caso (1835–1910) malte Der Kritik entfliehend. *Es täuscht den Betrachter.*

L'art pour l'art: Diese französische Wendung beschreibt eine bestimmte Einstellung zu dem, was Kunst kann und soll. „Die Kunst um der Kunst willen", was die Phrase übersetzt heißt, meint, dass sie nicht etwa (politisch oder gesellschaftlich) engagiert sein oder sich einem anderen Zweck unterordnen muss. Die Kunst genügt sich selbst und verfolgt keine bestimmte Absicht. Das Filmstudio Metro-Goldwyn-Mayer trägt die lateinische Entsprechung der Phrase in dem goldenen Spruchband, das sein weltberühmtes Logo schmückt. Dort können Sie lesen: *ars gratia artis*.

Im Spruchband des Studios steht sein Motto: ars gratia artis, *Kunst als Selbstzweck.*

Barock (um 1600–1730): Wo könnte der Barock anders entstanden sein als in Rom? Immerhin diente diese Richtung vor allem dem Zweck, die Macht der katholischen Kirche, aber auch die weltliche Macht möglichst repräsentativ zu zeigen. In der Malerei kam es in Mode, mit Bildern Illusionen zu erzeugen. Sie als Kenner sprechen vom Trompe-l'Œil (gesprochen: tromplöi).

**Trompe-l'Œil: frz. tromper =
betrügen, in die Irre führen,
l'œil = das Auge**

Installation: Wenn man Kunst an einen Ort packt, diese Kunst sich irgendwie auf den Raum und/oder die Situation bezieht, in dem sie steht, dann haben sie es wahrscheinlich mit einer Installation zu tun. Es kann sich dabei um ganz verschiedene Arten von Kunst handeln: Klanginstallationen, solche aus Licht, Skulpturen im öffentlichen Raum usw.

Das Tolle an einer Installation: Man kann darin herumlaufen. Hier ein Werk des Franzosen Pascal Dombis, einem Vertreter der Digitalen Kunst.

Intermedialität: Wenn sich ein Kunstwerk auf ein anderes bezieht, darauf anspielt, es zitiert oder persifliert, bestimmte Konventionen überträgt, dann liegt Intermedialität vor. Das kann auf allen Ebenen geschehen. Dabei ergeben sich interessante Brüche und Verschmelzungen, die Grenzen überschreiten und ganz neue, innovative Werke entstehen lassen.

Jugendstil (1890–1914): Dieser Stil ist nach der Münchner Kunstzeitschrift *Jugend* benannt. Kennzeichen sind Eleganz und Harmonie und ein Abwenden von den historisierenden Stilen des 19. Jahrhunderts.

Klassizismus (um 1750–1840): Versuch einer Wiederbelebung der künstlerischen Normen und Formen der klassischen griechischen Kunst

Manierismus: Übergangsphase von der Renaissance zum Barock. Alles ist sehr künstlich und geziert. Außerdem ist ein starkes Interesse an allem Mysteriösen, Merkwürdigen und Skurrilen zu beobachten.

Mimesis: Mimetische Kunst begründet sich in der Nachfolge der *Poetik* des griechischen Philosophen Aristoteles auf das Prinzip der Nachahmung. Die Kunst versucht also, die Wirklichkeit abzubilden oder

nachzumachen bzw. der Natur nachzueifern. Das Gegenteil davon ist eine Kunst, die neue Wirklichkeiten, neue Welten schafft und sich nicht die Natur zum Vorbild nimmt.

Renaissance (um 1420–1600): Der Mensch nimmt sich mehr und mehr als Individuum wahr. Plötzlich gilt es nicht mehr als verwerflich, sich mit dem menschlichen Körper zu befassen. Das spiegelt sich in allen Kunstrichtungen wider, allerdings stellte man alles sehr idealisiert dar.

Rokoko (um 1730–1770): Das war nichts für das einfache Volk, sondern in erster Linie Ausdrucksform der höfischen Gesellschaft. Rokoko ist nicht mehr so pompös wie Barock. Weiß löst Gold als Farbe ab. In der Malerei sind erotisch-galante Motive angesagt.

Genau das ist mit „erotisch-galant" gemeint: Die Schaukel, gemalt von Jean-Honoré Fragonard (5. 4. 1732–22. 8. 1806).

GESELLSCHAFT UND
ZEITGESCHEHEN

Gesellschaft ....

In diesem letzten Kapitel soll all das kurz und intensiv beleuchtet werden, was in den vorherigen sechs Kapiteln noch keinen Platz gefunden hat, Ihnen aber bestimmt bei der einen oder anderen Plauderei begegnen wird.

Stadtentwicklung

Was ist überhaupt eine Gesellschaft? Per Definition handelt es sich um eine Anzahl von Menschen, die mehr oder weniger direkt miteinander zu tun haben und durch bestimmte Regeln verbunden sind. Nicht zu verwechseln mit der Gemeinschaft, in der sich die Personen näherstehen.

Jede Gesellschaft lebt in Städten und Dörfern. Aus Siedlungen werden nicht zufällig Städte. Schon immer haben sich Menschen Gedanken gemacht, wo Landwirtschaft sinnvoll ist, wo die Handwerker sich ansiedeln sollten, wo der beste Platz für einen Markt ist. Heute müssen Stadtplaner viel mehr berücksichtigen: energieeffiziente Gebäude, Verkehrskonzepte und einen Mix verschiedener sozialer Schichten und Altersgruppen.

Die Chinatown in Manchester

Immobilien

In Städten ist das Wohnen am teuersten. Dabei sind die Unterschiede natürlich gewaltig. In Paris müssen Sie beispielsweise durchschnittlich über 7000 Euro pro Quadratmeter bezahlen, wenn Sie eine Wohnung kaufen möchten. Spitzenlagen kosten leicht doppelt so viel. In Deutschland liegt München ganz klar vorn, was die Immobilienpreise betrifft, gefolgt von Düsseldorf. In Halle oder Leipzig lassen sich dagegen Schnäppchen machen.

Chinatowns und Künstlerviertel

Wieso leben in vielen Metropolen die Chinesen alle in einer Ecke, richten sich ihre Märkte und Geschäfte ein? Warum wohnen häufig in einer Straße nur Künstler, in anderen dagegen kein einziger?

> **!**
>
> ### Gentrifizierung
>
> Das Wort kommt vom englischen *gentry* und bedeutet „vornehmer Bürgerstand". Gentrifizierung heißt aber nicht, dass aus möglichst vielen Menschen einer Stadt vornehme Bürger gemacht werden. Es meint eher, dass diese in die Stadt oder in bestimmte Stadtteile gelockt werden sollen. Das geschieht durch die aufwendige Sanierung alter Industrieanlagen zu schicken Wohnungen oder durch Abriss und teuren Neubau. Vorteil: Heruntergekommene Gegenden werden wieder attraktiv. Nachteil: Sozial benachteiligte Mitmenschen werden verdrängt.

Chinatowns haben sich aus Einwandadervierteln entwickelt, die nicht aufgelöst wurden, sondern eigene Strukturen bis hin zur Unabhängigkeit von der übrigen Stadt ausgebildet haben. In den USA und Kanada gelten sie oft als derartige Touristenattraktion, dass die Einwohner sich – zumindest nach außen – nicht anpassen, sondern lieber noch mehr chinesische Dekoration oder gar chinesische Straßenschilder anbringen. In einigen europäischen Ländern gibt es Überlegungen, neue Chinatowns, gewissermaßen als touristische Sehenswürdigkeiten, anzulegen.

Auch Künstlerviertel entwickeln sich oft zu Ausflugszielen, wie etwa das französische Malerdorf Barbizon oder das vergleichbare deutsche Worpswede. Entstanden sind sie, weil Künstler sich bewusst zusammengeschlossen haben, nicht selten in Wohngemeinschaften. Diese lagen häufig auf dem Lande. Mit der Zeit sind einige von ihnen in Städte eingemeindet worden.

Eine Dorfstraße in Barbizon

Gesellschaftsstrukturen

Wenn von Überalterung der Gesellschaft gesprochen wird, können Sie natürlich Ihren Senf dazugeben. Weniger Kinder, mehr alte Menschen, das bedeutet über kurz oder lang, dass Fachkräfte fehlen, vor allem im Bereich der wachsenden Zahl pflegebedürftiger Senioren. Andererseits wissen Sie natürlich, dass die Zahl der Einwanderer, gerade in Zeiten der wirtschaftlichen Krise, steigt. Würden sie entsprechend integriert und ausgebildet, wäre das Problem möglicherweise gelöst.

Weiter sollten Sie zum Thema wissen, dass gerade Marketingspezialisten die Gesellschaftsstruktur unter ganz bestimmten Aspekten besonders interessiert: Einkommens-, Alters-, Werte- und Konsumstruktur sind die Schlagworte, deren Kenntnis bei gezielter Werbung hilft. Denn Gesellschaftsschichten sind für die Damen und Herren vom Marketing die Zielgruppen. Und es geht weit darüber hinaus. Sollten Sie in einem Viertel mit überwiegend einkommensschwachen Nachbarn wohnen, wundern Sie sich nicht, wenn eine Bank Ihnen kein Konto eröffnen oder schlechte Konditionen für einen Kredit anbieten will. Die statistische Auswertung der bestehenden Strukturen führt längst zu genau solchen Auswirkungen.

Kampf der Geschlechter

Emanzipation: lat. *emancipare*; heißt etwa, einen Sklaven in die Freiheit zu entlassen

Was denken Sie, wenn Sie Geschlechterforschung hören? Klar, Sie denken sofort an *Gender Studies*, was zwar im Grunde das Gleiche heißt, sich aber viel seriöser anhört. Früher war es einfach, da gab es die Emanzipation der Frau. Heute ist es komplizierter. Aber inwieweit? Die Forschung fragt sich, ob es nicht doch geschlechtsbedingte Unterschiede gibt, die auch zu unterschiedlichen Rollen in der Gesellschaft führen. Andere schreien entsetzt auf, denn sie wollen Gleichberechtigung, zur Not per Gesetz. Sie wissen schon, Stichwort Frauenquote.

Differenzen sorgen für Frust bei Mann und Frau.

Was aber wollen Männer und Frauen selbst? Frauen entscheiden sich nicht mehr zwischen Kind und Karriere, sie wollen beides, übernehmen Verantwortung, sorgen für ihre finanzielle Unabhängigkeit. Kehrseite der Medaille: Sie fühlen sich permanent überfordert. Bei Männern gibt es im Grunde drei Gruppen. Die einen kleben an alten Rollenbildern und ignorieren neue Entwicklungen, die anderen leben eine neue Rolle, in der sie nicht mehr Ernährer sind, sondern sich auch um die Kinder kümmern, kochen, sich sozial engagieren, und die dritte Gruppe sucht zwischen diesen beiden Möglichkeiten ihren eigenen Weg. Im Small Talk macht es sich immer gut, wenn Sie sagen können, was Männer sich am meisten von Frauen wünschen, nämlich dass diese klar sagen, was sie wollen

Gleichberechtigung
Frauen verdienen bei gleicher Qualifikation im gleichen Job immer noch 23 % weniger als ihre männlichen Kollegen.

und was nicht. Wetten, es entzündet sich eine hitzige Diskussion, und Sie können sich entspannt zurücklehnen und zuhören?

Jung und Alt

Nicht nur über den ewigen Kampf der Geschlechter wird in geselliger Runde gern geredet. Auch der Generationenkonflikt mit allem, was dazugehört, ist häufiges Thema. Egal, ob Sie Nachwuchs haben oder nicht: Über Erziehung wissen Sie Bescheid, denn Sie waren ja selbst mal Kind. Mit dem Satz „Kinder brauchen Regeln" liegen Sie immer richtig. Erwähnen Sie noch, dass Schulen, in denen strengere Regeln gelten, bei Eltern und Schülern erwiesenermaßen beliebter sind. Außerdem können Sie anmerken, dass Eltern unbedingt zwischen Förderung und Überforderung unterscheiden müssen. Jeden Tag ein anderer Kurs, von Malen bis Geigenunterricht, ist definitiv zu viel. Mit einer zweiten Sprache aufzuwachsen, überfordert Kinder jedoch nicht – im Gegenteil: Eine frühe zweisprachige Erziehung, Sie nennen es bilinguale Erziehung, ist ein großer Vorteil für das Kind.

Jung und Alt können viel voneinander lernen.

Die Zahl der Senioren steigt besonders in Deutschland, wo die Geburtenrate niedrig ist wie in keinem anderen europäischen Land. Eine Lösung für die alten Herrschaften, die nicht im Altersheim landen wollen, ist das Mehrgenerationenhaus. Das sieht meist so aus: Junge Leute mit Kindern wohnen in einer Wohnanlage oder einem Mehrfamilienhaus gemeinsam mit Senioren. Während die älteren Menschen auf den Nachwuchs aufpassen, kümmern sich die Jungen um Einkäufe oder sonstige Hilfen. Häufig gibt es einen gemeinsamen Raum für regelmäßige Treffen aller Bewohner.

Die traditionellen japanischen Reisbällchen, Mochi, bleiben leicht im Hals stecken.

Andere Länder, andere Sitten

Als ganz normales Glied seiner Gesellschaft kann man schon in viele Fettnäpfchen treten. Als Gast in einer fremden Gesellschaft umso leichter. Hier ein paar Regeln, die Ihnen die gröbsten Peinlichkeiten ersparen können:

- Schneiden Sie in Italien auf keinen Fall Spaghetti klein! Das würde Ihnen den Status eines Kleinkindes attestieren.
- Dass Sie in muslimisch geprägten Ländern nicht nackt baden oder oben ohne am Strand liegen, wissen Sie natürlich.
- Bestellen Sie in Spanien bitte niemals einfach nur Cola! Das spanische Wort bedeutet nämlich Schwanz.
- Führt Ihr Weg Sie nach Großbritannien, stecken Sie während einer Konversation die Hand in die linke Hosentasche. Man sieht dann gleich, wie gebildet und souverän Sie sind. Widersprechen Sie einem Briten nicht direkt, und versuchen Sie schon gar nicht, witziger zu sein als er!
- In Luxemburg verzehren Sie ein Stück Kuchen bitte mit Messer und Gabel, auch wenn es Ihnen merkwürdig erscheint.
- Wenn Sie in Griechenland etwas ablehnen wollen, sagen Sie deutlich Nein oder sprechen Sie englisch, wenn Sie nicht griechisch reden können. Ein genuscheltes „Nee" klingt wie das Wort, das in Griechenland „Ja" bedeutet.

> **!**
>
> Wissen Sie, warum Silvesterfeiern in Japan gefährlich ist? Es werden traditionell Bällchen aus Klebreis serviert, deren Verzehr Glück bringen soll. Leider bringen diese aber oft Unglück, weil sie so leicht im Hals stecken bleiben.

Sollten Sie Silvester in Spanien verbringen, machen Sie sich darauf gefasst, dass mit den letzten zwölf Glockenschlägen des Jahres zwölf Weintrauben gegessen werden. Die letzte Traube muss mit dem letzten Schlag weg sein, sonst bringt es Unglück.

>
>
> Und auch einen weiteren exotischen Brauch lernen Sie jetzt kennen: In Prag stehen am Ostermontag junge Männer mit Weidenruten auf der Karlsbrücke und warten auf Frauen. Kommt eine vorbei, schlagen die Kerle ihr gegen die Beine. Das soll die Jugendlichkeit der Frauen konservieren.

Gesundes Leben ....

Zu viel Salz ist schädlich – oder doch nicht? Ständig gibt es neue Erkenntnisse, immer wieder neue Trends. Und Sie sollen immer auf der Höhe sein? Merken Sie sich einfach ein paar Blüten, die der Gesundheitsmarkt so trieb, dann können Sie etwas zur Unterhaltung beitragen.

- Beispielsweise, dass das Smartphone zum Arzt für die Handtasche wird. Es kann zwar keine Diagnose stellen – bisher –, aber mit speziellen Aufsätzen kann es Blutdruck, Blutzucker und die Körpertemperatur messen. Neu beim Ultraschall sind Farbbilder in 3D. Damit können Sie schon vor der Geburt sehen, ob der Nachwuchs Mama oder Papa ähnlich sieht.
- Ganz dringend sollten Sie auch die neusten „Zivilisationskrankheiten" kennen. Da wäre die Keimphobie. Nach SARS und EHEC (s. Glossar S. 192) gibt es immer mehr Menschen, die sich in die Angst steigern, in der Öffentlichkeit, besonders natürlich auf öffentlichen Toiletten oder auf Lebensmitteln, könnten todbringende Keime lauern. Die Erkrankung des Daumens aufgrund von verstärktem SMS-Versand ist kalter Kaffee gegen eine neue Wahnerkrankung.
- Immer mehr Menschen bekommen körperliche Symptome, wenn sie etwas zu sich nehmen, das kein Biosiegel trägt. Und haben Sie schon von *Social Jetlag* gehört? Eigentlich meint *Jetlag* ja Schwierigkeiten mit der Zeitumstellung. In diesem Fall geht es darum, dass immer mehr Personen gegen ihre innere Uhr leben, die Nacht zum Tag machen und keinen Rhythmus mehr haben. Das verursacht physische Beschwerden, von Verdauungsstörungen bis zu Schlaflosigkeit.

Das Bio-Siegel der Europäischen Union

> **!** Wissen Sie, was jemand hat, der unter *Pognophobie* leidet? Er hat Angst vor Bärten. Das ist tatsächlich eine anerkannte Angsterkrankung. *Ochlophobie* heißt die Angst vor Menschenmengen, *Photophobie* ist die Angst vor dem Licht, *Neophobie* die Angst vor Neuerungen.

! Wer unter Agoraphobie (griech. *agorá* = Markt, *phóbos* = Angst) leidet, traut sich nicht auf öffentliche, weite Plätze. Hier spricht der Psychologe auch von Platzangst. Wer aber Probleme in engen Räumen bekommt, leidet unter Klaustrophobie (lat. *claustrum* = Käfig).

Albtraum eines Agoraphobikers

Wissenswertes über Ihren Körper

Wussten Sie, dass ein Quadratzentimeter Haut ungefähr 400 Schweißdrüsen enthält?

Wussten Sie, dass Sie mit der Magensäure eines Menschen einen Nagel auflösen können?

 Weisen Sie doch einmal freundlich jemanden darauf hin, er habe etwas an der *Kolumella*. Das kommt aus dem Lateinischen und heißt „kleine Säule". Gemeint ist der untere Teil der Nase, der die beiden Nasenlöcher voneinander trennt. Aber auch ein säulenförmiger Knochen im Mittelohr einiger Wirbeltiere wird so genannt, wie Sie jetzt wissen.

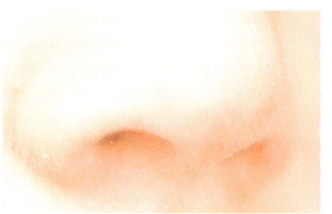

Kolumella: der kleine Steg, der die Nasenlöcher trennt

Wussten Sie, dass der Musikantenknochen in Wirklichkeit gar kein Knochen ist, sondern ein Nerv, der durch eine Rinne des Ellenknochens verläuft?

Wussten Sie, dass das Phänomen, dass manche Menschen niesen müssen, wenn sie in die Sonne schauen, einen Namen hat und erforscht wird? Der sogenannte *Photische* Niesreflex wurde schon früh beschrieben, so z. B. 1836 in Georg Büchners Drama *Woyzeck* und bei Wilhelm Busch. Abschließend geklärt sind die Ursachen des Phänomens nicht, *autosomal* dominante Vererbung gilt aber als sehr wahrscheinlich.

Die Medienlandschaft ....

Zeitung vs. Internet – wer wird gewinnen?

Zeitung

Erstaunlich ist beispielsweise, dass Amerikaner und Europäer sich meist für eine regionale Tageszeitung entscheiden, während Asiaten solche bevorzugen, die überregional sind. Die deutsche Bild-Zeitung liegt weltweit ungefähr auf Platz 6, was die Auflagenhöhe betrifft. Das ist beachtlich, denn bedenken Sie, wie gering die Zahl deutschsprachiger Leser im Vergleich zu englischsprachigen ist. Die englische *The Sun* folgt ihr auf dem Fuße. Übrigens liest jeder dritte Deutsche über 14 Jahren regelmäßig eine Tageszeitung, meist die gleiche. Dennoch informieren sich immer mehr Menschen online.

Jeder dritte Deutsche über 14 Jahren liest regelmäßig eine Tageszeitung.

Netz-Promis

Im Folgenden ein paar prominente Netzbewohner, von denen man gehört haben sollte:
Kennen Sie Tim und Eric? Das sind zwei Amerikaner, die seit 2007 ziemlich skurrile Sketche und Filmchen produzieren und zunächst bei Cartoon Network zeigten. Inzwischen haben sie einen Kinofilm gedreht und betreiben ihre eigene sehr schräge Website. Besonders viele Berühmtheiten entstehen bei YouTube. Man stellt kleine Filme ein und hofft, dass ganz viele Menschen sie anklicken und anschauen. Auf diese Weise sind Can's Professional bekannt geworden. Das sind fünf Franzosen, die eine gleichnamige Funsportart erfunden haben. Sie werfen Dosen einmal anders. Es geht nämlich darum, Getränkedosen aus den unmöglichsten Haltungen in den Müll zu befördern.
David Sides ist ein typisches Beispiel dafür, dass man seinen Ruhm heute selbst in die Hand nehmen kann. Auf YouTube spielt er Klavier, bekannte Songs und eigene Stücke. Heute ist er Produzent und hat bereits mehrere Alben veröffentlicht.
Gleichermaßen bekannt wie umstritten ist lonelygirl15. Ein angeblicher Teenager erzählte von seinen Alltagsproblemen. Dann stellte sich heraus, dass es sich um eine einige Jahre ältere Schauspielerin handelte. Erstaunlich: Trotzdem werden ihre Videos noch immer gern angeklickt.

Mode..

Wenn es um Mode geht, sagen Sie am besten: „Ich kümmere mich nicht um Mode, ich habe meinen eigenen Stil." Klingt so mondän, dass Sie gar nichts mehr zu sagen brauchen. Trotzdem können Sie mit den großen Namen der Szene selbstverständlich etwas anfangen, wenn Sie Folgendes lesen:

Coco Chanel

- Coco Chanel (19. 8. 1883–10. 1. 1971) war eine der bedeutendsten Modeschöpferinnen. Merken Sie sich über die unehelich in einem französischen Armenhaus geborene Dame, dass sie das „kleine Schwarze" erfunden hat.
- Jean Paul Gaultier (*24. 4. 1952) ist der Verrückte unter den Modeschöpfern. Auf sein Konto geht der Siegeszug des Korsetts als Kleidungsstück, das nicht nur darunter getragen wird.
- Donna Karan (eigentlich Donna Ivy Faske, *2. 10. 1948) dagegen ist die Frau für die Basics, also jene kombinationsfreudigen Stücke, die jeder im Kleiderschrank haben sollte. Sie hat Frauen den Body beschert, ein eng anliegendes und dennoch bequemes Oberteil als Grundausstattung in jeder Garderobe.
- Karl Lagerfeld (*10. 9. 1933) ist der Paradiesvogel unter den Modemachern.

Karl Lagerfeld

Er erfindet sich ständig neu, war Chefdesigner bei Chanel, für die er heute noch tätig ist. Aber auch für Häuser mit günstiger Mode, wie z.B. H & M, entwirft er Kleidungsstücke für die breite Masse.

- Der Italiener Giorgio Armani (*11.7.1934) ist bekannt für seine klassischen Herrenanzüge in gedeckten Tönen. Er hat Filmgrößen, wie Richard Gere (*31.8.1949) in feines Garn gekleidet und Stars wie Tina Turner (*26.11.1939) ausgestattet. An die Damenmode wagte er sich übrigens erst nach seinen Herrenkollektionen heran.

- Dass Gianni Versace (2.12.1946–15.7.1997) ermordet wurde, weiß jeder. Sie kennen sich aber auch mit seiner Mode aus und wissen, dass diese gern mit geometrischen Figuren und optischen Täuschungen arbeitet. Außerdem hat Versace dafür gesorgt, dass Jeans in anderen Farben als Blau Akzeptanz erlangten.

Giorgio Armani

- Hinter Dolce & Gabbana verbergen sich Domenico Dolce (*13.8.1958) und Stefano Gabbana (*14.11.1962). Bei Kleidung ist bei den beiden noch lange nicht Schluss. Sie designen Autos (Citroën), Uhren, Brillen, Parfums und sogar die Trikots des AC Mailand.

- Gut möglich, dass Ihnen jemand erzählt, Manolo Blahnik seien Schuhe. Eigentlich ist es aber der Name eines spanischen Schuhdesigners (*27.11.1942). Seit Carrie Bradshaw, gespielt von Sarah Jessica Parker (*25.3.1965), in der Kultserie *Sex and the City* in seinen Modellen über den Bildschirm und die Leinwand gestöckelt ist, wurde sein Name zum Synonym, also zum bedeutungsgleichen Wort für die Schuhe.

Ein Paar Schuhe von Manolo Blahnik

Sport..

Beim Thema Sport haben Sie es gut. Sie können immer sagen, dass Sie lieber aktiv Sport treiben, als ihn sich im Fernsehen anzusehen oder darüber zu reden. Das heißt aber nicht, dass Sie keine Ahnung haben müssen.

Michael Schumacher

Formel 1

In der Königsklasse aller Autorennen werden auch die höchsten Geschwindigkeiten erreicht. Spitzenreiter soll Juan-Pablo Montoya (*20.9.1975) sein, der mit über 372 Stundenkilometern gemessen wurde. „Mr. Formel 1" dürfen Sie getrost Michael Schumacher (*3.1.1969) nennen. Siebenmal ist er Weltmeister geworden, 2002 hat er in allen 17 Rennen einen Platz auf dem Siegertreppchen ergattert.

!

Deuce

Das Wort *Deuce* ist auf dem Tennisplatz zu hören, wenn Einstand ist. Es heißt, dass noch zwei Punkte für den Sieg erzielt werden müssen. Es kommt aus dem Italienischen (*a due*) und wird seit dem 16. Jahrhundert verwendet.

Tennis

Serve and Volley, Chip and Charge, Grand Slam – hier geht es ganz klar um den „weißen Sport" Tennis. Wissen Sie, was sich genau hinter diesen Begriffen verbirgt?
„Serve and Volley" steht für eine Spielstrategie, die so funktioniert: aufschlagen, hinter dem Ball her in Richtung Netz rennen und den Ball zum Schluss aus der Luft dem Gegner um die Ohren schlagen. Zeigen Sie sich als Fachmann, indem Sie anmerken, dass heute kaum jemand mehr Serve and Volley spielt. „Chip and Charge" ist übrigens ebenfalls eine Strategie. „Chip" steht für einen Angriffsball, den Sie direkt nach dem gegnerischen Aufschlag spielen. Danach rennen Sie ans Netz und machen es wie beim „Serve and Volley".

Serve and Volley, Chip and Charge, Grand Slam – alles klar?

> **!**
>
> **Grand-Slam-Turniere**
> US Open, Wimbledon Championships, Australian Open und French Open
> gehören zu den Grand-Slam-Turnieren. Hier gibt es nicht nur das meiste
> Geld für einen Sieg, sondern auch die meisten Punkte, die bestimmen,
> wie weit oben oder unten ein Spieler auf der Weltrangliste steht.

Fußball

Achtung, über wenig andere Themen lässt sich so trefflich streiten
wie über Fußball! Lernen Sie darum einfach nur einige Begriffe und
ihre Bedeutung. Dass bei Ihnen keine gähnende Ahnungslosigkeit
vorherrscht, beweisen Sie, wenn Sie ein Abseits erklären können. Die
Regel lautet: Wenn ein Spieler, der gerade angespielt wird, sich in der
gegnerischen Hälfte näher an der Torlinie befindet als der Ball und
auch näher als alle anderen gegnerischen Spieler, steht er im Abseits.
Genauer: Es reicht nicht, wenn der gegnerische Torwart näher an
seiner Torlinie ist, sondern ein weiterer Spieler muss dieses Kriterium
mindestens auch noch erfüllen. Ist das nicht der Fall, handelt es sich
um Abseits.

Viel erfreulicher ist ein Hattrick. Schießt ein Spieler innerhalb nur einer
Halbzeit drei Tore hintereinander, ohne dass ein anderer – egal ob
Gegner oder Teamkollege – zwischendurch trifft, hat er einen Hattrick
geliefert.

Was eine Blutgrätsche ist, ahnen Sie bestimmt. Es ist so scheußlich, wie
es sich anhört. Ein Spieler grätscht derart in einen
Gegner hinein, dass dieser auf der Stelle fällt. Geht
gar nicht!

Zum Schluss noch das Golden Goal, das goldene
Tor. Geht ein Spiel in die Verlängerung, bringt das
erste darin geschossene Tor den Sieg. Dieses System wurde übrigens vom Eishockey übernommen.

*Schütze und Spiel des ersten Golden Goal im
Fußball: Oliver Bierhoff (*1.5.1968) bei der
EM 1996 gegen Tschechien*

Promi-Pseudonyme ....

Nicht immer möchte eine Berühmtheit unter ihrem bürgerlichen Namen auftreten. Nicht immer eignet sich der „normale" Name, um damit bekannt zu werden. Interessante Pseudonyme kann man immer wunderbar in einer Plauderei unterbringen. Darum hier eine kleine Liste zum Kopieren und In-der-Tasche-Haben.

Musikerin Enya (*17.5.1961)	Eithne Patricia Ní Bhraonáin
Sängerin Tina Turner (*26.11.1939)	Anna Mae Bullock
Sänger Freddie Mercury (5.9.1946–24.11.1991)	Farrokh Bulsara
Rocksänger Campino (*22.6.1962)	Andreas Frege
Musiker Thomas Anders (*1.3.1963)	Bernd Weidung
Komikerin Cindy aus Marzahn (*18.11.1971)	Ilka Bessin
Sängerin Sarah Connor (*13.6.1980)	Sarah Marianne Corina Lewe
Schauspielerin Whoopi Goldberg (*13.11.1955)	Caryn Elaine Johnson
Sänger Guildo Horn (*14.2.1963)	Horst Köhler
Schauspieler Erol Sander (*9.11.1968)	Urçun Salihoğlu

Neuzugang im Club 27: Amy Winehouse

! Club 27 ist die Bezeichnung für eine Gruppe Musiker, die alle mit 27 Jahren starben. Dazu gehören u.a. Jimi Hendrix (27.11.1942–18.9.1970), Janis Joplin (19.1.1943–4.10.1970), Kurt Cobain (20.2.1967–5.4.1994) und aktuell Amy Winehouse (14.9.1983–23.7.2011).

Küchenlatein ....

Essen ist notwendig, Kochen total in Mode. Sie müssen nicht ständig Kochshows schauen, um mitreden zu können.

Im Folgenden die geheimnisvollen Abkürzungen auf Weinflaschen:
- AOC = *Appellations d'Origine Contrôlée* heißt ein System für kontrollierte und damit geschützte Herkunftsbezeichnungen französischer Weine. Über 400 Sorten gibt es davon.

frz. *appellation* = Bezeichnung, *origine* = Herkunft, *contrôle* = Kontrolle

- Vergleichbare Bezeichnungen sind das italienische DOC (*Denominazione di Origine Controllata*), das allerdings nicht gerade für eine hohe Qualität steht, und das spanische DO (*Denominación de Origen*), was wiederum auf einem eher edlen Tröpfchen zu finden ist.
- b.A. = Auch dieses Kürzel, das „bestimmtes Anbaugebiet" heißt, finden Sie auf Weinflaschen, allerdings auf deutschen, wo es ab Qualitätswein-Niveau Pflicht ist. Nicht verwechseln mit BA = Beerenauslese.
- Cru = bezeichnet in Frankreich das Weinbaugebiet. Ein Grand Cru ist ein entsprechend großartiges Gebiet.

Kann es sein, dass ein Lebensmittel glutenfrei ist, aber Glutamat enthält? Aber sicher, denn das eine hat mit dem anderen nichts zu tun. Gluten ist ein Klebereiweiß in Getreide. Toll zum Backen, für Menschen mit entsprechender Unverträglichkeit, Zöliakie genannt, jedoch ziemlich unangenehm. Glutamate sind verschiedene Salze einer Säure, die gern als Geschmacksverstärker eingesetzt werden.

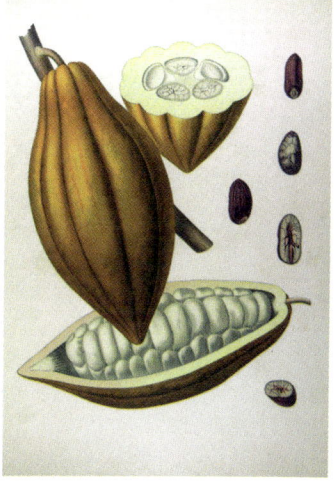

Den Begriff Grand Cru kann man auch als „großes Gewächs" übersetzen und dann auf Kaffee oder auch Kakaobohnen (Bild) übertragen.

! Fleisch vs. Gemüse

Was isst denn nun ein Vegetarier oder ein Veganer? Ganz einfach: Der Vegetarier isst klassischerweise kein Tier, also keinen Fisch und kein Fleisch. Der Veganer geht weiter und lehnt auch tierische Produkte, wie Honig, Eier und Milch ab. Und dann wären da noch die Frutarier oder auch Fruganer genannt, die versuchen, sich nur von Früchten zu ernähren. Einige gehen so weit, nur bereits vom Baum gefallenes Obst oder solche Produkte zu essen, die geerntet werden können, ohne dass die Mutterpflanze Schaden nimmt.

Internationale Küche

Für Sie sind Spaghetti und Pizza natürlich nicht die italienischen Nationalgerichte. Sie kennen sich in internationalen Restaurants besser aus.

Landestypische Gerichte sind:
- Brasilien: *Jambalaya* (Reisgericht mit Huhn, Garnelen und Paprika)
- Frankreich: *Ratatouille* (Gemüseeintopf mit Tomaten, Zwiebeln, Paprika, Zucchini und Auberginen)

Moussaka

- Griechenland: *Moussaka* (Auflauf aus Hackfleisch, Kartoffeln, Tomaten und Auberginen)
- Italien: *Saltimbocca* (Kalbsschnitzel mit Parmaschinken und Salbeiblatt)
- Österreich: *Tafelspitz* (gekochtes Ochsenfleisch aus dem Schwanzstück mit Meerrettich)
- Russland: *Borschtsch* (Eintopf aus Rote Bete, Weißkohl, Suppengrün, Kartoffeln, Tomaten, Rindfleisch und saurer Sahne)
- Tunesien: *Couscous* (gedämpfter Weizengrieß mit Hammel- oder Geflügelfleisch und Gemüse)

Riecht so lecker, wie es aussieht: Surströmming

Surströmming
Surströmming gilt in Schweden als Delikatesse. Es handelt sich um stark riechenden vergorenen Hering. Sorgen Sie für beste Unterhaltung, indem Sie davon abraten, ihn auf Flügen von Air France und British Airways mitzunehmen, denn das ist wegen Explosionsgefahr verboten.

Glossar

Bilinguale Erziehung: Davon spricht man, wenn Kinder zweisprachig aufwachsen. Übrigens besonders empfehlenswert, wenn Mutter und Vater unterschiedliche Muttersprachen haben. Sie sollten diese dann auch jeweils konsequent dem Kind gegenüber benutzen.

EHEC: Im Sommer 2011 sorgten die *Enterohämorrhagische Escherichia coli* für Angst und Schrecken. Der fiese Name gehört zu einem krankmachenden Darmbakterium, das den Menschen töten oder ihm bleibende Nierenschäden verursachen kann. Die Übertragungswege sind vielfältig. Die in Verdacht geratenen Salatgurken, genannt Killergurken, waren 2011 dann doch nicht die Übeltäter.

Feuilleton: Das Feuilleton ist die journalistische Berichterstattung über kulturelle Ereignisse. Meist steht diese an der immer gleichen Stelle in der Zeitung, und meist erlaubt sie einen freieren und kreativeren sprachlichen Stil.

frz. feuilles = Blätter

Frühförderung: Wird gern von Menschen erwähnt, die ihr Kind schon im Windelalter in die KITA stecken und ihm Yoga und Klavierunterricht anbieten. Den gleichen Begriff benutzt man für die frühe Förderung von geistig oder körperlich eingeschränkten Kindern.

Haute Couture: Auf Deutsch hört es sich schon nicht mehr so edel an: hohe Schneiderei. Gemeint sind kunstvolle Kollektionen, die von den großen Modehäusern erdacht werden und die sich nur die oberen Zehntausend leisten können. Häufig gibt es ein Kleid oder eine Hose nur ein einziges Mal.

Pierre Balmain schuf Haute Couture.

Investigativer Journalismus: *Investigativ* bedeutet enthüllend, erforschend. Sollte Journalismus nicht immer forschen und enthüllen?

Loft: Behaupten Sie ruhig, Sie hätten einen Loft. Das klingt schick, heißt aber genau genommen nur, dass Sie Besitzer eines Dachbodens sind. Ihr Gegenüber wird jedoch sofort an eine ausgebaute Fabriketage oder einen ehemaligen Lagerraum denken, in dem sich der *Jetset* (Schickeria) auf Designermöbeln rekelt.

LOHAS = *Lifestyles of Health and Sustainability*

LOHAS: ein Lebensstil der Gesundheit und Nachhaltigkeit bzw. Zukunftsfähigkeit. Meistens haben Sie es einfach nur mit Menschen zu tun, die mit Ressourcen vernünftig umgehen, politisch interessiert oder gar aktiv sind und auf Qualität Wert legen.

Marketing: Bestimmt kennen Sie den Spruch: Gutes Marketing ist, einer Gans die Füße platt zu hauen und sie als Ente zu verkaufen. Hier geht es um nichts anderes als die Vermarktung von Waren oder auch Dienstleistungen.

Minimalinvasiv: Abgekürzt MIC heißt die Minimalinvasive Chirurgie, bei der die Haut nur ganz leicht verletzt und mit winzigem Operationsbesteck hantiert wird.

Nachhaltigkeit: Jeder redet davon, keiner weiß so genau, was es eigentlich heißen soll und warum es so wichtig ist. Unter einem nachhaltigen Lebensstil versteht man, so zu leben und zu konsumieren, dass nicht mehr von den Ressourcen unserer Erde verbraucht wird, als nachwachsen und sich regenerieren kann. Man bewahrt also etwas für kommende Generationen auf und denkt an später.

Pandemie: Wenn man es hört, hat man schon eine Gänsehaut. Eine Pandemie ist eine Epidemie, die sich auf der ganzen Welt ausbreitet. Die Epidemie bleibt dagegen in einem bestimmten Gebiet.

Prêt-à-porter: Dem Namen nach ist diese Mode bereit zum Tragen, eben tragbar. Sie wird in Standardgrößen gefertigt, damit nicht nur dürre Models hineinpassen.

SARS = engl. *Severe Acute Respiratory Syndrome*, dt. schweres akutes respiratorisches Syndrom

SARS: Es handelt sich um eine Infektionskrankheit, die Ende 2002 für Angst und Schrecken sorgte. Die Symptome gleichen einer Lungenentzündung.

Woopies: Sie ahnen, dass das keine Fans von Whoopi Goldberg sind. Vielmehr ist von *well-off older people* die Rede. Das sind wohlhabende ältere Leute und damit eine höchst interessante Zielgruppe für alle Marketingexperten.

Erste Hilfe...

Sie haben jetzt zu so ziemlich zu allen wichtigen Themen Fakten und Skurriles gelesen. Ein Tipp: Lesen Sie die entsprechenden Kapitel, wenn Sie wissen, dass Sie ins Theater gehen, sich mit einem Chemiker oder Architekten treffen. Je mehr Sie von den Menschen wissen, mit denen Sie plaudern sollen oder wollen, desto besser. Denn dann können Sie sich gut vorbereiten. Trotzdem kann es natürlich immer zu Überraschungen kommen. Oder Sie haben etwas gerade noch gelesen, aber wieder vergessen.

Regel Nummer 1: Nicht auf die Palme bringen lassen!

Rhetorischer Fluchtweg

Diese drei Tricks helfen Ihnen:
- Sagen Sie einfach mal: „Keine Ahnung!" Manchmal ist es entwaffnend, zuzugeben, dass man auf diese Frage gerade keine Antwort hat. Ganz wichtig: Sofort mit spannendem Wissen zum Thema punkten und von der Frage ablenken.
- Sehr gut kommen Sie auch damit an: „Wenn Männer wie Sokrates, Kant oder Hegel sich immer ihres Nichtwissens bewusst waren, wie könnte ich da behaupten, etwas genau zu wissen?"
- Und schließlich hilft oft auch gekonntes Überspielen. Es geht um den Namen einer Persönlichkeit der Literatur, Musikszene, aus Wirtschaft oder der Wissenschaft, und Sie haben keinen Schimmer, von wem die Rede ist. Sagen Sie: „Ist das nicht der/die, der/die auch ..." Dann setzen Sie ein grübelndes Gesicht auf und sprechen weiter: „ ...Dings geschrieben/gesungen/komponiert/erfunden hat?" Fällt einem anderen der Name ein, und es kommt kein Widerspruch, stimmen Sie zu: „Genau! Warum ich mir diesen Namen bloß nicht merken kann!?"

Grundsolide Abwehrtaktik: „Was hat denn das eine mit dem anderen zu tun?"

Schimpfern kommt man am besten auf die verständnisvolle Tour. So lässt man sie ins Leere laufen.

Ganz wichtig: Ärgern Sie sich nicht, wenn Sie auf Granit beißen! Überzeugen lassen sich Störenfriede und Dummschwätzer nur selten. Stur bleiben sie bei ihren platten Welterklärungsmustern und lassen alles an sich abprallen.

Personenregister......................

Stichwortregister..........................

Bildnachweis ·····································

dpa Picture-Alliance, Frankfurt: 33–56 (Denker), 57–84 (Atlas), 109–134 (Münze), 120 o. l., 130 o., 153, 160 u., 166. o., 166 u., 170

fotolia.com: Benicce 3; Robert Kneschke 4, 25 o., 184; Kzenon 26; rubysoho 27 u., 199; JoLin 87 m.; Dan Race 101 u.; Franz Pfluegl 117 o.; Reinhold Föger 121 o.; image-team 122 o.; Black Jack 122 u.; egeneralk 123 u.; Matthew Benoit 125 o.; Supernova 126 o.; Daniel Ernst 127 m.; Hannes Eichinger 131; Noam 185; Pierre-Marc ALLART 188 o.; fredredhat 188 u.; mearicon 189; parazit 192

Gruppo Editoriale Fabbri, Mailand: 92 o., 139 u., 159 o., 160 o. l., 164 o.

istockphoto.com: klenger 123

Lidman Production, Stockholm: 8 u., 74–78, 80, 93 o.; 118; 137 o., 139 o., 147, 148, 158 m. und r.

Sonstige: Lizenz cc-by-sa: PHGCOM 9; Walter Saporiti 12 u.; Alexander Hauk 13 u.; 20; Margaret Thatcher Foundation 18 u.; Cezary Piwowarski 21. o.; Mikhail Evstafiev 22 u.; Michiel1972 24; TheMachineStops 28; Qwqchris 32; Walter Hochauer 35, 40; Maus-Trauden 39; Aiman titi 42; John Hill 44; Dominik Schwarz 46 u.; Università Reggio Calabria 49 o.; Duncan Rawlinson 49 u.; Cid Costa Neto 50; Dr. Carlos Costales Terán, Ecuador 58; TUBS 61 o.; Webster 62; Phillip Capper 64; Rainer Zenz 66; Lotus Head 67; Ricardo Liberato 68; Dave Pape 71; Ytrottier 88 o.; Daniel Strietzel 89; Stefan Nagengast 93 u.; Oguenther 94 o.; Steve Liao 94 u.; Matt Yohe 96 o. l.; sokke90 96 o. r.; Hustvedt 97 o.; Martin Streicher, Editor-in-Chief, LINUXMAG.com 98 o.; Stefan Kühn 98 m.; Bin im Garten 98 u.; Guillaume Paumier 99 u.; Franz Haag 101 o.; KaiMartin 103 u.; Dirk Goldhahn 105 o.; Michail Jungierek 110 o.; יוסי ו 110 u.; GeorgeTopouria 111 o.; Martin Kingsley 112 o.; ArcCan 113 o.; Erik Streb 113 m.; SchonVergeben 113 u.; Hundsgemeini 114; Eva K. 115 u.; Dontworry 116; Noop1958 119 o.; IFM Immobilien AG 119 u.; World Economic Forum 120 o. r.; Casito 125 u.; Johann H. Addicks 126 u.; USt 128 o.; Rainer Zenz 128 u.; Heinz-Nixdorf-Stiftung 129 o.; Superikonoskop 129 u.; Merlin 134 o.; talmoryair 140 u.; Jack Mitchell 141 o.; Ramessos 143; Rico Heil 145 r.; David Monniaux 145 l.; Solipsist 146 o.; Allan Warren 146 u.; Year of the dragon 149; Alanscottwalker 150 o.; Times 150 u.; Ishmael Orendain 151 o.; oxxo 151 u.; Robert Scoble 154; Picasa 155; Arnold Schönberg Center, Wien 160 m.; Heinrich Klaffs 162 o.; William P. Gottlieb 162 u.; Larry Rogers 163 u.; Siebbi 166 m.; Andrea Raffin 171 o.; Justus Nussbaum 175 m.; JCS 178; Cracksinthestreet 179 u.; Jungpionier 182; Mussklprozz 183; Assenmacher 186 o.; Thore Siebrands 190 u.; Jan Schroeder 191 o.; David Shankbone 191 u.; Tomukas - Thomas Holbach 193; Robert Kindermann 196 o.; Lapplaender 196 u.; Carl von Vechten 197

Bundesarchiv: B 145 Bild-F078072-0004 / Katherine Young 21 u., 183-R68588 25 u., 183-46019-0001 87 u., 102-10447 / unbekannt 92 u., 183-V00921 100 u., B 145 Bild-F030757-0015 / Schaack, Lothar 175 o., 175 183-1989-1027-300 175 u. l., 102-09995 / unbekannt 177 o.